PSICOTERAPIA BREVE CON NIÑOS Y ADOLESCENTES

BEGOÑA AZNÁREZ

PSICOTERAPIA BREVE CON NIÑOS Y ADOLESCENTES

BEGOÑA AZNÁREZ

Editorial Sentir

Psicoterapia breve con niños y adolescentes

Primera edición, 2020
Segunda edición, 2024

Diseño de la cubierta: ENEDENÚ DISEÑO GRÁFICO

Maquetación: Reverte-Aguilar, S. L.

Correctora: Beatriz García

Directora de producción: M.ª Rosa Castillo

Avenida Juan XXIII, n.º 15-B

28224 Pozuelo de Alarcón. Madrid

www.editorialsentir.com

ISBN: 978-84-267-2848-7

D.L.: B-7002-2020

Impresión: Servicepoint

Printed in Spain

A José Luis, a Juan y a José Luis júnior.
A Paloma y a Nacho.

Sin ellos no habría podido escribir este libro.

ÍNDICE

UNA ADVERTENCIA

Cuidado, tiene entre sus manos un libro cuya lectura comporta un cierto riesgo, puede herir algunas sensibilidades. Me explico: si cree en todo aquello que le hicieron memorizar en la universidad (alguno de sus profesores ni siquiera trataba pacientes, ¿recuerda?), este no es su libro; si cree que la psicoterapia con niños consiste en modificar su conducta, «adiestrarlos» para que mejoren sus resultados académicos (por ejemplo), tírelo lejos; si le parece que el psicoterapeuta que trata con niños es el equivalente al encargado del taller de chapa y pintura: «arréglemelo» y ya vengo a recogerlo cuando esté, su lectura perjudicará gravemente su autoestima; si cree, en suma, que la psicoterapia con niños es como creía que era (y las escuelas dominantes en psicología mantienen), busque en otro lado, hay muchos manuales para ello.

Begoña Aznárez ha escrito otra cosa, una obra de destilación de conceptos y práctica, de empatía y conocimiento, de biografía y relación, de Psicoterapia con Niños y Adolescentes de verdad, con todos los actores en el escenario del drama que supone la contemplación del sufrimiento familiar encarnado en esta personita.

Begoña Aznárez, en mi opinión la mejor psicoterapeuta del mundo, le ofrece, en realidad, una guía para el arte de convertirse en psicoterapeuta.

Avisada y avisado queda.

José Luis Marín

Presidente de la Sociedad Española de
Medicina Psicosomática y Psicoterapia (SEMPyP).

A MODO DE INTRODUCCIÓN

Quiero aclarar, antes de empezar siquiera, que, en general, voy a utilizar en este manual la palabra «niño» para referirme tanto a niños como a niñas, e incluso para abarcar también a adolescentes de ambos sexos. Esto simplificará mi tarea a lo largo de todo este texto, pues no tendré que nombrar cada vez a unos y a otros. Así mismo, cuando mencione a los terapeutas que trabajamos en psicoterapia con niños y adolescentes, lo haré refiriéndome en general al «psicoterapeuta infantil».

También debo añadir que, en algunos momentos, seguramente voy a hablar de «mamá» para referirme a la figura principal de apego.

Espero disculpen las molestias de todo tipo que puedan generar estas restricciones, les aseguro que es solo una cuestión de comodidad por mi parte. Gracias por la comprensión.

Creo, del mismo modo, conveniente explicitar dos o tres cuestiones más: la primera es que el modelo que propongo está diseñado fundamentalmente para trabajar en la práctica privada, que es donde yo he generado mi experiencia. Esto no implica que la línea general de actuación no sea extrapolable a otros ámbitos, pero, aun así, considero imprescindible aclararlo. En mi opinión, el enfoque y, sobre todo, la mirada me parecen extrapolables a cualquier otra esfera de intervención. De hecho, todos los años tengo alumnos en mis clases que proceden de ámbitos diferentes donde trabajan con niños en condiciones muy distintas a las que yo manejo y que me han obligado a adaptar mis respuestas a sus necesidades y siempre, siempre, hemos encontrado la manera de aplicar los principios fundamentales del modelo a las especiales circunstancias de su contexto concreto. En este sentido, por ambas partes nos hemos enriquecido, sin duda.

La segunda cuestión es que, como verán, es esencialmente común para el trabajo con niños o con adolescentes. Esto es así porque, en mi opinión, a nuestra consulta siempre viene un niño traído por un adulto, ya sea el primero un niño de 6 años que viene de la mano de sus papás, un adolescente de 16 que se debate entre ser él quien acompañe a su propio niño interno o permitir que sean sus padres quienes lo hagan (o tiene la suerte de que estos insisten en acompañarlos a los dos, a ese que parece grande de 16 y al pequeño que casi ni se ve), o bien un adulto de 43 que trae de la mano a su niño interno asustado y huidizo. A mi juicio, siempre, SIEMPRE, hay que ver, reconocer y legitimar al niño. Y es con él, por supuesto, con quien debemos trabajar principalmente.

Además, tengo que advertirles de que temo que este no sea un manual al uso y que, si bien expone un modelo bien estructurado de **intervención** (se desarrollan mínimamente la mayoría de conceptos teóricos), quizá echen en falta indicaciones precisas para algunas cuestiones o momentos concretos pues, por un lado, creo en la intuición y el buen hacer del clínico y la necesidad, por tanto, de verse tomando decisiones según las respuestas de su paciente y, por otro (y asociado a esto primero), considero la **psicoterapia un arte**. Decía Pablo Picasso que «el arte es la mentira que nos ayuda a ver la verdad». Pues eso, completamente de acuerdo con el gran maestro: cada terapeuta deberá elaborar la «mentira» necesaria y exigida para que su paciente pueda alcanzar a vislumbrar y hacerse cargo de la verdad, de su verdad. No en vano es la magia la herramienta más eficaz con la que cuenta el ser humano para hacerse cargo de la realidad. Y, necesariamente entonces, el psicoterapeuta se irá construyendo con la propia experiencia.

También quiero comentarles que pueden plantearse leer el manual sin seguir el orden en el que están expuestos los capítulos, pero lo cierto es que encontrarán más valioso, creo, hacerlo ordenadamente, pues unos epígrafes van completando y complementando a otros, y solo es posible extraer todo el jugo de alguno de ellos si se ha leído el anterior. Sobre todo, **recomiendo no saltarse el capítulo IV: El poder de la magia.** Es un capítulo imprescindible, en mi opinión, que incluso recomendaría leer en primer lugar, antes que nada más, pues expone las bases sobre las que estructuro todo el modelo. Si no entienden o no comparten lo que en él expongo, puede que no merezca la pena que sigan leyendo…

Para terminar, agradezco profundamente que se hayan decidido a prestar atención a lo que he escrito en este pequeño manual y espero que les sea de alguna utilidad.

CAPÍTULO I: SENTANDO BASES

1. ¿EXISTE LA PSICOTERAPIA INFANTIL?

El primer rasgo que distingue la particular manera de trabajar en psicoterapia con niños y adolescentes que propongo es mi profunda convicción de que esta (la psicoterapia infantil, digo) no existe; y que pienso que la manera en la que generalmente se ha venido desarrollando desde sus comienzos no debería seguir existiendo... No se alarmen, no quiero llamarles a la sublevación (o quizá un poco sí...). No estoy planteando con ello la organización de un movimiento en contra del ejercicio de nuestra maravillosa profesión de psicoterapeutas con los más pequeños de nosotros, no, más bien al contrario, mi intención es reivindicar la necesidad urgente de una revisión de cómo se ha venido haciendo hasta ahora. Por el bien de todos.

¿Por qué digo que no existe la psicoterapia infantil? Porque **el ser humano se construye en relación**. Esa relación que se va generando a través del vínculo que desarrolla con sus figuras de referencia. Y por lo mismo, su «reconstrucción», cuando se está en conflicto y este no se está pudiendo manejar satisfactoriamente, supone la revisión y actualización de ese vínculo. La intervención psicoterapéutica con niños y adolescentes es, por tanto, a mi juicio, siempre, una intervención en relación y sobre la relación. No deberíamos, pues, hablar de una psicoterapia «de», «con», «sobre» o «para» el niño o el adolescente, sino de una psicoterapia de, sobre con o para la relación de estos con sus progenitores, sus padres o, en definitiva, sus principales figuras de apego.

Y digo que no se debería seguir ejerciendo como se ha venido haciendo hasta ahora porque, a mi entender, lo que ha venido haciéndose (y todavía se practica y se demanda) tiene mucha semejanza con lo que estamos acostumbrados a hacer cuando llevamos el coche al taller: lo dejamos en las manos de un profesional convencidos de que algo funciona mal, pedimos un presupuesto, nos lo dan, lo aceptamos, nos lo arreglan y, una vez reparado, pagamos y nos lo llevamos. Pues algo así es lo que se tiende a hacer con niños y adolescentes, lo que suelo llamar **psicoterapia de taller del automóvil**: dejo al niño, me lo reparan y, después de pagar lo que debo, me lo llevo funcionando adecuadamente. Juzguen ustedes…

Por tanto, lo que voy a desarrollar a continuación es un modelo de intervención en psicoterapia con niños y adolescentes partiendo de la base de que es imprescindible un estudio exhaustivo de la relación. ¿Y qué supone esto? Pues profundizar en el **vínculo de apego**; en las **influencias sistémicas** sobre dicho vínculo y sobre la particular manera de expresarse en condiciones normales y en conflicto; en el peso de cuestiones aparentemente banales como el nombre que elegimos para nuestros hijos o el lugar que ocupan en la fratría, si fueron buscados o vinieron sin ser esperados, si tienen un sexo u otro, si sienten que mamá les quiso o no…; en la importancia de las supuestas pequeñas cosas del día a día como las comidas, la hora de acostarse, el juego, los deberes, la televisión, los cuentos, los amigos, los deseos, las emociones, el ejercicio físico, y si mamá y papá fuman, se quieren, se respetan, regulan adecuadamente sus conflictos, sintonizan cada uno con las necesidades del otro y las de sus hijos…, si dedican tiempo completo a la pareja y a los niños o si no paran nunca en casa…

Atendamos a los condicionamientos sistémicos, pues las familias son sistemas que tienden a favorecer la disfuncionalidad para mantener equilibrios internos y esto, con frecuencia, provoca y sostiene el sufrimiento. No voy a desarrollar mucho más estas ideas tan magníficamente expresadas por otros autores en otros libros, solo quiero insistir en no pasar por alto conceptos como lealtades, mandatos o transmisión transgeneracional... Pues estamos hablando de un concepto de vital importancia: **la pertenencia**. Pertenecer nos configura. Nos construimos a través de relaciones dentro de un sistema, sus leyes no nos van a ser ajenas.

Así mismo, y como ya decíamos en el párrafo anterior, el **tipo de vínculo** que desarrollamos con nuestras figuras de apego también supondrá un condicionante de la «construcción» de un individuo. Tampoco pretendo que sea este el espacio donde explicar y profundizar en la teoría del apego fundada principalmente sobre la figura de John Bowlby (psiquiatra-psicoanalista infantil británico experto en separación y pérdida), pero sí, una vez más, invitar a su estudio y, desde luego, resaltar la importancia de su conocimiento y consideración a la hora de trabajar en las consultas de psicoterapia. En este sentido, no nos pueden ser ajenos conceptos como sintonía emocional, regulación, base segura o modelos de funcionamiento internos.

Como me gusta decir en clase, el niño nunca viene solo a la consulta, trae tras de sí mucho más de lo que podemos imaginar a simple vista. Así que, no echemos un simple vistazo, miremos despacito, con lupa y tomemos nota con buena letra...

No soy la primera, ni mucho menos, en reclamar este tipo de **mirada** sobre el ejercicio de la psicoterapia infantil, pero, después de muchos años de experiencia, me gustaría compartir lo aprendido y, de esta manera, aportar mi granito de arena.

2. EL PSICOTERAPEUTA

Otra cuestión importante que conviene aclarar desde el primer momento, está relacionada con el papel que desempeña el psicoterapeuta en esta compleja intervención con el niño y sus padres. Por mi experiencia, creo que podemos hablar de **tres tipos fundamentales de terapeutas infantiles**:

1. Aquellos que se creen **salvadores**. Sienten que lo son tanto del niño como de la familia.

2. Los que van de **víctimas**. Son esos que se quejan permanentemente de los papás de los niños convencidos de que ese crío estaría infinitamente mejor con ellos.

3. Los que resultan unos auténticos **perpetradores**. Estos, frecuentemente, se alían con los padres en un discurso rancio y caduco en el que conceptos como disciplina y «eran otros tiempos» se blanden como espadas frente al niño.

Me parece imprescindible crear consciencia del peligro de caer en una de las posiciones del «triángulo dramático». Es fácil hacerlo, pues tendemos a colocarnos enseguida en uno de esos lugares cuando nos relacionamos. Así pues, debemos trabajar con consciencia y no perder mentalización a la hora de manejarnos en la consulta. Y si lo hacemos, hagamos lo que sea para darnos cuenta (preferiblemente supervisión que es algo sano, saludable y yo sostengo que imprescindible para el adecuado ejercicio de nuestra profesión...)

Me gusta el término de *tutores de resiliencia* que propone Boris Cyrulnik. «Hacer que nazca un niño no basta, también hay que traerlo al mundo», dice este autor. Seamos esas figuras que acompañan a padres e hijos en la experiencia de incorporarse en el mundo, esas que sostienen, evitan juzgar, escuchan, estudian, apoyan, limitan, dirigen, acompañan, comprenden, anticipan, aportan... Esas que saben de necesidades y las tienen en cuenta, y han aprendido a hacerlas ver y comprender y legitimar y cubrir. Esas que reconocen el miedo y sus diferentes maneras de expresión. Que dejan los miedos y las necesidades personales a un lado para focalizar en las de los padres y el niño, y que son expertas en localizar recursos, habilidades y talentos que tan fuera quedan de la narrativa que se escucha en las primeras sesiones, cuando los padres, el colegio y los pediatras bombardean con todo lo que supuestamente anda mal en el niño. Fomentemos el trabajo en equipo, en relación. Trabajemos juntos y disfrutemos juntos de los éxitos que esto conlleva.

Vuelvo a utilizar las palabras de Boris Cyrulnik: «Si concebimos que un ser humano no puede desarrollarse más que **tejiéndose con otro,** entonces, la actitud que mejor contribuirá a que los heridos reanuden su desarrollo será aquella que se afane por descubrir los recursos internos que impregnan al individuo, y, del mismo modo, la que analice los recursos externos que se despliegan a su alrededor».

Debo añadir que, aunque me gustan las familias y hablaré de ellas y de sus circunstancias, no estoy proponiendo una clásica intervención familiar. Hay muchas diferencias entre los modelos de intervención psicoterapéutica familiar y el modelo que aquí presento. Pero no son incompatibles, por supuesto. En cada caso habrá que decidir la idoneidad de un tipo de intervención u otra y, a veces, será necesario complementarlas para obtener los resultados óptimos.

Y a modo de compendio para terminar el capítulo, querría expresar que se hace evidente que, en este modelo, **la participación de los padres** en el supuesto proceso psicoterapéutico de sus hijos **es incuestionable**.

3. EL MÉTODO

El método que les ofrezco en este manual supone comenzar por una buena evaluación. Como les comentaré más adelante, no concibo una intervención en psicoterapia sin un psicodiagnóstico. Creo que puedo asegurar que solo me lo salto cuando tengo muy claro que la demanda encaja en la categoría de trauma simple. Y, aun así, un par de días de recoger información imprescindible para confirmar que podemos aseverar ese diagnóstico, son estrictamente necesarios. En ese caso, intervengo con EMDR sobre el acontecimiento que considero responsable de la sintomatología y no enredo más, a padres e hijos, en un proceso tan largo y complejo, como, lógicamente, innecesario.

Pero los casos de trauma simple que vemos habitualmente en la consulta son los menos. Por ello, aunque expongo la forma de intervenir en estos casos en el capítulo VI sobre el trauma infantil y la ejemplifico con un caso, con lo que me voy a extender a lo ancho y largo del manual es con un modelo que comienza con una evaluación. El capítulo siguiente la explica detalladamente e incorpora un apéndice donde se recogen los puntos (y las comas...) de cada parte del proceso a lo largo de cinco sesiones.

Después, vemos en el capítulo III, el que se titula El informe, un esquema detallado no solo de lo que hemos recogido durante la evaluación y de cómo explicárselo a los padres en la entrevista de devolución, sino también un resumen argumentado de cómo estructuramos la intervención que explican los capítulos del manual dedicados a la inteligencia emocional, el trauma infantil y las terapias narrativas, pues son los elementos clave, a mi entender, sobre los que sostener los cambios que deseamos operar en la relación padres-hijos.

CAPÍTULO II: LA EVALUACIÓN

Me gusta insistir en la importancia de una buena evaluación. Suelo decir que esta es el 80 % de la psicoterapia, si no incluso más. Lo defiendo a capa y espada: una buena evaluación lo es todo. Más aún cuando queremos que el proceso resulte tan breve como sea posible.

Espero que el modelo que aquí les ofrezco esté a la altura de estas afirmaciones.

Las páginas siguientes desarrollan los puntos principales de un esquema de evaluación que tienen en el **Apéndice 1**, al final del capítulo. Son los básicos que considero imprescindibles en el psicodiagnóstico necesario para preparar una buena intervención en Psicoterapia Breve con Niños y Adolescentes. He resumido (según pueden ver en el apéndice) este proceso de evaluación en cinco sesiones en total, dos con los padres y tres con el niño. Lógicamente, el número de sesiones se deberá alterar según el caso y dependerá de un montón de variables atribuibles a las diferentes personas involucradas (nosotros mismos y nuestra experiencia incluidos) y a las circunstancias (escenario terapéutico, disponibilidad, urgencia, gravedad, tipo de derivación, etc.).

1. A QUIÉN RECIBIMOS PRIMERO

Nuestra propuesta, como verán si van al **Apéndice 1**, supone recibir en primer lugar a los padres. Y el plural está empleado con rigor porque, cuando decimos los padres, queremos decir los dos progenitores o padres de adopción o, en definitiva, los que ejercen las funciones de madre y padre (o madres o padres, según el modelo familiar). Las únicas excepciones serían la familia monoparental o la viudedad.

Aquí surgen las primeras contrariedades. Ya sé que existen circunstancias de todo tipo que entorpecen o limitan la posibilidad de tener a los dos padres en la consulta, pero, en principio, no debería planteársenos como opcional. En mi opinión, debemos ser muy insistentes en este tema pues, teniendo en cuenta la influencia de variables relacionadas con lealtades sistémicas, enredos relacionados con las necesidades de las diferentes partes involucradas y las particularidades del vínculo de apego, lo primero que vamos a contribuir a generar en el niño si aceptamos la demanda proveniente de uno solo de sus progenitores es un conflicto de lealtades: si el niño mejorase, estaría siendo desleal a uno de los dos; si no lo hiciese, al otro. Imposible salir de un callejón sin salida. Muchos problemas nos vamos a ahorrar si no contribuimos a fastidiar aún más al niño poniéndonos de parte de uno de los dos padres. Y eso es exactamente lo que hacemos de forma implícita cuando excluimos al otro del proceso.

Además de poner en riesgo nuestra carrera, pues, como sabrán, no se puede trabajar con un niño en el contexto psicoterapéutico sin la autorización de sus dos progenitores (salvo con la orden de un juez). Así que, hagámoslo bien y, al margen de tener preparado un consentimiento informado (modelo que, por si acaso, también ofrecemos aquí, en el **Apéndice 4**), neguémonos a recibir en primera consulta a solo uno de los papás.

Ya sé también que en algunos contextos esto es imposible por diferentes razones, pero mi propuesta, como decía más arriba, está referida sobre todo al ámbito de la práctica privada y, en este contexto en particular, creo firmemente que es así como debemos trabajar. Intentemos, no obstante, que lo que hagamos se parezca lo más posible a esto y que el conflicto de lealtades esté contemplado y minimizado.

En el caso de los adolescentes, en especial los más mayores, aunque yo sigo prefiriendo ver a los padres en primer lugar, pueden existir motivos que hagan que sea conveniente, o incluso necesario, verlos a los tres juntos en una primera sesión o citarlos a los tres y hablar primero con uno y después con los otros.

En mi opinión, en caso de duda, lo que debería guiarnos acerca de cómo actuar y a quién ver primero es la indudable prioridad de preservar la posibilidad de lograr un buen vínculo con el adolescente. Y es que existe un riesgo importante de que dicho adolescente acuda con la sospecha de que somos algo así como aliados de sus padres en la cargante tarea de criticar todo lo que hacen y que tengamos la única y torturante misión de convencerlos para que dejen de hacer aquello que sea que están haciendo y que a ellos (a sus padres) y a sus profesores les parece, como mínimo, improcedente y, desde luego, en no pocas ocasiones, terrible. No caigamos, pues, en la trampa y nos convirtamos en uno más de esa legión de adultos que están empeñados exclusivamente en decirles lo que hacen mal y que se muestran convencidos de saber lo que en realidad deberían estar haciendo.

2. PRIMERA SESIÓN

- **Acogida y posicionamiento**:

Sentados frente a los padres en la consulta, mi sugerencia es la de tomar notas lo menos posible (por eso verán que en el modelo de consentimiento informado que les ofrezco se contempla la posibilidad de grabar las sesiones). Seguidamente, apuntando los datos básicos de filiación y poco más, lo que sugiero es pasar a preguntar si, a partir de ese momento, podemos utilizar **una grabadora**. Esta nos va a permitir mantener el contacto visual necesario para comenzar a vincularnos adecuadamente y no perdernos información sobre el lenguaje corporal y otras particularidades de la interacción. En mi experiencia, los padres suelen permitir el uso de la grabadora y siempre agradecen que sueltes el bolígrafo y los mires. Entonces es el momento de olvidarse un rato de notas y papeles, y preguntarles algo como lo siguiente: «**contadme**» (ya he pedido anteriormente autorización para el tuteo), **«¿por qué estáis aquí?, ¿en qué creéis que os puedo ayudar?»**

Tras formular estas preguntas, suelo recostarme en la silla para pasar, como les decía, a escuchar atentamente a los padres procurando no perderme nada de la comunicación no verbal. Después de dejar largo rato que se explayen (en unos casos será más largo ese rato que en otros, pues ya sabemos que hay personas que cuentan y cuentan, y otras a las que hay prácticamente que sonsacarles la información), mi recomendación es sacar un folio del cajón, atravesarlo en la mesa (o, lo que sería lo mismo, ponerlo apaisado) y dibujar una línea de lado a lado mientras les explicamos que ahora lo que necesitamos es situar sobre el papel todo eso que están contando para empezar a ordenarlo, en aras de obtener una narrativa que resulte esclarecedora, que estructure, que, al menos, como decía, ordene. Estaremos confeccionando lo que se conoce como **línea de vida** y que a mí me parece una herramienta imprescindible. De la línea de vida hablaremos con más detalle un poco más adelante.

No olvidemos que los padres tienen miedo. Están asustados, sí. Temen ser juzgados. Saben que no lo han hecho tan bien como les habría gustado. Están preocupados por sus hijos. Quieren verles felices y se dan cuenta de que alguna parte de ellos mismos, a su vez, lo teme (eso de verles felices). Les sobrecoge que descubramos a esa parte tanto como anhelan que la veamos, la legitimemos y les ayudemos a manejarse con ella. Se sienten profundamente ambivalentes respecto al proceso y al mismo tiempo que quieren que seamos esa persona en la que confiar, esperan que lo fastidiemos todo para poder volver a casa con su armadura protectora intacta y cumpliendo la profecía que ya habían generado respecto a nosotros (psicólogos de profesión que, ya se sabe, servimos más bien para poco), y respecto a lo que les pasa a sus hijos (que no hay nada que hacer, que no tienen remedio, que mejor sería un buen y lejano internado o un correccional según el caso, ¡o ambos si fuera posible!, y desde luego, una buena, rápida y eficaz pastilla).

Seamos, pues, cariñosos y empáticos. Acogedores y comprensivos. Anticipemos (¡oh, maravilloso y casi mágico mecanismo de anticipación!) todo esto que venimos comentando para saber cómo vamos a reaccionar ante el primer comentario que, casi con toda seguridad, uno de los dos nos va a hacer (uno de los dos hará de «poli malo», seguro*)* y que pondrá de manifiesto estas reticencias: «he venido porque se me ha insistido en que, si no, no nos atendías, pero quiero ser honesto contigo y que sepas que yo no creo en los psicólogos...» ¡Zas, en toda la boca! (como diría Sheldon Cooper). Primera agresión nada más abrir la puerta. ¡Atención! La honestidad causa estragos, como ya bien sabrán ustedes... ¿qué hacer? Justo lo contrario de lo que esperan: sin que la sonrisa se nos caiga de la boca, aguantamos estoica y elegantemente la estocada y, con un movimiento pausado, pero airoso, les invitamos a entrar y tomar asiento mientras aseguramos que lo entendemos, que no nos extraña su verbalización y que agradecemos profundamente su honestidad. Que, de hecho, es lo que esperamos de ellos en todo momento… esa honestidad. Primer *round* anotado para nosotros…

¿Cómo contestar de otra manera y esperar que se aflojen y confíen? Recordemos que decíamos que ellos también tienen miedo, probablemente más que nosotros y casi tanto como sus hijos. Hay un niño interior atemorizado, intimidado, alarmado. Y eso va a provocar la necesidad de utilizar el ataque como mejor defensa. No olvidemos que un niño agresivo es un niño asustado. ¿Que no habían pensado en los padres como niños? Pues háganlo, verán cómo cambia el panorama.

Al único niño al que no hay que mirar en esos momentos es al nuestro. Sí, queridos colegas, creo que es necesario comentar, aunque no sea muy rigurosamente, algún aspecto de lo que podríamos llamar las ansiedades del terapeuta. Nosotros también tenemos un niño interior que está nervioso, tanto más cuanto más en nuestros comienzos nos hallamos y cuanto más cerca nos toca lo que le pasa al chiquitín (o no tanto) que vamos a atender. Es por eso que opino que es imprescindible que todo terapeuta haya llevado a cabo su propio proceso personal. De no ser así, el niño que llevamos dentro, que con toda seguridad guarda heridas por sanar y tiene duelos pendientes, nos causará alguna mala pasada al tomar el control de la situación en algunos momentos en los que le salten alarmas y sienta que debe defenderse con uñas y dientes. Y si esto ocurre en el trabajo con adultos, mucho más peligroso es trabajando con niños y sus padres. Estos movimientos inconscientes (y a veces no tanto) son los responsables de esos posicionamientos de los que hablábamos antes por parte del terapeuta en el triángulo dramático. Que hayamos realizado nuestra propia psicoterapia garantizará que no nos identifiquemos con el niño ni nos pongamos en guardia con los padres. Nos proporcionará la distancia emocional necesaria para poder desarrollar adecuadamente nuestra labor.

◆ La línea de vida

Y nos habíamos quedado realizando la siempre compleja, pero apasionante, tarea de elaborar una útil y completa línea de vida. Vamos a detenernos en las cuestiones más generales e imprescindibles:

- La línea de vida **la realizamos nosotros**. Vamos pidiendo a los padres, según vayan contando, que sitúen aquello de lo que hablan en fechas concretas para irlas colocando sobre la línea dibujada en el papel.

- La primera respuesta que me gusta situar en la línea de vida es la que me han dado al repsonder a la pregunta **desde cuándo**. En muchos, muchos casos, vamos a poder encontrar un antes y un después de eso que reconocen los padres, o el colegio, o ambos, como conducta problema. Ahí es cuando hay que preguntar: ¿Qué estaba ocurriendo entonces? Y procurar ir reflejándolo todo en la línea de vida.

- En la línea de vida nos interesa todo, TODO. «Nadie pensaría en dar comienzo a la historia de un bebé el día de su nacimiento... »(B. Cyrulnik). Nos encanta esta frase. Queremos saberlo todo, y desde el principio. Y el comienzo de cada historia es bien diferente, pero, desde luego, no ocurre a los 6, los 12 o los 23. El comienzo de cada historia comienza cuando nuestros padres nos imaginan y todo lo que acompaña a esa imaginación. Unas veces será antes de la concepción y otras bastante después; unas será para llenarse de dicha y otras para su mayor infelicidad... Conviene saber en qué parámetros situar el comienzo de nuestra historia, pues, estos la van a condicionar, sin ninguna duda.

- Otros colegas completan algo semejante a una línea de vida solo con los acontecimientos que el paciente considera más destacables o traumáticos. Nosotros queremos situarlo todo: nacimientos de hermanos, cambios de domicilio, guardes, coles, llegada o muerte de mascotas, viajes, celebraciones, abuelos que conviven o dejan de hacerlo, ingresos hospitalarios, el día de la comunión, traslados en los trabajos de los papás, sus cambios de horarios, entradas y salidas de cuidadoras, golpes, caídas, problemas en el cole, noticias buenas y noticias malas… Cuanto más, mejor. **TODO**.

¿Por qué soy tan pesada e insistente con la línea de vida y eso de que aparezca todo? Pues verán, la experiencia me ha demostrado que una línea de vida completa y rigurosa nos ayuda una barbaridad. Creo que hay dos razones fundamentales que lo explican:

1. Por un lado, que el hecho de acotar, concretar, poner fecha y esclarecer esos antes y después así como los durante, suele producir asociaciones, eso que nos gusta llamar *insights* (descubrimientos que parecen fortuitos y producto de andar haciendo esas asociaciones) y otros fenómenos dentro del rango del darse cuenta o el hacer consciencia que pueden marcar la diferencia en un buen diagnóstico y a la hora de diseñar la intervención.

2. En segundo lugar, como todos saben, el ejercicio de **externalizar** (sacar afuera) que supone colocar nuestras vidas (o la de nuestros hijos) sobre una línea dibujada en un papel, ordenadamente y con escrupulosidad proporciona una visión (literal) de (de nuestra vida o la de nuestro hijo) que, siendo **una imagen**, ingresa en nosotros por el hemisferio derecho y causa sus propios e interesantes efectos. Nuevos descubrimientos surgen siempre de esta mirada en perspectiva que hacemos observando el papel y lo que contiene. No nos los perdamos, pues. Dediquemos tiempo y esmero a la línea de vida, esta nos lo pagará con creces…

La línea de vida no suele poder completarse en una sola sesión. Y aunque en las sesiones de evaluación seamos generosos y advirtamos a los padres de que vamos a emplear **horas de 90 minutos,** es importante que sepamos que la línea de vida crece a medida que vamos trabajando y eso está bien así.

Si en la primera sesión vamos a ver a un **adolescente**, entonces empezaremos la línea de vida con él/ella. Hablaremos de por qué está en nuestra consulta y en qué cree que podemos ayudar. Recogeremos datos de su historia que vayan surgiendo y que vaya asociando como relacionados con su actual problema y, sobre todo, trataremos de generar el vínculo y la confianza necesarios para que vea en nosotros, y en el espacio terapéutico, una base segura en la que encontrar apoyo, serenidad y fiabilidad.

Conviene terminar esa sesión conjuntamente con los padres para sentar las bases de un trabajo en equipo que moviliza y compromete a todos.

- **El correo electrónico**

Para ayudar en la labor de recoger información, he elaborado un documento que reza: «Primera entrevista con los padres» y que tienen ustedes también como **Apéndice 2**. La idea es tener un guion donde aparezcan las preguntas imprescindibles, esos mínimos que no debemos olvidar. Con algunos padres todas esas preguntas se pueden recoger el primer día, con otros no. Ya decíamos que unos hablan más que otros y se enrollan en sus explicaciones. Conviene, en ese sentido, saber ir cortando su discurso, con cuidado y cariño, para que la sesión sea lo más productiva posible. Esto no tiene por qué afectar al vínculo que vamos a iniciar con ellos, si no más bien al contrario. Ya hemos dicho que los padres están ambivalentes, necesitados de sentirse con el control a la vez que desean que lo tomemos nosotros. Hagámoslo. Es importante, pues, que sepamos guiar la entrevista para recoger la mayor cantidad de información posible de esa que realmente necesitamos para elaborar las hipótesis de trabajo con las que diseñaremos las siguientes sesiones. Recuerden, además, que una de las principales características de los enfoques breves es un terapeuta muy activo. Seámoslo, ayuda muchísimo.

No obstante, al terminar la primera sesión, seguro que tendremos la impresión de que se nos ha quedado una enorme cantidad de cosas por examinar. Preguntar de otra manera, por separado, y en otro contexto, nos aportará información nueva, diferente y muy útil, así pues, aquí es donde entra en juego la oportunidad de utilizar el correo electrónico. Entonces, podemos valorar la oportunidad de entregarles una copia del guion de preguntas que manejamos para que la terminen de completar en casa y nos la envíen por correo electrónico antes de la siguiente sesión, que ya será con el niño. Además, el que encontrarán como **Apéndice 3** es otro documento en el que aparecen más preguntas para los padres que yo suelo enviarles por correo electrónico tras la primera sesión.

Y aprovecho, ahora que parece lo más oportuno, para reflexionar un momento sobre este tema del uso del correo electrónico en la psicoterapia. A mí me parece un método muy útil de comunicación y yo lo empleo a menudo con los padres y adolescentes. Iremos teniendo oportunidad, a lo largo del texto, de hablar de los diferentes contextos en los que sugerimos hacerlo con unos y otros.

Sé que nos perdemos otro tipo de información, pero ya deberíamos haber recogido suficiente durante esa primera hora y media sobre aspectos que entran dentro de esa categoría que hemos mencionado antes como comunicación no verbal: quién de los dos progenitores lleva la voz cantante, cómo interactúan entre ellos y con nosotros, qué cuentan y qué parecen callarse, quién parece más agobiado y por lo tanto aparenta empatizar más, a quién le suena el móvil y qué cara y gestos pone el otro cuando esto ocurre, etc. Ahora, con el correo electrónico, abrimos otro capítulo interesante. Yo siempre pido las direcciones de ambos y, aunque a veces me comentan que tienen una cuenta familiar que utilizan indistintamente, yo les aclaro que muchas veces les voy a pedir que contesten individualmente y por separado. Y que me lo envíen así. De esta manera, cada uno podrá contarme lo que quiera seguro de no estar siendo leído por el otro. Además de tener que responsabilizarse por separado de la tarea sin poder delegar en el otro, siempre resulta útil e interesante la información recogida por esta vía.

Ahora bien, como para todo, las generalizaciones son peligrosas. Y quiero aprovechar aquí para comentar que siempre habrá casos con los que decidiremos hacer variaciones sobre estas reglas generales. Como máxima imprescindible, lo que yo les aconsejo es que, hagan lo que decidan hacer, **estén seguros de por qué y para qué lo hacen**. Entonces todo irá bien.

◆ Para terminar la primera sesión

Antes de terminar esta primera sesión con los padres, y con vistas a preparar la siguiente sesión con el niño, yo suelo aclarar tres cuestiones importantes:

1. Me gusta saber a qué o con qué le gusta más jugar al niño. En caso de adolescentes: actividades o *hobbies* favoritos, series, películas, lectura, canciones…

2. También quiero asegurarme de que le van a explicar quién soy yo y por qué va a venir a verme.

3. Y, por último, siempre me interesa dejar claro con los padres la cuestión que suele surgir cuando se trata de niños bastante pequeños, que es la de: ¿y si no quiere entrar solo contigo?

Veamos estas tres cuestiones despacio:

1. ¿Para qué pregunto lo del juego? Por varios motivos. Uno, para saber cuánto saben cada uno de lo que prefiere su niño cuando juega, pero también porque es importante conocer la naturaleza de ese juego, e incluso si el niño juega. Y si ellos juegan con el niño.

Comprendan que, si hablamos de adolescentes, y según la edad, preguntaremos ya no tanto por juegos (aunque hay muchos que se pueden seguir compartiendo, incluido *Pokémon Go*...) como por actividades o incluso tareas. Algunas incluso que realicen juntos, ocio compartido, cualquier *hobby*, serie, grupo musical que los conecte...

A jugar, como a todo, seguramente también se aprende. Y se enseña. Se imita. Se copia... Y a muchos niños nadie les enseña. En la actualidad, durante el curso escolar, ni siquiera se les da la oportunidad con ese horario esclavo lleno actividades extraescolares y de infinitos deberes... Pero hablaremos de juego un poco más adelante y tendremos la oportunidad de ampliar este tema. Anticipemos que no es lo mismo que el niño prefiera jugar solo a hacerlo con amigos o hermanos. Que no pueda jugar jamás solo y que reclame constantemente la compañía de un adulto. Que solo juegue en casa con la consola o la tableta o que solo pueda jugar fuera de casa con un balón. Todas estas variantes ya nos están dando mucha información sobre niño y, desde luego, sobre los padres. No pasen nada por alto, queridos colegas, no pierdan la oportunidad de preguntar aquí, también, por la opinión que les merece eso que hace (o deja de hacer) el niño con su juego... Exploren la comprensión mutua y lo común en ese terreno.

Yo, además, quiero saber a qué le gusta jugar al niño porque puede que sea interesante que prepare el escenario cargando más el peso del material que utilice con eso que él prefiere, para ganarme su interés y su participación. Aunque, si tenemos una caja con arena fina de playa y los cachivaches adecuados, el niño (y también el adolescente) va a interesarse y a participar sin mostrar demasiadas reticencias; no está de más, nunca, por supuesto, haber echado un vistazo a esa serie a la que os comentan que está enganchado, a ese juego del que es imposible que salga para hacer ninguna otra cosa o a la música que constantemente escucha…

2. Respecto a explicarles quiénes somos y por qué vienen a vernos, en mi opinión, debemos insistir con los padres en que dediquen un rato a esta interesante cuestión. Yo lo comento siempre porque me parece obvio que lo mejor para un niño es que sepa a qué viene y por qué, con los argumentos razonados de sus padres. Pero eso no siempre sucede de esta manera. Los padres se olvidan, o no encuentran el modo y la manera, o no se atreven, o la fastidian unos y otros antes de empezar a hablar… Simplemente, no pueden hacerlo de otra manera. Esto hace que esta tarea se convierta en nuestra primera intervención con el niño (la segunda si contamos la de la sala de espera convenciéndole para que se venga con nosotros. Está explicada un poco más adelante).

Yo suelo empezar diciendo: «bueno, ya mamá y papá te han comentado quién soy y por qué te han traído a verme…» A lo que ellos normalmente contestan: «No, nadie me ha dicho nada», acompañado de una alzada de hombros y una caída de ojos.

Como decía más arriba, muchas veces es así. Los padres te dicen que se lo explicarán y luego al final no lo hacen. Recomiendo encarecidamente no hacer juicios de valor con respecto a nada de lo que hacen o no hacen los padres. Si no lo han hecho, será porque no han podido. Es un dato más para mí y punto. No voy a juzgarles ni a aprovechar para «regañarles» posteriormente. A veces ocurre que el niño está tan nervioso que dice que no probablemente porque teme que le pidamos que nos cuente qué le dijeron papá y mamá y no tiene ni idea, en ese momento, de cómo reproducirlo. Se lo contaron tan deprisa y tan como de pasada que ya no recuerda ni una palabra. O ahora le pone tan nervioso equivocarse que prefiere decir que no se lo contaron…

Cuando te dicen que sí, que se lo han contado, que precisamente han venido hablando de eso en el coche y que «si quieres te lo explico», y van y te dan una explicación sencilla y coherente… Entonces… Entonces no sé cómo explicarles, los que ya han ejercido como terapeutas saben a lo que me refiero. No hay palabras… Entonces sabes que todo va a ir bien, muy bien. Sin más. Recuerden que esto nos pasará en un porcentaje pequeño de ocasiones. Bueno, no se me rajen. Es difícil tarea la nuestra, pero no imposible.

Los padres suelen pedirme consejo sobre cómo llevar a cabo esa tarea de explicarles a los niños que tienen que venir, por qué, quién soy yo, etc. Yo suelo instarles a que utilicen la comparación con el modelo médico que todos conocen y que bien puede servirles de referencia. Es decir, que les expongan que, al igual que cuando nos duele la tripa o la cabeza vamos a ver al médico, cuando tenemos otro tipo de problemas, por ejemplo los relacionados con tener miedo, vamos a ver al psicólogo, que es algo así como el médico de los miedos. Los niños esto lo entienden muy bien. Saben mucho de **sentir miedo**.

¿Por qué específicamente los miedos? Por varias razones contundentes. Los niños tienen miedos y, en una importante cantidad de ocasiones, estos son el **motivo de consulta**. Pero lo que es importante para nosotros es que, aunque ese no sea el motivo de consulta explicitado, seguro que el miedo está detrás del problema. Seguro. Lo veremos con detalle a lo largo de las siguientes páginas cuando hablemos de emociones. El miedo está presente de forma importante en la vida de los niños y no suele ser visto, legitimado, correctamente etiquetado y adecuadamente regulado por los adultos responsables de hacerlo.

Los niños tienen miedos y necesitan hablar de ellos, pero no suelen encontrar interlocutores para dicha tarea. No está bien visto hacerlo. No lo ha estado nunca históricamente en nuestra cultura. Así que, aunque preferirían hablar con sus papás, no está nada mal poder tener a alguien con quien hacerlo. Y así, aunque en la interacción en la que se le está explicando a lo que va a venir a nuestra consulta él pueda responder: «yo no tengo miedos» o «no quiero ir», él se ha quedado con la copla y le gusta.

Ya le gusta que sus padres se preocupen, que le confiesen que ellos también tienen miedos y que le cuenten que, producto de dicha preocupación, ha sido su visita a nuestra consulta... Sobre todo cuando esto ocurre. Pero aunque no sea el caso (pues en muchas ocasiones ustedes me dirán que esto no pasa), para los niños hay alguna oportunidad de ser vistos y escuchados si sus papás hablan con un profesional de eso que parece que les ocurre aunque haya sido tras meses o incluso años de pasarlo mal, portarse mal, dar mucho por saco en casa o en el cole, discutir, no dormir, estar enfermo... Lo que sea. Y aunque no haya sido iniciativa de sus papás, sino que el colegio ya dicho que ya no se puede tolerar más el comportamiento disruptivo del niño, sus contestaciones, su falta de capacidad para relacionarse o su cansina manía de andar levantándose e interrumpiendo constantemente..., sea por lo que sea, por fin alguien va a ver y escuchar a ese niñodolescente...

Atentos, colegas, que lo voy a repetir y lo voy a hacer en mayúsculas para que no se nos olvide: **POR FIN ALGUIEN VA A VER Y ESCUCHAR A ESE NIÑO/ADOLESCENTE.**

Por favor, no lo estropeemos. Veámoslo y escuchémoslo. Permitamos que confíe y nos cuente. Consigamos que nos vea como alguien en quien depositar todos esos miedos que ni siquiera sabe nombrar y ayudémoslo a ponerles nombre y a enfrentarlos. Seamos esa persona. Estemos preparados para eso. Para una tarea que se me antoja de las más bonitas, gratificantes e importantes de las que se pueden llevar a cabo en el ejercicio de una profesión. Estemos a la altura de las circunstancias conociendo, como mínimo, qué son esas cosas que a los niños les preocupan y cómo podemos ayudarlos sin que eso estropee su relación con sus papás sino todo lo contrario.

En ello estamos.

Sigamos adelante.

¿Y cuando nos dicen, en el caso de adolescentes, sobre todo, que no quiere venir, que está harto de psicólogos, que somos los decimoctavos en la lista de profesionales consultados y que si lo traen va a ser a rastras y sin ganas de colaborar? En estos casos (que no son pocos) yo suelo recurrir a la fe. Sí, como lo oyen, a la fe. Les digo a los padres que no se preocupen y que lo traigan de todas maneras y que ya me apañaré yo. Entonces, en la primera sesión con él le pido fe. Es decir, le comento que ya sé que está harto de consultar profesionales, de intentar cosas que no dan resultado, de ir de acá para allá soportando acusaciones, desafíos, reprimendas, indicaciones y deberes más o menos inspirados. Que entiendo que piensa que por qué iba a ser diferente conmigo. Que no se fía y que lo comparto, que yo haría lo mismo si estuviera en sus zapatos. Y que en base a todo eso, lo que yo le pido es **fe solo por una hora**. Sí, fe. Fe en mí y en el proceso que van a iniciar conmigo. Y sí, solo durante la hora que va a durar esa sesión. Si después de esa hora no le parece que la cosa vaya a ser muy diferente a lo que ha vivido hasta ese momento, no le haré volver. Pero durante esa hora tiene que colaborar completamente conmigo, responder a mis preguntas, hacer lo que le pida, confiar… Tener fe, en definitiva. Siempre me ha funcionado. Al terminar la sesión, les pregunto si quieren volver y siempre han vuelto. Creo que es clave legitimar sus dudas, darles el espacio que merecen, demostrarles que entendemos y respetamos su postura, que nos importa mucho lo que les ocurre y que tenemos una sincera intención de servirles de ayuda; que no somos una extensión de casa o del colegio y que estamos muy comprometidos con su sufrimiento y su deseo de darle fin. Además, tratándoles así les descolocamos, y eso les gusta. Ya solo con eso, hemos actuado de manera diferente y eso les permite albergar alguna esperanza (están deseando hacerlo).

Entonces, toca estar a la altura y conseguir que esa hora sea LA HORA. Y eso se hace viendo al niño. Sí, no me cabe la menor duda, y permítanme que insista.

3. ¿Qué pasa si el niño no quiere entrar solo contigo? Esta es una pregunta frecuente en el caso de los padres de los más pequeños. Yo suelo contestar tranquilizando a los papás y comentándoles que muchos niños, al llegar aquí, nos sorprenden, y cuando creíamos que no iban a querer entrar, y menos si no iban de la mano de mamá, pues resulta que lo hacen tranquilamente, de nuestra mano o solitos y la mar de garbosamente.

Lo anticipo en esa primera entrevista con los papás porque, aunque parezca increíble, si llegara a suceder (y ocurre con frecuencia) eso de que entren con nosotros sin mostrar la más mínima preocupación, puede inquietar bastante a mamá. Y la pobre mami se queda hecha polvo, contrariada y avergonzada porque nos aseguró que el crío iba a actuar de una determinada manera y luego la está dejando por mentirosa haciéndolo de otra. ¡Tan frecuente esto!, ¿verdad? Por eso creo que no hay que poner demasiado énfasis en triunfar en esa tarea y conseguir que el niño entre de nuestra mano y deje a mamá pasmada en la sala de espera. Me explico. Si mamá nos dice de forma bastante categórica que «mi Juanito» no va a querer entrar solo sin mí, quizá (obsérvese que digo quizá) lo mejor es que pase exactamente eso. Si nos empeñamos en demostrar a la mamá que somos tan geniales que solo con 30 segundos de interacción ya podemos competir con ella y que su Juanito la va a cambiar por nosotros como el que cambia un cromo «repe» (pensad que es así como puede vivirlo ella, así me lo verbalizó una mamá en la consulta hace unos años), ya estamos comenzando mal. Nuestra tarea, de momento, es la de recopilar información para sacar nuestras propias conclusiones. Recuerden que decíamos que se trataba de ver y escuchar al niño, no de competir con los papás a ver quién lo hace mejor y quién tiene razón. Ya llegará el momento de ir contradiciendo algunas de las premisas de papá o mamá (o de ambos) o de sus pautas de relación con el niño, pero, por ahora, lo mejor es que nos centremos en observar y recoger la mayor cantidad de información posible.

A propósito de esto, de limitarse a recoger información en estas primeras sesiones, me dirán que puede llegar a resultar una tarea imposible porque, además de todas las cuestiones planteadas y de otras que iremos contemplando, los padres nos suelen exigir respuestas e intervenciones rápidas y eficaces, casi milagrosas, y nosotros estamos deseando dárselas para demostrarles (¿a ellos?, ¿seguro?) lo buenos profesionales que somos. ¡Ay, el ego! ¡Qué mal consejero puede llegar a ser…! Controlemos nuestras necesidades personales, recuerden que lo decíamos más arriba. Tengamos a nuestro niño y sus miedos bien mirados y tranquilos y así podremos tener despejado el horizonte para mirar donde realmente debemos hacerlo. Tranquilicemos después a los padres y convenzámosles de la importancia del psicodiagnóstico para poder estar al 100 por 100 en esta ardua, pero imprescindible tarea.

Y continuando con lo del chiquitín saliendo con nosotros de la sala de espera, hemos de saber que, a pesar de las muchas precauciones que tomemos, a veces los niños se vienen con nosotros, como decíamos, con un garbo y una soltura que nos dejan a todos boquiabiertos. Bien, no vayamos entonces nosotros a insistir en hacer lo contrario. Si el niño así lo hace, bien está. Ya nos veremos nosotros las caras con mamá en la próxima ocasión y lo comentaremos... Siempre conviene en estos casos empatizar con ella y comentar que «hay que ver cómo son estos niños que tan a menudo nos sorprenden haciendo lo contrario de lo que creíamos que harían...» Y hagamos explícita nuestra preocupación sincera por cómo experimentó ella lo que ocurrió. Seguramente la historia dará juego y, si sabemos hacerlo, permitirá a mamá confesarnos, con la conexión emocional adecuada, lo superada y perdida que está en muchas de las cosas relacionadas con la crianza de su hijo. Otro *round* que hemos anotado.

A veces sin quererlo, ni muchas veces saberlo (porque no siempre lo explicitan), con una interacción así nos hemos ganado la confianza de uno de los más reacios de los dos (que no creía que pudiésemos hacernos con el niño), o con dos de los tres (el propio niño además de uno de los papás). De pronto contamos con la admiración y la confianza de alguno, y eso suele ser bueno, casi siempre. A veces se engorda la balanza por un lado y el otro puede sentirse amenazado. El riesgo aumenta cuando los papás son, además, colegas, compañeros de profesión, psicólogos, médicos, psicoterapeutas... Si uno de los dos es de la profesión, puede tener más problemas para reconocer nuestro éxito porque lo vivirá como mayor expresión de su fracaso. Ojo con esto. Mimemos a ese papá o a esa mamá porque lo necesita, y nosotros necesitamos que esta persona esté bien con nosotros para que el niño pueda seguir creciendo. Pidamos el permiso adecuado y de la manera propicia para hacer las cosas un poco mejor que ellos y para hacérselo ver con la mayor humildad y todas las ganas de ayudar y no de dar con ello en las narices.

En cualquier caso, ¡hay que aprovechar todas las interacciones para recoger información!

3. SEGUNDA SESIÓN, SESIÓN CON EL NIÑO

Si hemos recibido en la primera a los padres, en la segunda sesión veremos a un cachorrillo (verán que a menudo me refiero a los críos así, es con todo mi cariño que lo hago) de más o menos edad. Dependiendo de eso, de la edad, decidiremos si es oportuno intentar el ejercicio de llevar a cabo una entrevista para recoger más información de primera mano con ellos, elaborar una línea de vida (que después contrastaremos con la realizada con los padres) o llevar a cabo otras tareas. Veamos de qué va a depender en cada caso.

- Si a quien recibimos es a un adolescente, yo recomiendo hacer el mismo ejercicio con él/ella de recopilación de información, es decir, preguntarle en qué podemos ayudar, pedirle que nos explique a su manera qué le hace sufrir, completar una línea de vida que sirva de base a la información que vamos recogiendo y, sobre todo, hacer lo posible (y lo imposible) para generar vínculo. Que se sienta acogido, comprendido, invitado a contar, mirado, contenido, apoyado… **El objetivo de la primera sesión con ellos será que quieran volver**.

- Si a quien vamos a ver es a un cachorrito chiquitín, veamos qué otras cosas debemos tener en cuenta, pues, para empezar, ya advertimos diferencias en la manera de recibirlo:

Con los más pequeños, yo sugiero preparar un escenario que consiste en lo siguiente: la caja de arena en el centro de la sala y, alrededor, los diferentes materiales con los que se va a poder trabajar dentro de la caja. Sobre estos materiales y la forma de organizarlos hablaremos un poquito más adelante.

Mi propuesta es acudir a la sala de espera con una sonrisa, saludar, presentarnos e invitarle a venirse con nosotros a jugar a una habitación en la que tenemos un montón de cosas preparadas. Esto lo hacemos mientras le tendemos la mano con un gesto que le estimule a acompañarnos. Así suele ser más fácil que vengan incluso los más resistentes a salir de las faldas de mamá.

Hay niños que toman tu mano enseguida y se van dispuestos a ver esa habitación preparada con juguetes. Otros miran a mamá o papá y se agarran diciendo «tú también». Si esto es así, como decíamos más arriba, les decimos que sí, que claro que pueden venir mamá o papá con nosotros. Los papás, debidamente advertidos de que esto podría pasar, saben lo que tienen que hacer porque se lo hemos explicado en la primera sesión: estar disponibles para el chiquitín y para nosotros según les vayamos invitando a participar, pero no ser ellos los que inicien el juego ni las diferentes interacciones.

Cuando son algo más mayores, ya no suelen poner inconvenientes para venir con nosotros, e igualmente me gusta esperarles con el mismo escenario que he descrito más arriba.

Recordemos que siempre que los padres nos hayan comentado que sospechan que los niños van a ser reacios a venir a la consulta o a pasar a la sala solos con nosotros, debemos actuar con tranquilidad, empatía y mucho cuidado (y con las pautas comentadas con anterioridad) porque, desde el primer momento, esa comprensión y legitimación de los miedos y prevenciones de unos y otros, va a favorecer el vínculo.

El resto de tareas y sugerencias explícitas para trabajar en esta sesión lo encontrarán en el **Apéndice 1**, en el proceso de evaluación.

4. LAS SIGUIENTES SESIONES DE EVALUACIÓN CON LOS PADRES

Siguiendo el modelo propuesto en el esquema que adjuntamos en el apéndice y como ya decíamos más arriba, tras dos o tres sesiones con el niño, deberemos plantearnos volver a ver a los padres y conseguir más información, ahora ya con la base de lo visto, oído y trabajado con el niño. Conviene plantearse completar todo aquello que dejáramos sin terminar en la primera sesión si no lo hemos hecho ya por otras vías, recoger nuevas cuestiones que han ido apareciendo durante estas semanas y, desde luego, manejar ansiedades relativas a todo lo que está suponiendo el proceso de evaluación para unos y otros.

Algunas sugerencias para esta segunda sesión con los padres:

- **Configuración familiar**

Un ejercicio, a mi juicio, sumamente útil que me gusta realizar con los padres, es el siguiente: en la segunda sesión con ellos, mi propuesta es que pasen por separado la primera parte de la sesión: 20 minutos con cada uno. Después, los últimos 20, conjuntamente de nuevo. Los tiempos son aproximados, recuerden que en estas sesiones de evaluación con los padres mi sugerencia es que contemos con alargarlas para disponer del tiempo necesario para recoger la mayor cantidad de información posible. El caso es dividir la sesión en tres fracciones de tiempo y repartirlas para tener unos minutos por separado con cada uno de los papás y los minutos finales poder trabajar con ellos juntos de nuevo.

Cuando pasan por separado, les suelo preguntar por su vivencia personal del proceso. Eso que comentábamos que aparece en el listado de preguntas que suponen el **Apéndice 3** y que habremos enviado por correo a cada uno de ellos y esperado recibir contestado también por separado. Si lo hemos recibido así, podemos iniciar la conversación agradeciendo el envío y la sinceridad, y pasando a comentar aspectos concretos del ejercicio.

Si repasan detenidamente las preguntas, verán que pedimos información sobre la opinión personal de cada uno respecto al proceso, los roles, el posicionamiento familiar, etc. Es importante entender el modo particular de experimentar todo lo que está ocurriendo porque esto es clave para que la intervención sea eficaz.

Aquí vamos a ver también la sensibilidad de cada uno, la implicación, la capacidad de regulación, la empatía, pero también el agobio, la sensación de malestar, de culpa, de identificación… Todos estos datos son importantísimos.

Después, me gusta coger la caja de muñecos (esa que está hasta arriba de Playmobil de todo tipo y también de otras figuras de tamaño parecido que simbolizan y, por lo tanto, permiten identificarse: la bruja de Blancanieves o Maléfica, el hada madrina, Hulk, el lobo feroz, princesas, hadas, guerreros, extraterrestres...) y, poniéndola encima de la mesa, le pido que escoja un juguete para representar a cada uno de los miembros de la familia. Esta es la parte central del ejercicio. Por eso lo he titulado configuración familiar. Deben «encontrar» un muñeco que les represente y después configurar a la familia, es decir, colocarlos como les parece que resultaría más representativo según su particular manera de ver a la familia.

Como ya se están imaginando, lo que ocurre durante todo el ejercicio es espectacularmente útil. La facilidad o la dificultad para elegir a alguno o a todos los miembros de la familia (con lo que implica de posibilidad de simbolización, entre otras cosas), la posición que hacen ocupar a esos muñecos y los porqués... En una ocasión, la mamá de un niño me dijo, tras pasar un rato buscándose, que no podía escoger solo a un muñeco para representarse a ella (esto puede ser relativamente frecuente) y escogió a dos. Cuando le tocó el turno a papá, se nos pasó la hora porque el hombre decía que le resultaba imposible encontrar al muñeco (objeto, animal, estuvimos valorándolo todo) que pudiera representar a su mujer. Yo pensaba todo el tiempo que tenía todo el sentido, habida cuenta de que su mujer claramente había necesitado dos para representarse.

En otro caso, la mamá me confesó, cuando estuvimos a solas, que llevaba tiempo queriendo decirle a su marido que quería separarse y contarle algunas cosas sobre sus sentimientos respecto a la relación y la familia y, cuando el papá pasó a hacer el ejercicio, no sabía dónde colocar a la figura que la representaba. Si la integraba en el núcleo que conformaban él y sus hijos, sacaba al muñeco que le representaba, y viceversa. Otra vez, una mamá escogió un muñeco de Disney para representar a su marido porque decía que él tendía a presentarse, actuar e interaccionar con ella y los niños como con un disfraz, además de infantilizado y algo payaso. Cuando le tocó el turno a papá, hizo y dijo exactamente lo mismo, pero con la figura de su mujer.

Anécdotas tenemos a miles. No se pierdan esta información, puede ser clave para entender la dinámica del problema real.

Cuando he recogido toda la información, le hago una foto. Y le comento a ese que haya pasado el primero que voy a repetir ese ejercicio con el otro y que también sacaré una foto. De la información obtenida hablaremos en la entrevista de devolución. También realizo el mismo ejercicio con los niños. Después imprimo esas tres fotos y las comparo. Ahí están contenidos, como comentaba, aspectos del problema de relación que seguro que están influyendo, si no directamente en la generación del conflicto, sí en la posibilidad de crear equipo para poner en marcha recursos para la resolución.

Toda esta información la comentaremos con ellos debidamente en la entrevista de devolución.

Los últimos minutos de sesión, esos que ya tenemos para trabajar conjuntamente de nuevo, procuro emplearlos en hacer el genograma. A veces es necesaria una sesión más para abordar esta tarea. No se lo piensen, es imprescindible.

◆ Genograma

Hacer un buen genograma nos parece absolutamente fundamental para una buena evaluación. Tienen a su disposición abundantes publicaciones sobre cómo realizar esta tarea, pero vamos a comentarlo brevemente aquí.

Nuestra sugerencia es la de desarrollar un simple árbol genealógico que incluya, en la medida de lo posible, al menos tres generaciones. Es decir abuelos, padres e hijos. Pero si hubiera conocimiento, datos o anécdotas de bisabuelos, mejor que mejor. Una vez que tenemos en el papel nombre, edades, fallecimientos, matrimonios, separaciones, segundas nupcias, tíos, primos, abortos, hermanastros y toda la parentela posible, comienza el proceso más interesante y revelador: **queremos saberlo todo de todos**. Pregunten por todo, señores, por favor. E incluyan tanto en su mente como en la interacción con los pacientes la pregunta «¿por qué?» En ocasiones se conocerá ese por qué o, al menos, tendremos la respuesta oficial. Para nosotros es igualmente importante la idea que tiene esa persona que está hablando de su familia de las motivaciones de cada uno de los miembros de ella. Para muchos será la primera vez que realicen un ejercicio semejante y la actitud con la que lo enfrenten es muy importante para nosotros. Nos hablará no solo de cosas concretas que se conocen o desconocen y que se transmiten o se ocultan en el sistema al que pertenece nuestro pequeño paciente, sino también de la capacidad de ese progenitor en concreto de hacer asociaciones entre lo vivido, aprendido y transmitido y las decisiones que ha ido tomando. Porque esa es nuestra tarea, y si ya nuestros interlocutores son capaces de reconocer la influencia del sistema en lo que ha ido ocurriendo en sus vidas, tenemos una parte importante de terreno ganado. Unos papás negadores de dicha influencia van a ser todo un reto para nosotros, así que, cuanta más información recojamos y cuanto antes veamos nosotros las nombradas asociaciones entre lo que han ido haciendo unas generaciones y las siguientes, mejor.

A mí me gusta completar el genograma con estas preguntas:

- **¿Cómo os conocisteis?** ¿Cómo comenzó a forjarse vuestro actual microsistema? A propósito de este tema, es importante que preguntemos por la relación de pareja. Permítanme que les recuerde que esto incluye hablar de la relación sexual. Muchas sorpresas (o no tanto) aparecen cuando hay que hablar de este tema que vienen a explicar otras tantas cosas que ocurren en el sistema familiar.

- ¿Hay alguna **anécdota** familiar que se haya ido transmitiendo de generación en generación, o una clásica batallita que haya calado y que se cuente siempre que se reúne la familia para alguna celebración? ¿Se os ocurre alguna a vosotros que hayáis escuchado y que os parezca digna de contarse? ¿Y algún secreto? Preguntar por **el secreto** me parece imprescindible. Si no lo están haciendo ya, háganlo, les sorprenderá lo que van a recoger.

- ¿Podrías darme tres o cuatro **adjetivos** para calificar a tu familia? Le preguntamos a cada progenitor por la suya y también si están de acuerdo con los adjetivos ofrecidos por el otro cónyuge respecto a la de cada uno.

- Por último, ¿qué creéis que tiene el niño de unos y de otros?

5. LAS SESIONES DE EVALUACIÓN RESTANTES

Durante estas dos sesiones con los padres y las que ya hemos realizado con el niño, debemos haber tenido la oportunidad de recoger información suficiente para desarrollar alguna hipótesis que nos explique lo que está pasando y, desde luego, para confirmar o refutar dichas presunciones. En cualquier caso, ha llegado el momento de hacer un alto y, con lo ya recogido, reflexionar y concretar qué seguimos necesitando para terminar de estar seguros acerca de nuestras conclusiones y antes de dar por completada la evaluación. ¿Necesitamos ver a los hermanos? ¿A los abuelos? ¿A la cuidadora? ¿Tenemos que hablar con el tutor o con el psicólogo del colegio?

La presencia de estas otras personas en la evaluación puede ser muy útil, pero también puede ser completamente prescindible. Me gusta insistir en que hagamos las cosas con criterio y que intentemos, en la medida de lo posible, saber para qué estamos haciendo lo que estamos haciendo. Cuando hacemos las cosas porque no nos estamos enterando muy bien de lo que está pasando y confiamos en que con una sesión y otra y con una persona y otra, de pronto, como por arte de magia, nos vendrá la inspiración y sabremos qué hacer; cuando hacemos esto, además de estar haciendo el ridículo y de estar siendo deshonestos, se nos nota. No crean que todo esto es gratis, nuestros pacientes estarán sufriendo, pero no tienen un pelo de tontos y su capacidad de captar las intenciones del otro (cuestión que se desarrolla muy tempranamente, por cierto, como seguramente saben) permanece intacta, alerta y tan bienfuncionante como el primer día. Y aunque no lo expliciten, porque ni siquiera estén haciendo consciencia completa de lo que están percibiendo, lo están apreciando y eso comienza a generar una sutil (y a veces no tanto) desconfianza, que va a actuar como una carcoma que ya ha comenzado a corroer la relación y que impedirá que se termine de generar la base de seguridad, de certidumbre, que resulta imprescindible para que la psicoterapia funcione. Es obvio, ¿verdad? Esto es insoslayable para el buen funcionamiento de cualquier relación entre seres humanos.

Y no digamos ya recurrir a montones de originales pruebas psicométricas, diferentes y chocantes tests y aparatosos trucos de sabia magia pseudocientífica (y miren que me gusta la magia…) para otros tantos distintos y singulares objetivos que recolectamos en nuestras consultas y que mayoritariamente son empleados por nosotros para cubrir, una vez más, las lagunas que sentimos que se han generado en nuestra formación y que se hacen evidentes en nuestra práctica cuando nos damos cuenta de que no sabemos qué está pasando y no tenemos ni idea de qué hacer con lo que tenemos delante.

Cuidado, de verdad, es preferible que seamos sinceros y les digamos a los padres que no sabemos, que no estamos seguros, que necesitamos más tiempo o incluso la ayuda de una supervisión… La honestidad es siempre una baza a nuestro favor. Y, ya que lo he mencionado, por supuesto, la supervisión es otra importante baza. Quien me conoce ya sabe que aprovecho cualquier ocasión para comentarlo, pero es que lo considero una falla lamentable en nuestro desarrollo, tan evidente como las que hay en nuestra formación por culpa de los diseños curriculares. Supervisemos, señores. Nada ayuda más a crecer como profesionales de la psicoterapia que la supervisión. De hecho, estoy profundamente convencida de que es supervisando nuestra práctica clínica como terminamos de convertirnos en psicoterapeutas de verdad. No la descuidemos.

En resumen, diseñemos con consciencia y criterio las sesiones de evaluación que nos restan para poder terminar con la sensación de que tenemos lo que necesitamos para conseguir una explicación adecuada para lo que está pasando y que estamos, por tanto, en condiciones de llevar a cabo un ajustado diseño de intervención que quedará reflejado en nuestro informe.

Yo utilizo en este punto una herramienta casera que he ido desarrollando con los años de trabajo tanto en la consulta como en clase. Se trata de recurrir a un listado de **necesidades básicas** del ser humano que me ayuda a contrastar si necesito más datos sobre en qué medida se están cubriendo dichas necesidades, pues me parecen una referencia clave para saber dónde centrar tanto la investigación como, por supuesto, la intervención. Ese listado lo he ido desarrollando a lo largo de los años, por lo vivido en la consulta y lo trabajado en las clases. De hecho, en alguna ocasión (muchas), y dependiendo del tiempo del que dispusiéramos, dicho listado lo hemos construido en clase, conjuntamente, con la ayuda de la pizarra y llevando a cabo un precioso e interesante ejercicio de mentalización entre profesionales que siempre, siempre, he podido disfrutar una barbaridad y me ha permitido aprender y crecer con mis alumnos. Así comenzaba un resumen que elaboré tras una de esas clases en las que estuvimos trabajando sobre este tema:

«Expusimos en clase, el miércoles correspondiente de noviembre, despacio, ordenadamente, con cuidado y con toda la función reflexiva que teníamos a mano entre todos (40 personas nada menos) lo que nos parece que son las necesidades básicas de un individuo humano y pequeño al que hemos llamado niño. Lo hicimos porque **entendemos imprescindible reconocer ampliamente lo que se espera de unos progenitores que están criando a su hijo, como primer paso para alcanzar a vislumbrar, como terapeutas, lo que un niño está expresando a través de una conducta supuestamente (o contundentemente) disruptiva y que resulta ser el motivo de consulta de sus papás**. Reconocer, entender y estar en condiciones de explicar lo que el niño vive como incompleto, no recibido, insuficiente; lo que necesita y no tiene, lo que echa de menos, lo que perdió... Lo que le presiona y a lo que obedece. Esa es nuestra tarea...».

Eso es lo que pretendemos en la evaluación. En lo que estamos. Utilicemos ese listado para repasar, como decíamos, si tenemos claro en qué medida dichas necesidades se están viendo cubiertas y cuál de ellas es la que vemos que se está viendo más resentida o amenazada en este momento y lo que probablemente está expresando de forma más o menos simbólica el niño con su conducta.

Utilicémoslo, por tanto, también para ver qué más datos nos quedan por recoger en las sesiones que restan. Lo tienen al final del capítulo, en el **Apéndice 5**. Utilicémoslo para terminar de concretar el verdadero motivo de consulta...

6. LA MIRADA Y EL VÍNCULO

Conectando con lo que veníamos comentando, quiero incidir ahora en un último dato imprescindible por recoger: la mirada de los progenitores hacia el niño y la nuestra hacia todos ellos.

Decíamos en el primer capítulo que nuestro modelo confiere una importancia fundamental al vínculo de apego establecido entre el niño y sus progenitores. Que nos construimos y nos explicamos en la relación con el otro cercano (mamá y papá fundamentalmente) y, por supuesto, con todo nuestro sistema y nuestro entorno social y cultural. Esto, como ya anticipábamos páginas atrás, nos obliga a **mirar más allá** de la conducta expresa del niño y a bucear en los entresijos de la relación padres-hijos.

En la mirada se sostiene el vínculo. En la mirada se construye. Las miradas nos definen, nos explican, nos legitiman, nos cimientan y nos elevan... Permítanme, para incidir en esto, que comparta un poema de Ángel González:

Muerte en el olvido

Yo sé que existo
porque tú me imaginas.
Soy alto porque tú me crees
alto, y limpio porque tú me miras
con buenos ojos,
con mirada limpia.
Tu pensamiento me hace
inteligente, y en tu sencilla
ternura yo soy también sencillo
y bondadoso.
Pero si tú me olvidas
quedaré muerto sin que nadie
lo sepa. Verán viva
mi carne, pero será otro hombre
—oscuro, torpe, malo— el que la habita...

No creo que se pueda expresar mejor y más bellamente. Yo no, desde luego. Nada más que añadir. Solamente repetir que por eso insisto en la importancia de nuestra mirada como terapeutas.

Otro gran artista dijo una vez lo siguiente: «Si el rostro de la madre es poco receptivo, entonces un espejo es algo que se puede mirar, pero no sirve para mirarse». Esto lo decía Winnicott allá por 1971. Qué acertada y concisa manera de explicar lo que se espera de la madre y, por ende, por lógica y por alusiones, del terapeuta. Es por eso que nos pasamos el día hablando de la importancia de la mirada y, sobre todo, de esa a la que nos gusta apellidar como incondicional. En ella reside la clave de todo. Eso de las necesidades básicas en el fondo es como los mandamientos, que son un montón, pero se pueden resumir en uno solo: **mirada incondicional**.

Miremos cómo le miran. Cómo se miran y, por supuesto, entrenemos nuestra mirada.

Imaginemos a ese niño, pongámonos en su lugar, pero también en el de sus papás, para poder entender y reconstruir lo que ha pasado y lo que está pasando, y así, poder explicárnoslo y explicárselo y, finalmente, saber cómo hacer para ayudar a terminar con el sufrimiento que se está generando.

7. LA DISOCIACIÓN

El estudio de la disociación merecería todo un capítulo aparte. Puede que incluso más. Pero no podemos llevar a cabo esa tarea aquí. Además, hay autores que ya la han desarrollado maravillosamente y que pueden (y deben) consultarse para profundizar en el conocimiento de un fenómeno tan complejo como frecuente en nuestra consulta y que, por eso justo, necesita de nuestro estudio y manejo. Pero no podemos dar por terminada una buena evaluación sin haber hecho un alto para ocuparnos de la disociación.

Lo que quiero destacar aquí, como mínimo, es la necesidad de ser conscientes de que detrás de muchos de los problemas con los que bregamos en la consulta hay, con mucha más frecuencia de lo que sospechamos, fenómenos disociativos que seguramente podrían explicar muchos de los fallos o las dificultades en el progreso del caso debido a que no hemos caído en la cuenta de su presencia o no los hemos trabajado de forma adecuada. Lo veremos un poco más ampliamente en el capítulo VI: El trauma psíquico infantil y su abordaje desde un modelo de psicoterapia breve. No olviden que les comentaba en la introducción que los capítulos se van completando y complementando.

El tema de la disociación no está (al menos no lo ha estado hasta ahora) adecuadamente contemplado en los diseños curriculares de las carreras de los futuros psicoterapeutas y por eso ha venido siendo la gran ignorada. Las consecuencias de esto han sido (y continúan siendo), a mi juicio, nefastas. Si vemos la disociación y la trabajamos adecuadamente, resolveremos mejor los puzles durante la evaluación, generaremos narrativas completas y coherentes respecto a lo que está pasando y diseñaremos adecuados y, por lo tanto, eficaces modos de intervención. A mi juicio, muchos supuestos trastornos se han convertido en los últimos años dentro de la psicología y la psiquiatría infantil en auténticos cajones de sastre (véase por ejemplo el controvertido TDA-H o los llamados trastornos de la conducta alimentaria, así como los trastornos de personalidad) donde niños y padres afrontan verdaderos calvarios por diferentes servicios de nuestros hospitales y otras instituciones, por no tener en cuenta los fenómenos disociativos y abordarlos específicamente y como corresponde. Volveremos a incidir sobre todo esto más adelante, como decía, cuando abordemos el trauma infantil.

Nuestra manera de entender y atender en la consulta los fenómenos disociativos se basa en la teoría de la disociación estructural de la personalidad elaborada hace más de 100 años por Pierre Janet y redefinida en las últimas décadas por destacados autores como Onno van der Hart. Desde este punto de vista, **la disociación es, esencialmente, un fenómeno defensivo resultante de la necesidad**

de separar y mantener fuera de la consciencia material que, aunque forma parte de la experiencia vivida por el niño (o el adulto), debe permanecer oculto por no poder ser procesado de forma adecuada. Fundamentalmente, la dificultad en el procesamiento se explicaría por la intensidad emocional con que se viven los acontecimientos (o la vehemencia con que son experimentadas las emociones, en palabras de Pierre Janet) que bloquea circuitos básicos neuronales y que impide que dicho material forme parte de lo que se integra en estructuras superiores antes de dar una respuesta.

Este material queda, pues, separado de la conciencia y almacenado en modo excitatorio y es lo que alimenta y rige el funcionamiento de algunas partes de nuestra personalidad llamadas por Janet «partes emocionales» (PE) que, en determinados momentos (esencialmente cuando estímulos internos o externos actúan como disparadores), toman el control de la situación y desarrollan modos y maneras de funcionamiento aparentemente inadecuados o desadaptativos.

A mi juicio, lo más desconcertante y, por lo tanto, desregulador que puede experimentar un pequeño ser humano tiene que ver con **poner en riesgo el vínculo de apego**. Esas son las emociones más difíciles de tolerar, las que alimentan la sensación de peligro que experimenta el niño y las que lo llevan a hacer todo lo que haga falta para no sentirlas.

Creo que resulta casi obvio pensar que muchas de las conductas disruptivas que tiene el niño que es traído a la consulta pueden explicarse desde este modelo. Por ejemplo, es fácil entender que detrás de muchas explosiones de rabia, compulsiones, *actings* e incluso despistes e inatención podemos pensar que se encuentra una parte emocional de la personalidad tomando el control y haciéndose cargo de la situación a su manera, invadida por la emoción que una vez se experimentó como intolerable y que vuelve a la carga en su particular manera de expresión y abordaje de la situación ante la similitud de lo que está ocurriendo a nivel interno o externo.

Dejar fuera de la conciencia una parte tan importante de la experiencia (la emocional y, por ende, a menudo asociada también, la corporal) nos hace responder de forma poco coherente, desadaptativa. Y lo que es casi peor, genera en nosotros multitud de creencias erróneas sobre el mundo que nos rodea y sobre nosotros mismos. Nos obliga a desconfiar de lo que sentimos (cuando las emociones deben servirnos de guía para la acción) y de lo que notamos, y nos mantiene en estado de alerta en relación con diferentes estímulos que serán más cuanto más tempranamente se vivan las experiencias traumáticas y si, además, se hayan vinculados a figuras centrales de apego.

Al menos, empecemos a pensar en la posibilidad de la existencia de síntomas disociativos y, por tanto, en la de que se hayan experimentado algunas vivencias como traumáticas. Incluyamos material adecuado para comprobar todo esto. Algunos test de *screening* son imprescindibles. Nos parecen muy útiles, en este sentido, la escala de disociación para niños de Putnam y la escala de experiencias disociativas en adolescentes (A-ADES) de Armstrong, Bernstein y Putnam. La escala de disociación en niños debemos rellenarla con los padres, el A-DES es para realizarlo con el adolescente. Pidan ejemplos, hagan un exhaustivo estudio de los fenómenos que se tratan en estas escalas. Asegúrense de que les queda claro en qué medida deben culpar a una parte emocional de lo que está ocurriendo y por qué.

APÉNDICE 1

PROCESO DE EVALUACIÓN EN PSICOTERAPIA CON NIÑOS Y ADOLESCENTES

PROCESO DE EVALUACIÓN EN PSICOTERAPIA INFANTIL

(Estandarizado fundamentalmente para niños entre los 5 y los 13 años)

PRIMER DÍA: Primera sesión con los padres*

*Como se comenta en el texto más arriba, en el caso de adolescentes más mayores (aproximadamente entre los 14 y los 19 años), valoramos la posibilidad de que la entrevista inicial sea también con los padres, o con los tres. Debemos preguntar al adolescente si no le importa que en algún momento charlemos a solas con sus padres, y hemos de pedir a los padres que, de la misma manera, nos dejen a solas con él/ella un rato.

DATOS DE FILIACIÓN
Nombre:
Apellidos:
Fecha de nacimiento:

Domicilio:
Curso escolar:
Colegio:
Nombre del padre: Profesión, ocupación:
Nombre de la madre: Profesión, ocupación:
Teléfonos: fijo: móvil madre: móvil padre:
E-mail: madre: padre:
Consentimiento informado
UBICACIÓN EN LA FAMILIA
Padres y hermanos: edades, ocupación, antecedentes médicos familiares destacables:

MOTIVO DE CONSULTA:
¿Por qué estáis aquí? Y ¿En qué creéis que puedo ayudaros?: **¿Qué te ocurre? ¿Crees que hay algo en lo que pueda ayudarte?** *Dejar que los padres se explayen y expliquen con sus propias palabras lo que le ocurre al niño y el proceso por el que ha llegado hasta nosotros Recomendamos soltar bolígrafo y conectar grabadora.

¿Desde cuándo?
¿Qué estaba pasando entonces? Aprovechamos para comenzar a trazar la **línea de vida** con los padres o con el adolescente
¿Qué habéis venido haciendo en este tiempo para **contrarrestar** las dificultades?: ¿Qué han hecho otros y qué has hecho tú?
Ubicar la influencia del problema en los diferentes ámbitos de acción: Familia: Colegio/Instituto/Facultad/Institución: Amigos:

Por contra, localizar **grado de bienestar** en los diferentes ámbitos: 1) Casa: padres y hermanos: 2) Colegio/Instituto: adaptación, rendimiento escolar, relaciones: 3) Ocio: cantidad y calidad:
Historia de **otros tratamientos** médicos y psicoterapéuticos. Pedir que traigan si no lo han hecho, toda la documentación de la que dispongan sobre dichos tratamientos.

Comenzar con las preguntas de nuestra **hoja de entrevista** con los padres o con otros tests que consideremos oportunos o las entrevistas para valorar disociación.
No olvidar indagar en **historia de trauma** si no nos ha quedado claro hasta el momento: - Preguntamos por posibles sucesos traumáticos acontecidos desde el primer día de vida, incluyendo los perinatales en el hospital. - Valoramos la oportunidad de explicar la importancia del trauma. - Explicamos proceso por el que la ocurrencia de un suceso traumático puede explicar los síntomas que se presentan. Terminamos pidiendo a los padres que expliquen al niño que va a acudir a un psicólogo, qué significa eso y por qué han tomado la decisión. Si hiciera falta (por la ansiedad que esto puede producir a los padres), establecer con ellos las pautas sobre cómo hacerlo para asegurarnos de que el niño estará informado. Valoramos, asimismo, la oportunidad de pedir a los padres/o al adolescente que nos traigan **fotografías** que nos puedan mostrar su desarrollo y aportar más información en general.

SEGUNDO DÍA: primera entrevista con el niño

Vínculo: lo fundamental en un primer momento es establecer un vínculo positivo con el niño y ganarnos su confianza. Para ello, comenzaremos preguntándole si sus papás le han explicado qué es un psicólogo y para qué ha venido a vernos. Charlamos sobre ello y vamos creando un clima en el que nos vamos adaptando al ritmo de sus palabras y de su interacción. Tomamos nota mental de su capacidad para mirarnos a los ojos, su expresión verbal y corporal, su timidez o extroversión, y sus recursos en general

MOTIVO DE CONSULTA
Dependiendo de la edad, le preguntaremos qué le ocurre y dejaremos que nos lo explique con sus palabras o a través de cualquier otro método de expresión: dibujo, plastilina, juego en caja de arena...
Mi recomendación es esperar al niño con un escenario preparado. La caja de arena y unos materiales adecuados para trabajar con ella me parecen una maravillosa opción. La información que nos aporta su abordaje en esta tarea es incalculable.

Dependiendo de la edad, iremos compaginando preguntas sobre él/ella mientras intercalamos alguna actividad más o menos lúdica, por ejemplo, **un dibujo**. Este puede ser **de su familia, de lo que más le gusta o mejor se le da, o un dibujo completamente libre**.
Charlamos con el chiquitín observando cuán en contacto está con sus habilidades y recursos (atención al lenguaje corporal, a la expresión general, al sostenimiento de la mirada y otras variables de interacción).

En el caso de entrevistar niños muy pequeños, el juego será siempre el modo de intercomunicación entre terapeuta y paciente.
En el caso de adolescentes, es muy útil ir planteándose dibujar la línea de vida e ir situando su historia sobre ella. Los dibujos o el trabajo con muñecos o caja de arena es perfectamente compatible con las edades adolescentes. Su colaboración y participación estará muy condicionada por el vínculo. Así pues, hay que generar esa posibilidad desde el primer minuto.

Hablaremos de la familia:
- A qué se dedican los papás, horarios, actividades compartidas.
- Hermanos: con quién juegas más, cómo es cada uno, qué actividades comparten.
- Si vive alguien más en la casa (familiar o cuidador): cómo es su relación con él/ella, qué hacen juntos, qué es lo que más le gusta de él/ella.
- Si tienen mascota o le gustaría tenerla.
- Si tienen algo que no les gustaría tener o no tienen algo que desearían mucho.

Si el niño es muy pequeño, exploramos estos campos, en la medida de lo posible, con los muñecos (clics, familias de animales, de coches, etc.).
Tomamos nota mental de si, al hablar de la familia, destaca los aspectos positivos o si introduce también, de forma espontánea, los aspectos negativos en relación con lo hablado.
Después hablaremos del colegio/instituto: - Si le gusta ir al colegio y por qué. - Sobre los amigos/as. - Actividades allí con las que disfruta más. - Actividades con las que disfruta menos.
Y por último queremos hablar de los días de fiesta: - Qué hacen los fines de semana. - Qué es lo que más le gusta hacer. - Relaciones con familiares. - Relaciones con amigos (del colegio, de la urbanización, etc.). - ¡Y cómo se celebran sus cumpleaños! - ¿Y los de sus amigos?

Emociones negativas: si no ha podido hablar espontáneamente de los «contras» en sus relaciones, pasamos a preguntarle muy delicadamente por estas cuestiones, y valoramos, según la respuesta, la oportunidad de dejarlo para próximas sesiones: - ¿Qué cosas te enfadan? - ¿A veces te enfadas con mamá? ¿Y con papá? ¿Por qué? ¿Quién gana? - ¿Te enfadas con tus hermanos? ¿Con quién te enfadas más? ¿Por qué? ¿Quién gana? - ¿Y con tus amigos? ¿Y ellos contigo? - La misma pregunta si hubiese alguna persona más conviviendo o compartiendo tiempo con ellos en casa. - ¿Cuánto crees que tu problema interfiere en tu vida en casa y en el colegio? *Si su rabia fuese el motivo de consulta, ya habremos hablado de ello al principio de la conversación. En ese caso, el objetivo aquí es aclarar el nivel de consciencia de la existencia de una emoción que interfiere en sus relaciones e incluso las domina ya sea por su presencia constante o por su ausencia.
Terminamos en positivo: - Comida favorita - Película favorita - Cuento favorito - Canción favorita
Dejamos los últimos minutos para jugar a algún juego que le propondremos. Valoramos la oportunidad de pedir a mamá/papá que pasen a jugar con nosotros.

Todas estas preguntas son orientativas y su contestación dependerá de diferentes variables. También es orientativa la distribución de tareas en los diferentes días.

TERCER DÍA: Segunda sesión con el niño

Seguimos en la misma línea de trabajo, **reforzando el vínculo** y ampliando nuestro conocimiento del niño.
Comenzamos la aplicación de las pruebas que consideremos necesarias en función de las hipótesis que vamos manejando (las enumeramos a continuación, pero ello no significa que debamos utilizar estas concretamente, ni todas ellas, ni, por supuesto todas el mismo día): - Test de casa-árbol-persona - Test de Rorschach - Test de la fábula de Düss/ TAT/ Pata negra (este es uno de mis favoritos) - Test de los colores - Bender - Test de los tres deseos/ Cuestionario desiderativo en los más mayores - Listado de creencias negativas en los más mayores - ADES con los más mayores - Cuestionario de personalidad para adolescentes
Consideramos la oportunidad de utilizar el **WISC** (o alguna de sus pruebas) si el problema estuviese en algún nivel relacionado con el correcto desarrollo de sus habilidades y capacidades cognitivas.
Seguimos explorando su **mundo interno** a través de su juego o con la conversación.

Sueño: cómo duerme, cómo o con quién se duerme, **pesadillas**. El mejor y el peor sueño que recuerda.
Seguimos explorando emociones negativas: ¿A qué tienes miedo? ¿Qué te hace sentir vergüenza? - Localización de episodios en relación con las emociones básicas: miedo, tristeza, ira, alegría, amor, curiosidad y vergüenza. - Preguntamos si tiene o ha tenido algún **amigo imaginario**.
Terminamos explorando sus **recursos positivos**: cuándo fue la última vez que te han felicitado por algo que has hecho muy bien en el cole, en casa o en cualquier otro entorno.
Valoramos la oportunidad y el tiempo de terminar con una partida a la oca con los papás.

CUARTO DÍA: Segunda sesión con los padres

Completamos la **información necesaria** que se hubiera quedado pendiente y contrastamos las hipótesis que nos hemos ido formulando según las observaciones de las sesiones con el niño.
- **Árbol genealógico o genograma** - **Completamos línea de vida** - ¿Alguno de ellos vivió una **situación parecida**? - Exploramos el **estado mental adulto** de cada uno. Valoramos, para ello, la oportunidad de ir incluyendo alguna de las cuestiones de la **entrevista de apego adulto**. - **Configuración familiar con los muñecos y «preguntas imprescindibles»** a solas con cada uno de ellos.
A-DES: comentarlo con los padres según los síntomas presentados, nuestras hipótesis y la observación de las dos primeras sesiones. **Escala de disociación en niños**: completar con los padres.
Si hemos pedido **fotografías**, las vemos con los padres atendiendo a los detalles acerca de la selección, las personas involucradas, los gestos, las situaciones, los comentarios...

QUINTO Y SEXTO DÍAS: Tercera y cuarta sesión con el niño

Tras la información recogida en la sesión anterior con los padres, contrastamos lo que consideremos oportuno. Es útil, dependiendo de la edad, ver también con el niño las fotos y pedirle que participe en la selección o que haga él/ella la suya.
Completamos el trabajo y las pruebas que nos hayan quedado pendientes en los días anteriores.
Seguimos jugando y dejando que el juego (sobre todo el juego simbólico en los más pequeños) nos vaya dando más información o completando la que ya tenemos para la confirmación de nuestras hipótesis.
Retomar el problema, a la luz de toda la información recogida, e intentar acotar los ámbitos de mayor influencia, las creencias negativas asociadas, las emociones presentes, las sensaciones corporales... en una tentativa de valorar la inteligencia emocional del niño, el modo y la cantidad en que la angustia interfiere en la memoria de trabajo, los mecanismos de defensa que ya empieza a utilizar (somatizaciones, negación, disociación...), locus de control, narrativa, recursos empleados, generalizaciones por experiencias de indefensión aprendida, etc.

SÉPTIMO DÍA: Sesión de devolución con los padres

Leemos con los padres **el informe** que hemos realizado. Contestamos a sus dudas y explicamos cada uno de los apartados hasta habernos asegurado que queda bien comprendido.
Explicamos nuestras **conclusiones** y nuestras **recomendaciones** psicoterapéuticas.
Acordamos un **compromiso** de trabajo conjunto, puesto que debe quedarles claro que necesitamos su **participación activa** y que son piezas clave en el proceso de recuperación de su hijo.

APÉNDICE 2

PRIMERA ENTREVISTA CON LOS PADRES

PRIMEROS MOMENTOS:

Decisión de tenerlo.

¿Cuándo empezaron a imaginárselo?

Cómo escogieron el nombre que lleva.

Cómo fue el embarazo. Tabaco y otros tóxicos durante el embarazo.

Cómo fue el parto.

PRIMEROS AÑOS Y GRANDES HITOS:

Quién lo cuidó de bebé.

Tipo de alimentación.

Cuándo caminó.

Cuándo habló.

Cuándo dejó los pañales de día y de noche.

Le costaron los cambios de alimentación. Cómo es su dieta actual. Cantidad de azúcar a lo largo del día.

Con quién duerme, desde cuándo, cómo duerme. Evaluar SAOS (síndrome de apnea obstructiva del sueño). Somnolencia diurna

Quién le acompaña a dormir, desde cuándo, cómo se duerme.

¿Chupete, dedo, muñecos o mantita…?

Fue a la guardería: a qué edad, cómo aceptó el ir, le costó o fue fácil.

Quién le llevaba al colegio, quién le recogía, cómo fue la entrada al colegio, a quién le costó más de los tres.

HISTORIA DE ENFERMEDADES

Qué enfermedades ha tenido y cuáles son las más comunes actualmente.

Ha tenido algún accidente, operación. Tratamientos médicos (fármacos).

¿Ha experimentado o experimenta alguna supuesta fobia?

SUCESOS IMPORTANTES

Cambios de colegio.

Cambios de residencia.

Historia de pérdidas significativas: familiares, amigos, mascotas, etc.

¿Han convivido en algún periodo con familiares, amigos o cuidadores?

¿Mascotas?

ACTUALIDAD

¿Cuidadores?

Cómo es un día cualquiera en la vida del niño. Quién le despierta, le da desayuno, le lleva al colegio, le recoge, merienda, deberes, etc.

¿Desayunan, comen o cenan juntos? ¿Cómo son esos momentos?

Cómo duerme, con quién, qué tal. ¿Pesadillas?

Cómo es un día de fiesta.

Cómo celebra su cumpleaños.

Cómo celebra las Navidades.

En la actualidad: rendimiento escolar, adaptación social e integración con pares.

Actividad física durante la semana. Extraescolares.

Horas ante la TV, videoconsolas, ordenador, etc.

FAMILIA

Relación con los hermanos.

Relación con tíos, primos, abuelos, amigos…

Hábitos tabáquicos de los padres.

Horas de ocio compartido.

Religión.

Resolución de conflictos.

PAREJA

Puntos fuertes y de conflicto. Respuesta de los niños.

Valoración de la relación por ambas partes. Relaciones sexuales.

Manejo emocional.

EL NIÑO

Descripción del temperamento del niño.

Qué es lo que más le gusta hacer.

Película, cuento favorito, personaje…

APÉNDICE 3

Guía de preguntas imprescindibles en las sesiones con los padres en un proceso de psicoterapia breve con niños o adolescentes

SOBRE EL CHIQUITÍN

– ¿Qué es lo que más te gusta de tu hijo?

– ¿Qué admiras en él?

– ¿Qué valoras de él?

– ¿Qué disfrutas?

– ¿Qué destacarías como peculiaridades suyas?

– ¿Qué es lo que más te molesta?

– ¿Qué cambiarías de él si pudieras hacerlo como por arte de magia?

– ¿Podrías darme tres adjetivos que definan a tu hijo?

– ¿Es el niño como pensaste que sería?

– Muy brevemente: ¿Qué crees que le está pasando ahora?

SOBRE LAS EMOCIONES Y SENSACIONES DE LOS PAPÁS

– ¿Cómo te sientes ante lo que ocurre con el niño?

– ¿Te trae recuerdos concretos de tu propia historia?

– ¿Compartes alguno de sus temores, anhelos, conductas, modos?

– ¿Podrías decirme tres adjetivos que definieran a la niña/niño que fuiste?

– ¿Podrías contarme tres sucesos/episodios positivos de tu infancia?

– Y ahora, ¿podrías contarme tres negativos?

– ¿Qué recursos valoras que tienes para manejar el problema que tenéis ahora?

– ¿Qué otros piensas que te faltan y te gustaría adquirir?

– ¿Es la maternidad/paternidad como pensaste que sería?

– ¿Con quién sientes que cuentas para enfrentar el problema?

SOBRE LA FAMILIA

– ¿Podrías decirme tres adjetivos que definiesen a la familia que formáis?

– ¿Podrías señalar el rol que crees que desempeña el niño en la familia?

– ¿Y el tuyo? ¿Y el de tu pareja? ¿Y los hermanos?

– ¿Hay figuras de la familia ampliada que te parecen importantes, influyentes en la idiosincrasia familiar?

– ¿Sientes al grupo afectado por lo que está ocurriendo? ¿De qué manera?

SOBRE EL PROCESO TERAPÉUTICO

– ¿En qué piensas que puede ayudar este proceso terapéutico?

– ¿Podrías decirme tres cosas concretas que le pides al proceso?

APÉNDICE 4

CONSENTIMIENTO INFORMADO

Dª.______________________________, con DNI n.º_____________,

y D.______________________________, con DNI n.º ____________,
padres de ______________________________, de ____ años de edad.

Confirmamos

1. Haber solicitado libremente los servicios profesionales de ____ _________________________, psicóloga/o colegiada/o n.º __________, para la realización de un proceso de evaluación y tratamiento psicológico, en la persona de nuestro/a hijo/a, con fines exclusivamente clínicos.

2. Consentir en la administración de las pruebas y técnicas psicoterapéuticas que dicha/o profesional considere necesarias para el diagnóstico y tratamiento.

3. Aceptar la grabación de las sesiones con el compromiso del profesional de su uso con fines exclusivamente clínicos.

Tras esta información, hemos decidido dar la conformidad para iniciar el proceso citado en el punto 1 y en los términos expuestos en los siguientes puntos (2 y 3). Tachar si alguno no procede.

En ____________, a __ de ___________ de 20__

Fdo., la madre: La/el psicóloga/o:

Fdo., el padre:

APÉNDICE 5

NECESIDADES BÁSICAS DEL SER HUMANO

– Amor explicitado: mirada/palabras/contacto

– Regulación emocional: reconocimiento/etiquetado/legitimación/regulación/expresión

– Tiempo con completa atención

– Seguridad/Protección

– Sintonía emocional: sentirse escuchado/sentido/visto

– Movilización/Respuesta

– Adecuado despliegue de roles

– Límites claros

– Valoración/Aceptación/Respeto

– Estimulación suficiente y adecuada/ Motivación

– Recursos/Autonomía

– Pertenencia

– Capacidad reflexiva/Mentalización

– Identidad

– Magia

CAPÍTULO III: EL INFORME Y LA ENTREVISTA DE DEVOLUCIÓN

Teniendo en consideración todas las premisas presentadas en los dos capítulos anteriores, encaramos la redacción del informe. Lo leeremos con los padres el día que los citamos para lo que conocemos como **entrevista de devolución**.

Por alusiones, antes de seguir con las especificidades de la redacción del informe, permítanme que me pare a hacer una (o varias) reflexiones sobre ese momento clave que supone la sesión de devolución. Ya hemos expuesto algunas de ellas, pero, aun así, me arriesgo a repetirme por la relevancia que juzgo que tienen:

- En primer lugar, debemos sentarnos frente a los padres recordando que lo que se está poniendo sobre la mesa (el informe que hemos redactado tan concienzudamente) se ha hecho para y por el bien del chiquitín motivo de la reunión que ahí estamos desarrollando, y no para demostrar a todo el mundo lo buenos profesionales que somos. No para quedar bien con el colega que nos recomendó y, desde luego, no para darles a los padres en la cara con unos papeles que dicen que lo están haciendo todo mal, que, «si fuera mío el niño, otro gallo cantaría... porque yo lo que hago en estos casos, veréis, es muy sencillo...»

A menudo, he supervisado a otros colegas antes de una entrevista de devolución y, al trabajar las ansiedades que les despertaba ese momento (esas que les hacían vivir a la mamá o al papá tan persecutoriamente; esas que les impelían a tachar la psicoterapia infantil de imposible, tortuosa y canalla; esas que les obligaban a pertrecharse de una artillería que ni que fuese que ha estallado la tercera guerra mundial), se ha hecho evidente enseguida que, lo que estaba pasando tenía que ver con ellos mismos y su historia, y no con los papás, el niño, la psicoterapia infantil o la globalización (aunque sean temas controvertidos, de peso y nada inocentes en sí mismos...).

Así pues, toca conminar, de nuevo (ustedes me perdonarán), a todos y cada uno de los psicoterapeutas infantiles a mirarnos lo nuestro y a dejarlo fuera del despacho antes de tener esa entrevista tan trascendente con los padres.

- Además, conviene ver detrás (o, a menudo, delante) de mamá y papá una niña y un niño interno, de cada uno de ellos, que está asustado y nervioso, probablemente a la defensiva, expectante, que teme más que a un nublado lo que vamos a contarle y que está experimentando y reexperimentando tanto o más que nosotros mismos. Conviene verles y, no solo eso, sino, además, legitimar su estado emocional y empatizar. Y esto no solo por ser buenas personas, que nunca está de más, sino porque nos conviene (no está elegido el verbo al azar). Si de verdad queremos ayudar al chiquitín y, secundariamente, hacer bien nuestro trabajo y ser conocidos y reconocidos como psicoterapeutas extraordinarios, nos conviene tener a esos niños (los de los papás, repito) de nuestra parte. Y solo vamos a conseguirlo si los hemos visto, entendido y legitimado, y si no dejamos de hacerlo durante la hora que dure esa dichosa entrevista de devolución.

- Tampoco debemos desatender la necesidad de no triangular, a pesar (o precisamente por eso) de que seamos tres personas en el despacho, y vernos de repente convertidos (como ya hemos advertido anteriormente) en salvadores, víctimas o perpetradores...

¡Qué fácilmente caemos en la trampa! ¿Y por qué? Pues seguramente por todo lo que ya hemos venido exponiendo. Porque hay factores de naturaleza inconsciente, que están influyendo en estos encuentros y que a nosotros, los profesionales, no deberían escapársenos, pero que se nos escapan. Como decíamos, los padres tienen miedo y, desde ahí, es fácil que, a pesar de su aspiración consciente a ver a su hijo mejor y a resolver los conflictos familiares que se están poniendo de manifiesto, saboteen el proceso.

A su vez, nosotros podremos desear que sea de otra manera, por supuesto, (desear es siempre sano, estupendo y legitimable), pero, a menudo, insisto en que no olvidemos lo siguiente: **no conviene convertir nuestros deseos en necesidades o nos veremos frente a unas metas absolutamente imposibles de alcanzar**.

Podemos, entonces, desear que los papás nos lo pongan todo lo más fácil posible pero no debemos necesitarlo como condición para hacer bien nuestro trabajo. No deberíamos, entonces, aferrarnos a la tan frecuente excusa de que ellos no se han mostrado totalmente colaboradores para justificar nuestra ineficacia. Como decía Bowlby, «solo podemos interpretar la resistencia cuando hemos fracasado en nuestro intento de lograr la cooperación del paciente a través de la empatía». También decía Bowlby allá por 1968 que, **«cuando no hay sintonía, los pacientes reaccionan con síntomas de desesperación y agresividad»**. La sintonía es clave para un buen psicodiagnóstico y es en sí misma terapéutica. Sintonicemos, pues. También con los papás, por supuesto.

Teniendo claras todas estas cuestiones, parece que ya estamos en condiciones (con toda la empatía del mundo, muy conscientes y en clara sintonía con los estados mentales de los papás y con los nuestros, pero también con la contundencia, la tranquilidad y la seguridad que nos da nuestro trabajo bien hecho y la solidez de nuestras conclusiones) de sentarnos a leer y comentar el informe.

Un momento, toca rebobinar para ir atrás en el tiempo. Recuerden que habíamos introducido la cuña de la entrevista de devolución por alusiones, pero nos disponíamos a enfrentar la redacción del informe. Hagamos un *flashback* y volvamos a esos momentos en los que nos encontrábamos sentados frente a todo material recogido, disponiéndonos a hacer un profundo análisis del mismo. Estábamos ya listos para redactar nuestro informe

1. EL INFORME

Circulan muchos modelos de informe clínico en los libros que nos van a resultar muy útiles como guías a la hora de desarrollar el nuestro.

La organización común a todos ellos recomienda estructurarlos más o menos así:

- Información identificativa
- Referencia y motivo de consulta
- Situación familiar y sociocultural
- Antecedentes
- Observaciones de la conducta del sujeto o grupo
- Áreas evaluadas y resultados obtenidos
- Diagnóstico o formulación diagnóstica
- Tratamiento o recomendaciones

Revisando lo incluido en capítulos anteriores, veremos que no es difícil completar lo que nos piden algunos de esos epígrafes que debe incluir nuestro informe:

– No parece que vaya a causarnos demasiado problema organizar los datos de filiación, de dónde viene referido el paciente o cuál es la situación familiar y sociocultural.

– Tampoco nos quitará el sueño la recapitulación de antecedentes, la descripción de los instrumentos utilizados en la evaluación y de las observaciones acerca del comportamiento manifestado por el niño y los papás.

– Así mismo, no será difícil describir la evolución del problema (epígrafe que considero interesante y conveniente), porque la narrativa de todos suele estar cargada de problemas.

– Pero otros puntos pueden ser más complejos, sobre todo, esos que se refieren a los resultados obtenidos, el diagnóstico y las recomendaciones. Estos puntos serán tan amplios como nuestra mirada desee abarcar. Recuerden que les hemos invitado a que lo abarque todo…

Veamos cómo abordarlo pues, si hemos recogido la información según lo sugerido en nuestro modelo de evaluación, nos encontramos en condiciones de exponer nuestras conclusiones y las indicaciones terapéuticas.

En mi opinión, el primer paso es tener claro hacia dónde nos dirigimos. Y no me refiero solo en el caso concreto sobre el que estemos trabajando en este momento, no, me refiero a saber, a tener un modelo general que nos explique, hacia dónde se dirige o debería dirigirse todo ser humano para sentirse bien. Nuestro modelo, como ya hemos venido comentando, se apoya consistentemente en **la teoría del apego**.

Veamos muy muy brevemente hacia dónde propone dicha teoría que se dirige el ser humano.

Bowlby sostenía que la salud mental supone la gestión satisfactoria de los conflictos. Y también que la mejor manera de abordar satisfactoriamente los conflictos que nos trae la vida a diario es poseer una **base segura** desde la que haber aprendido a mirarnos y a mirar el mundo. Esa que nos permite generar unos modelos de interpretación y unos esquemas de funcionamiento adaptativos. Esa a la que recurrir para recomponernos en los momentos de tensión y desde donde conectar con nuestras fortalezas. Esa que nos ayuda a poner la distancia necesaria entre la experiencia interna y la externa para aprender a distinguirlas con claridad y a reflexionar sobre ellas, de manera que nos resulte posible elegir la forma de responder que consideremos más oportuna en cada momento. Porque esa es la mejor garantía de bienestar para todos.

¿En qué se traduce esto? Por parte del niño, algo así como lo siguiente:

- Un modelo de sí mismo como alguien capaz de buscar y conseguir ayuda cuando la necesita.
- Un modelo del otro, de los otros (representados fundamentalmente como mamá y papá) como alguien en quienes se puede confiar.

Ahí es nada.

A nuestro parecer, para obtener un modelo de uno mismo como alguien capaz de buscar y conseguir ayuda, debo lograr:

1. **Inteligencia emocional**. Solo conociendo mis emociones y las de los demás, aprendiendo a etiquetarlas correctamente, a

regularlas y a expresarlas de forma adecuada voy a poder conocer y entender qué me está pasando y cómo y a quién pedir la ayuda que necesito. La inteligencia emocional es la base para ir adquiriendo...

2. Un modo adaptativo de explicar lo que sucede dentro y fuera de mí: esquemas conscientes de funcionamiento, locus de control, estilo atributivo, etc. Lo que tan poéticamente describe M. Seligman como «inmunización psicológica». Con ello, y paralelamente, iremos ampliando nuestro nivel de...

3. Consciencia e integración: de memoria implícita y memoria explícita. La consciencia y la integración son el asiento de la...

4. Mentalización: destinada a una reconstrucción histórica que produzca una...

5. Narrativa coherente e integradora sobre quién soy, sobre qué papel represento en mi familia, sobre cómo explicarme lo que he sido y he hecho hasta ahora, sobre cómo integrar lo que me ha ocurrido y por qué he venido respondiendo **así.**

6. Todo esto con el objetivo final de ir transformando la experiencia en aprendizaje y de conseguir que mi **conducta**, de esta manera, sea cada vez **más adaptativa y más resiliente**.

Resiliencia: maravilloso concepto que expresa la capacidad para responder ante la adversidad doblándose sin romperse. Es decir, lo contrario a la indefensión aprendida o a la sensación de vulnerabilidad como estados de desprotección interna que generan estilos de afrontamiento muy poco adaptativos, así como toda clase de síntomas, y que estructuran precariamente nuestra personalidad.

En la base de todo este completo programa de desarrollo está la relación con los papás y, en este caso, con unos papás ayudados o guiados por el terapeuta. Pues, como sostienen Mario Marrone y Nicola Diamond, «no hay un mundo interno separado de la subjetividad. La intersubjetividad no es una manera deseable de relacionarse; la intersubjetividad es una condición inmanente de los seres humanos» (Diamond y Marrone, 2003). Solo así podemos, simultáneamente, desarrollar un modelo del otro como alguien en quien puedo confiar.

¿Estamos ahora en condiciones de analizar la información que hemos recogido y crear con ella unas conclusiones y un diseño de intervención apropiados para ofrecer a los papás? Yo creo que sí.

Si tenemos en cuenta esas **necesidades básicas** de las que hablábamos en el capítulo anterior y vamos contrastando en la medida en la que están siendo cubiertas o no por los papás, veremos que resulta más fácil constatar:

- déficits en el aprendizaje emocional oportuno y
- en la adquisición de modelos de funcionamiento interno y de patrones de respuesta adaptativos;
- la generación de creencias erróneas sobre uno mismo y el mundo circundante, así como atribuciones causales inexactas que redundan en la indefensión, el catastrofismo y la inseguridad;
- dificultades en el desarrollo de la consciencia e integración necesarias,
- y en el de una narrativa coherente,
- que estarán expresándose a través de somatizaciones, conducta disruptiva, compulsiones, desregulación afectiva, etc.

Si hacemos el análisis de esta manera, podremos completar con bastante posibilidad de acierto y con la seguridad y la comprensión necesarias, esos puntos del informe que parecen más engorrosos y complicados y que acaban resultando, de esta manera, los más interesantes.

Para que los papás se conviertan en ese **espejo sintonizador** que el niño necesita, debemos explicarles clara, pero exhaustivamente, todo el proceso en el que están implicados como padres y lo imprescindibles que resultan para que los problemas que se están analizando desaparezcan y la armonía se instale en el sistema familiar.

Debemos hacerles saber que son la clave para el bienestar de su hijo y que esa es una maravillosa noticia. Que estamos en el mismo barco y que formaremos un equipo para trabajar juntos. Que su implicación, por tanto, es absolutamente fundamental y que les va a resultar una experiencia fascinante convertirse en ese otro en quien poder confiar que sus hijos necesitan.

Voy a tratar de ejemplificar y ofrecer así un modelo de informe con un caso ficticio que es el compendio de algunos tratados y que podríamos considerar más o menos estándar. Espero que verlo así resulte didáctico. Lo he llamado **Caso Mimí**, que sería el nombre de una niña de 4 añitos.

Les dejo también, en los **Apéndices 8 y 9** otros tres ejemplos más de informe, uno de un niño de 6 años (con el informe que elaboré para él, también) y dos de sendos adolescentes de 13 y 17.

En el caso de Mimí, los papás acuden a la consulta tras meses de angustia y sufrimiento de la niña y de toda la familia. Esto es algo muy común y que me llamaba mucho la atención sobre todo al principio del ejercicio de mi profesión, que los papás, y la familia entera, aguanten tanto tiempo con un nivel de sufrimiento tan grande como el que muchas familias llevan meses o incluso años soportando. En la mayoría de los casos, si no fuera porque el colegio exige que se trabaje específicamente con un profesional, los padres seguirían aguantando. Probablemente, además de otras consideraciones, podríamos ver esta conducta como expresión de lo mucho que necesitamos ocultar, tapar, o hacer como que no está pasando lo que está pasando… De este tema hablaremos en profundidad cuando lleguemos al capítulo del tratamiento del trauma y veamos cómo resulta de perjudicial el silencio que el contexto nos impone.

Aquí, en el caso de Mimí, nuevamente es el colegio el que da la voz de alarma, convoca a los padres y les insta a que consulten con un profesional porque la conducta de la niña no puede seguir tolerándose en el aula. Pero, ¿desde cuándo presenta Mimí esta conducta? Desde que echan de casa a la persona que la cuidaba desde su nacimiento. Esta persona era figura principal de apego de la niña. Como ocurre con tanta frecuencia, una experiencia traumática genera una reacción que podríamos claramente calificar de trastorno de estrés postraumático, pues la niña presenta síntomas en las tres esferas principales de expresión que, clásicamente, califican la conducta relacionada con este diagnóstico: intrusividad (pensamientos recurrentes, pesadillas, *flashbacks*), alto nivel de activación (trastornos del sueño, irritabilidad, ansiedad, dificultades para la concentración) y evitación (de pensamientos, personas o lugares relacionados). La pérdida de su principal figura de apego no puede elaborarse adecuadamente.

Aprovecho para recordar lo que Bowlby ya nos puntualizaba en 1980: «La protesta emocional ante la separación es una respuesta natural adaptativa cuya función es la de restaurar el vínculo».

Bowlby describió cuatro etapas normales en el desarrollo del proceso de duelo:

- Aturdimiento
- Añoranza, búsqueda y enfado
- Desorganización y desesperanza
- Reorganización

Mimí pierde a su principal figura de apego. La pérdida despertó toda una serie de emociones y sentimientos que han ido componiendo un cuadro con manifestaciones de tristeza, dolor, rabia, protesta, rivalidad y celos que cuadran con el diagnóstico de **duelo complicado**. Además, en este caso, como en tantos otros en psicoterapia infantil, el duelo es **desautorizado** (K. Doka, 2002), pues a la niña no le es reconocida la pérdida, ya que la figura que pierde no es familiarmente vista como significativa de inicio. Solo después de observar el sufrimiento de Mimí, comienza a intuirse la importancia del vínculo establecido entre la niña y su cuidadora.

Así mismo, debemos añadir que la reacción de la niña deja en evidencia la **falla en la vinculación** con sus progenitores y la ineficacia de los procesos de funcionamiento interno ofrecidos a la niña para el manejo de las diferentes tareas de adaptación de la vida entre las que está la del manejo de las pérdidas. Recordemos lo que decía Erickson allá por 1950: «Un buen parentaje provee al niño de la confianza básica interna para establecer relaciones y manejar situaciones difíciles en la vida». Sabemos que el modelo de funcionamiento interno lo construye el niño a través de la mirada y de las interacciones con sus progenitores. Este modelo de funcionamiento interno constituye y define la manera en que el niño va a ir percibiéndose a sí mismo y a los demás durante su desarrollo, y condicionará su especial manera de vincularse. Mimí no estaba pudiendo verse a sí misma como alguien capaz de buscar y conseguir ayuda cuando la necesitaba, ni estaba pudiendo ver en «sus otros» más importantes a aquellos en los que poder confiar para la obtención de dicha ayuda.

Por eso es tan importante una intervención temprana y atinada (lo que se consigue, insisto, con una buena evaluación), pues, cuando esta situación se cronifica, las creencias que el ser humano genera sobre sí mismo y sobre el mundo que le rodea son tan perjudiciales que jamás terminarán de hacerle sentir adaptado.

Expondremos con más detalle todo esto en el capítulo sobre trauma infantil.

Así, esta situación de duelo complicado es la responsable de la desregulación emocional de Mimí, con la rabia como emoción más explicitada; de las conductas disruptivas (cargadas de dicha rabia) en relación con la imposibilidad de regular a través del vínculo parento-filial; de las conductas masturbatorias, que son, en mi opinión, tanto el resultado de la ansiedad que le provoca la desorganización interna que le causa la pérdida como una conducta compensatoria, de gratificación, ante ella y una manera de autorregularse; y de las demás manifestaciones disociativas (la masturbación es una de ellas) expresadas en el entorno escolar a través de algo así como «estados de trance» en los que aparece ensimismada, como en su mundo, desconectada de la realidad.

Todas estas explicaciones deben aparecer en el apartado de conclusiones de nuestro informe de forma resumida y debemos emplear el tiempo que sea necesario, cuando lo leemos con los papás, en explicarles y aclararles lo que significan y todas las dudas que generen.

Les dejo, a continuación, esquematizado el informe.

CASO MIMÍ

Begoña Aznárez Urbieta. Calle de ____________________

Psicóloga-Psicoterapeuta Pozuelo de Alarcón

Colegiada n.º: __________________ 28223 Madrid

INFORME PSICOLÓGICO CLÍNICO

1. DATOS DE FILIACIÓN

Mimí es una niña de 4 años. Tiene dos hermanos mayores.

Sus papás son dos profesionales liberales ambos con licenciaturas.

La posición socioeconómica es media-alta.

2. ENTREVISTA DIAGNÓSTICA

Motivo de consulta o de referencia: los padres acuden por iniciativa propia porque Mimí presenta, desde hace algo más de un año y según sus propias palabras, conducta de oposición y rebeldía. Refieren que está retadora y con excesivo apego hacia la madre. Duerme mal, no quiere dormir sola y tiene pesadillas.

Mimí ha desarrollado también conductas masturbatorias que preocupan mucho a los padres y también al colegio.

Todas estas conductas comienzan inmediatamente después de la partida de la chica que la cuidaba y que llevaba trabajando en casa desde el nacimiento de Mimí.

Datos de la historia y evolución del problema:

Mimí es la pequeña de tres hermanos. Es una niña deseada.

El embarazo fue bueno en general.

Desarrollo: su desarrollo fue completamente normal. Anduvo alrededor de los trece meses. A los dos años más o menos hablaba con muchísima claridad. Fue a la guardería del colegio al que asiste actualmente.

Alimentación: en general, nunca hubo problemas con la comida. Cuando comienzan los problemas, la conducta alimentaria también se resiente y en la actualidad cualquier innovación en su dieta habitual es un drama. En el colegio también mencionan problemas con la comida.

Sueño: siempre ha dormido sola y bien. Pero ahora sufre pesadillas e intenta dormir con mamá.

Control de esfínteres: normal. Diurno a los dos años y medio, nocturno alrededor de los tres años.

Rendimiento académico: académicamente iba muy bien, aunque ahora empieza a presentar algunos comportamientos, relativos a la atención, que preocupan a sus profesoras.

Atención: tiene momentos de evasión, como si estuviera en su mundo. En el colegio también refieren este tipo de conducta.

Conducta social: tiene muchos amigos, pero ahora juega mucho sola. Ella suele preferir jugar sola, se columpia y se entretiene sola.

Historia y evolución del problema: cuando Mimí tiene dos años y ocho meses, la chica que trabajaba en casa y que la cuidaba desde que nació es despedida de un día para otro. La niña no recibe ningún tipo de explicación y comienza a presentar el repertorio de conducta relatado más arriba.

Preguntaba todos los días por ella, hablaba todo el tiempo de ella. Y comenzaron las conductas de rebeldía. A todo contestaba que no. Todo era una lucha. Desde ese momento, todo el día muy pegada a la mamá. No admitía a ninguna nueva cuidadora. Necesitaba un contacto físico completo. Estas conductas solo las manifestaba en casa, en el colegio seguía siendo buena y obediente.

Tres meses después comienza a masturbarse.

La conducta masturbatoria crea mucha ansiedad en la madre, que refiere no poder dejarla ni a sol ni a sombra.

En el colegio no había aparecido la conducta de masturbación hasta hace cuatro meses, fecha en que llaman a los padres para comentar el hecho. Insisten en que no pasa nada, que es normal y que ya se le pasará. Allí no la regañan ni le dicen nada cuando la ven haciéndolo, y ella está completamente desinhibida y tranquila.

No obstante, hace un mes, volvieron a llamar del colegio porque la conducta persistía y por la existencia de algún otro comportamiento preocupante como es el hecho de estar en ocasiones distraída, ensimismada y contestar a preguntas sencillas del ámbito escolar con respuestas absolutamente no relacionadas con el tema.

Según la madre, otra conducta que desarrolla Mimí después de la partida de la cuidadora y que no había mostrado antes es una celotipia exagerada en relación con su hermana mayor. Siente gran admiración por su hermana y siempre se está comparando con ella.

En este año, en su época de rebeldía, los padres refieren que la han tratado con firmeza utilizando la autoridad como táctica para conseguir las cosas con ella y sin demasiados buenos resultados.

Historia clínica o referencia de antecedentes:

La niña ha estado en general muy sana.

Ningún accidente ni operación.

Cada uno en la familia dice tener miembros «inestables» psicológicamente.

Entrevista con la psicóloga del colegio:

Según las declaraciones de las profesoras y la observación directa de la psicóloga en el aula y en el patio, las conductas más significativas de Mimí son las siguientes:

En el aula: tiene problemas con el trabajo libre, mejora el rendimiento cuando la tarea es reglada y está bien estructurada. Si no, se muestra más ensimismada y hay que guiarla.

Suele estar en su mundo, cuando la preguntan contesta otra cosa que no está relacionada con la pregunta o no contesta.

En ocasiones, sin embargo, parece que no se ha enterado de lo que hay que hacer, pero luego hace correctamente la tarea.

En el patio: lleva una temporada más sola. Se acerca a los diferentes grupos de niños y observa a lo que están jugando y, si le interesa, se acopla y, si no, sigue a lo suyo.

Descripción de Mimí al margen del problema:

Mimí es alegre, cariñosa, muy lista y muy creativa. Muestra pasión por el dibujo y le encanta la mezcla de colores. Es muy cuidadosa haciendo las tareas y procura hacerlo muy bien y «sin salirse». Cuando no sabe hacer alguna cosa, pregunta y no tiene ningún problema para pedir ayuda.

Es muy observadora y muy colaboradora.

Su mirada inteligente y su sonrisa dulce desarman a cualquiera.

Comportamiento y actitud frente a la evaluación: Mimí se ha mostrado en todo momento absolutamente colaboradora con las tareas que se le proponían. Vencidos los miedos iniciales (que han sido pocos) y una vez adaptada al contexto, ha sido muy fácil trabajar con ella.

Los papás también se han mostrado colaboradores, involucrados y muy comprometidos. A pesar de tener agendas apretadas y complicadas, no han puesto ni un solo inconveniente a todo lo que yo he ido proponiendo.

Instrumentos utilizados durante la evaluación:

- Caja de arena
- Test de Rorschach
- Dibujo de la familia
- Dibujo libre

- Test de los colores de Max Lüscher
- Test de pata negra de Corman
- Rompecabezas y dibujos incompletos (material del WISC-R)
- Configuración familiar con muñecos

3. OBSERVACIÓN DURANTE LAS HORAS DE JUEGO Y EN LAS ENTREVISTAS DIAGNÓSTICAS EN LA CONSULTA

Realizo seis sesiones de evaluación: tres son con Mimí, dos son con los papás, y una es con la hermana mayor y con los papás.

Solo dejaré constancia aquí de alguna de las cuestiones observadas para que puedan servir de ejemplo.

El primer día, Mimí habría entrado sola conmigo en la sala, pero está claro que mamá necesita estar allí, así que yo no se lo impido y entran las dos juntas. La niña es una cría muy linda con unos ojos preciosos que hablan por sí solos y que expresan mucha inteligencia, una gran imaginación y no menos tristeza... A pesar de eso, la sonrisa no se le cae de la carita.

Entra de mi mano y le comento que tenemos una hora para jugar y que podemos empezar por jugar a lo que quiera. Le explico las tres reglas fundamentales de no romper, no jugar con lo que no son juguetes (mi despacho abarca una zona para adultos y otra para niños) y no hacernos daño al jugar. No se decide, mira a mamá y esta le sugiere pintar señalando la mesa. La niña accede y nos sentamos. Desde el primer dibujo que hace la niña se van evidenciando los problemas. Esto sorprende a mamá, quien, desde ese momento, me deja hacer, mucho más segura de que debe confiar.

Y es que Mimí se pinta a sí misma, sola, con mamá, tras haberle sugerido que pinte a la familia. Ante la insistencia de la propia mamá de que pinte a toda la familia y de que faltan papá y los hermanos, la niña sigue respondiendo que allí no falta nadie y que esa es la familia.

En días posteriores, hay claros momentos de juego simbólico en los que necesita expresar su rabia y su frustración a través de un juego repetitivo en el que un brujo se lleva a un bebé y quiere echarle a un caldero. Pero el hada le salva y entonces es a la mamá a la que echa al caldero. A la mamá no la salva. Al bebé se lo han llevado por sucio, así que el hada lo lleva al río para lavarlo. No sabe lavarse todavía.

Vamos construyendo vínculo y a Mimí se le va viendo cada día más participativa y colaboradora. Necesita expresar sus sentimientos a través del juego y el dibujo. Se pinta siempre con mamá y solo con ella. Nunca habla de su cuidadora.

El día en el que viene su hermana, Mimí está nerviosa. Entra contenta porque se siente anfitriona. Le enseña y explica las cosas a su hermana mayor y eso le gusta, pero pronto su hermana va tomando el control de la situación y una de las cosas que hace es cuestionar la utilidad de lo que hacemos y preguntar para qué sirve todo esto. Yo le explico y les pregunto algunas cosas. Por primera vez obtengo de Mimí contestaciones totalmente ajenas a lo preguntado. Se la ve muy lejos de la consulta...

La hermana mayor es ruda, impulsiva, precipitada y muy competitiva; Mimí es muy delicada, tranquila y creativa. No hay juego de colaboración entre las hermanas. Mimí enseguida se desentiende y se intenta desvincular para ir a lo suyo.

4. VALORACIÓN, CONCLUSIONES Y RECOMENDACIONES

Según las entrevistas realizadas con los padres, la observación de la niña (y de esta con sus figuras vinculares) durante las sesiones de evaluación y los datos aportados por los profesores y la psicóloga del colegio, mi conclusión es que Mimí sufre las consecuencias de un proceso de duelo complicado. Además, en este caso podemos hablar también de duelo desautorizado, pues el dolor que produce en Mimí la pérdida de su cuidadora no es legitimado puesto que, al no ser un miembro de la familia, los padres quitan importancia a su desaparición.

Debemos añadir que la reacción de la niña deja en evidencia la falla en la vinculación con sus progenitores y la ineficacia de los procesos de funcionamiento interno ofrecidos a la niña para el manejo de las diferentes tareas de adaptación de la vida entre las que está la del manejo de las pérdidas. «Un buen parentaje provee al niño de la confianza básica interna para establecer relaciones y manejar situaciones difíciles en la vida» (Erickson, 1950) El modelo de funcionamiento interno lo construye el niño a través de la mirada de sus progenitores y en su interacción con ellos. Este modelo de funcionamiento interno constituye y define la forma en que el niño va a ir percibiéndose a sí mismo y a los demás durante su desarrollo, y condicionará su especial modo de vincularse.

Esta situación de duelo complicado es la responsable de la desregulación emocional de Mimí, con la rabia como emoción más explicitada; de las conductas disruptivas (cargadas de dicha rabia) en relación con la imposibilidad de regular a través del vínculo parento-filial; de las conductas masturbatorias, que son, en mi opinión, tanto el resultado de la ansiedad que le provoca la desorganización interna que le causa la pérdida como una conducta compensatoria, de gratificación, ante ella y una manera de autorregularse; y de las demás manifestaciones disociativas (la masturbación es una de ellas) expresadas en el entorno escolar a través de algo así como «estados de trance» en los que parece ensimismada, como en su mundo, desconectada de la realidad.

Continúa más adelante.

ATENCIÓN

Hagamos un alto aquí antes de seguir con la exposición del informe para pensar en voz alta y traducir nuestras reflexiones. Recordemos que debemos tener siempre presentes para este ejercicio el esquema que hemos expuesto de **elementos clave en el desarrollo de un apego seguro y el listado de necesidades básicas** que hemos elaborado. Interpretemos lo que ocurre en función de lo que se nos explica desde este paradigma:

Decíamos que el niño debe desarrollar, a través de la relación vincular, un modelo de sí mismo como alguien capaz de buscar y conseguir ayuda cuando lo necesite. Mimí está buscando ayuda y la está buscando donde debe hacerlo, pero su manera de hacerlo no es la más idónea ni la más eficaz, lo cual demuestra que no ha podido interiorizar un modelo de sí misma como alguien suficientemente capaz y con el derecho a pedir esa ayuda. La falta de sintonización de sus figuras de apego no le ha permitido desarrollar ese modelo de funcionamiento. La tristeza y la angustia derivadas de la pérdida merman sus capacidades y el dolor resultante de la herida, unido a la falta de legitimación, le llevan a reactivar el apego con la figura vincular primaria (mamá) sin llegar a encontrar consuelo o reparación. Así pues, descubre y desarrolla conductas de autorregulación muy poco adaptativas. La pérdida de su cuidadora, principal figura de apego, ha resultado traumática y nadie la está legitimando.

Desglosando este planteamiento general, y repasando punto por punto nuestro esquema, esto significa que no ha podido desarrollar los elementos clave implicados en la adquisición de **inteligencia emocional**, es decir, no obtiene de sus padres la identificación y legitimación emocional que necesita que es la base de la regulación (heterorregulación, regulación a través del vínculo). No puede así nombrar y expresar las emociones adecuadamente y comienzan a ser canalizadas de manera muy poco adaptativa.

Lo traumático de esta situación (veremos más adelante, en el capítulo V, lo que consideramos traumático para el psiquismo infantil, pero adelantemos ya que lo será todo aquello que, no siendo visto y legitimado, haya de ser silenciado) conlleva que no pueda superar el dolor y la sensación de indefensión que le genera esta y que la llevan a desarrollar creencias (inconscientes) erróneas sobre sí misma y sobre los que la rodean, así como **atribuciones causales** inapropiadas y desadaptativas, y conductas y modos de expresión, desreguladas, disruptivas e inoperantes.

En relación con lo anterior, la **memoria** corporal de su sufrimiento (memoria implícita), que no ha podido ser traducido en palabras al carecer sus progenitores de la sintonía afectiva necesaria, se dispara en determinadas ocasiones y contextos y eso genera las manifestaciones disociativas que presenta (las más claras son su ensimismamiento, su falta de atención y la masturbación) y su rebeldía y conducta disruptiva.

Y la **narrativa** resultante de todo este proceso es una narrativa con una gran carga de fracaso, culpa y ausencia de valía. Esta específica manera de relación paterno-filial con su particular modo de afrontamiento de los conflictos retrasa o, incluso, bloquea el proceso de **mentalización** y la afectividad sigue expresándose con absoluta inconsciencia. La **narrativa** que tanto la chiquitina puede llegar a desarrollar (salvando las dificultades que su corta edad añade) y la que ya han generado los padres no es coherente con lo que de verdad ha vivido la niña, ni resulta completa.

Por lo tanto, es, además, inútil para dar sentido a lo que ha ocurrido y para que esa experiencia pueda ser transformada en aprendizaje para todos, y para contribuir a que Mimí genere la **resiliencia** necesaria para mostrar más confianza en sí misma y en los demás a la hora de afrontar nuevas situaciones estresantes, y mayor asertividad para dar valor a sus necesidades y sentirse con el derecho a manifestarlas y a reclamar la ayuda apropiada.

En resumen, en mi opinión, el cuadro que desarrolla Mimí aparece como consecuencia del intento de autorregulación ante el miedo experimentado por la pérdida de la principal figura de apego, y el desconsuelo y la desesperanza frente a la ineficacia de la respuesta de sus progenitores y el particular estilo de vinculación establecido con ellos. Tras la pérdida de la persona con la que tenía un vínculo tan fuerte y significativo, el vínculo con la madre se le antoja frágil y en peligro. La posibilidad de una nueva pérdida obligó a Mimí a reforzar los comportamientos de apego (se «pega» literalmente a la mamá) y la hizo «controladora» de la relación.

Así mismo, la niña se ha sentido postergada en actividades que desearía haber realizado con mamá y no tenida debidamente en cuenta, e incluso no reconocida suficientemente en sus logros (se la compara permanentemente con su hermana mayor y, en la comparación, sale siempre perdiendo). Esto parece estar generando un sentimiento profundo de exclusión que ha podido provocar una búsqueda de atención que no tiene por finalidad solo una mayor proximidad afectiva, sino un básico reconocimiento narcisista y la pertenencia al grupo familiar.

Recomendación terapéutica

Por todo ello, mi recomendación terapéutica sería la de un trabajo conjunto con los padres y la niña fundamentado en los beneficiosos efectos de una psicoterapia basada en la relación y el vínculo, y en la que el trabajo quedaría estructurado de la siguiente manera:

En lo que se refiere a la niña:

- Relacionado con las tareas incompletas en el trabajo de duelo, la ayuda debe enfocarse abarcando cuatro aspectos fundamentales:

1. Ayuda para aceptar la realidad de la pérdida y para elaborar el impacto de esta.

2. Readaptación al medio contando con la ausencia de esa figura tan significativa.

3. Reubicación interna de esa figura perdida.

4. Reforzamiento del vínculo con la madre como guía imprescindible para la reorganización y para el desarrollo del necesario sentimiento de pertenencia como parte de la esencial tarea de desarrollar el adecuado crecimiento postraumático.

- Relacionado con el objetivo de contribuir a la promoción, en Mimí, de las bases emocionales, cognitivas y conductuales apropiadas para un desarrollo y una adaptación óptimas:

1. Programa de desarrollo en inteligencia emocional: reconocimiento, etiquetado, regulación y expresión de emociones que será coordinado con los papás para que sean ellos los principales referentes en la regulación y la expresión de los afectos.

2. Programa de desarrollo de inmunización psicológica incidiendo en la generación de habilidades cognitivas, así como imaginativas (creativas), que favorecen el afrontamiento.

3. Trabajo de los recuerdos traumáticos de la niña para ir convirtiendo la memoria implícita en explícita. No se descarta procesarlos con EMDR.

4. Trabajo con terapia narrativa para la elaboración de un relato integrador que clarifique, legitime y dé sentido a la experiencia vivida y que siempre esté a disposición de Mimí.

5. Trabajo para la reparación del vínculo con sus progenitores.

Plan terapéutico con los padres:

1. Psicoeducación y aprendizaje en inteligencia emocional: el reconocimiento y la legitimación de las emociones de su hija favorecerán la posibilidad de un mejor manejo de las situaciones de desregulación y podrán llegar a proporcionar a la niña la contención y la regulación que necesita. Así mismo, esto permitirá a los padres el reconocimiento y la legitimación de sus propias ansiedades y exigencias respecto a su propia historia y la crianza de sus hijos. Regular la ansiedad parental proporcionará los momentos de distensión y ocio que la mamá y la niña necesitan para afianzar el vínculo.

Será preciso hacer un especial hincapié sobre la dificultad para reconocer, respetar y sintonizar con estados emocionales displacenteros. El trabajo se realizará con el objetivo básico de dejar de negarlos o reprimirlos para poder ir ganando en aceptación y mayor tolerancia.

De esta manera, se contribuirá, además, a un mejor manejo, por parte de los papás, de la culpa que sienten actualmente.

2. Trabajo y psicoeducación sobre el conflicto sistémico. Para ello elaboraremos un completo genograma y haremos consciencia, a partir de su estudio, de en qué medida los mandatos, las exigencias y las implicaciones sistémicas han influido en las dificultades para el afrontamiento de las diferentes situaciones conflictivas vividas

por la familia. También la toma de consciencia parental en este punto incidirá positivamente en el manejo de la culpa y en el cuestionamiento y posterior cambio de alguno de los estilos de relación impuestos en el sistema.

De igual manera, la identificación de las implicaciones sistémicas se deberá traducir en una significativa recuperación de la fractura narcisista sufrida por Mimí. Deberá incidirse en las siguientes tareas:

- Valorar la personalidad de la niña, sus sentimientos y sus actividades.

- Trasmitir orgullo y admiración.

- Compartir las actividades lúdicas.

- Estimular la vitalidad de los deseos.

3. Trabajo sobre el vínculo a través de juegos oportunamente seleccionados y ofrecidos a los papás con los que trabajar las experiencias traumáticas y el desarrollo necesario de regulación de emociones intolerables.

Este último punto debería traducirse en la generación concreta de cuestiones como:

- Aprender a estar más disponibles.

- Permitirse disfrutar con el contacto y ante las exigencias de disponibilidad y de respuesta emocional.

- Contacto intersubjetivo para reconocer los sentimientos y los estados mentales.

- Adecuado equilibrio entre protección y estimulación de la independencia emocional y la autonomía instrumental.

- Equilibrio adecuado entre disciplina, autoridad y oportunidad de negociación en momentos de conflicto.

Todo esto dentro del marco de la psicoterapia breve y con el compromiso de los padres de participación y colaboración para la pronta adquisición de los objetivos.

Para ello, mi sugerencia sería la de realizar sesiones semanales alternantes con Mimí y con los papás durante un periodo aproximado de seis meses. Se programarán algunas sesiones conjuntas según vayan siendo consideradas necesarias, sobre todo para el trabajo con los recuerdos traumáticos y con la recuperación y el reforzamiento del vínculo.

En Pozuelo de Alarcón, a 5 de noviembre de 2008

Firmado: Begoña Aznárez

* Este documento es un informe clínico, no constituye dictamen pericial a los efectos de su presentación en juicio; por lo que este centro y la arriba firmante no podrán ser propuestos ante tribunales para su ratificación o aclaración.

Según la edad de los chiquitines, nos planteamos entregarles también a ellos otro informe que leemos conjuntamente el primer día de psicoterapia. Como Mimí es demasiado pequeña, en un caso así no redactaría otro informe para ella. Pero, a continuación, adjunto un modelo de informe redactado a la que podría ser una niña de 9 años con el fin de que sirva como ejemplo o referencia **(Apéndice 7)**.

La edad es clave a la hora de decidir si le hago informe o no a un cachorrito. Si son muy chiquitines, no me parece oportuno sentarme con ellos con un texto para leer y pretender que estén atentos, entiendan y escuchen. Más bien procuro explicarles que nos vamos a estar viendo unos días durante unas semanas para ayudarles con sus miedos. Eso lo entienden bien y suelen asociarlo a clases extraescolares: «los martes voy donde Begoña y lunes y miércoles a fútbol...». Me vale. La información que incorporo suele ser la que me parezca que les devuelve que han sido vistos y escuchados, la que creo que necesitan oír. Es decir, hablo de lo que se considera oficialmente su problema, pero también de lo que yo opino que están sintiendo y les hace sufrir; y, desde luego, de que mamá y papá están de acuerdo y que van a estar implicados en el proceso. Eso es algo que, como ya hemos visto, necesitan sin ninguna duda, pues supone no solo obtener el permiso sistémico para llevar a cabo los cambios que implica el proceso, sino también verse sostenidos, protegidos y acompañados por sus figuras vinculares.

Asimismo, incluyo plantilla de esquema general del informe con los mismos fines **(Apéndice 6)**.

Tras este momento importante de la devolución de la información recogida durante la evaluación, comienza la emocionante aventura del acompañamiento durante el proceso terapéutico. Este proceso es tan fascinante como difícil, y en él nos vamos a centrar a partir de ahora.

APÉNDICE 6

Begoña Aznárez Urbieta. Calle de ______________________

Psicóloga-Psicoterapeuta Pozuelo de Alarcón

Colegiada n.º: ___________________ 28223 Madrid

INFORME PSICOLÓGICO CLÍNICO

1. DATOS DE FILIACIÓN

- Nombre:
- Apellidos:
- Fecha de nacimiento:
- Domicilio:
- Hermanos: nombres y edades
- Curso académico:
- Colegio:
- Nombre, estudios y ocupación de los padres:
- Teléfonos y dirección de correo de los padres:

2. ENTREVISTA DIAGNÓSTICA

Motivo de consulta o de referencia:

Datos de la historia y evolución del problema:

Historia clínica o referencia de antecedentes:

Descripción del niño al margen del problema:

Instrumentos utilizados en la evaluación:

Comportamiento y actitud frente a la evaluación:

3. DATOS OBTENIDOS EN LA OBSERVACIÓN DURANTE LAS HORAS DE JUEGO Y EN LAS ENTREVISTAS DIAGNÓSTICAS EN LA CONSULTA

Descripción breve y concisa:

4. VALORACIÓN, CONCLUSIONES Y RECOMENDACIONES

Explicación detallada y esquema de plan terapéutico:

Fecha:

Firma:

* Este documento es un informe clínico, no constituye dictamen pericial a los efectos de su presentación en juicio; por lo que este centro y la arriba firmante no podrán ser propuestos ante tribunales para su ratificación o aclaración.

APÉNDICE 7

INFORME PSICOLÓGICO CLÍNICO

A. viene a mi consulta por primera vez el día 22 de __________

Me encuentro ese primer día con una niña de 9 años cumplidos el ________ que, además de guapísima, es muy sonriente y acepta encantada venir conmigo al cuarto de juegos.

Una semana antes yo había estado hablando con sus padres, quienes vinieron a verme porque estaban muy preocupados por algunas de las cosas que le estaban pasando a su hija. Papá y mamá me cuentan que lo que más les preocupa es que un día, no hace mucho, A. había dicho que se quería morir, que no sabía para qué existía, que a ella no la quieren y que quieren más a su hermano... Y, bueno, como saben que los psicólogos podemos ayudar a los papás y a los hijos a resolver algunos problemas, pues juntos decidimos ese día que yo vería durante unos días a A. para saber qué estaba pasando y cómo podría ayudarles.

Cuando yo le pregunto a A. si puede contarme a través de un dibujo cómo se siente y qué es lo que le preocupa, me hace un dibujo precioso (que podemos ver en esta hoja). Cuando le pido que me lo explique, ella me habla de tristeza, de rabia, de echar de menos estar más tiempo con papá y mamá, de problemas con su hermano pequeño y de mucha preocupación por su cuidadora.

Durante unos cuantos días hemos estado haciendo un montón de cosas juntas: hemos dibujado, hemos hecho algunos test, también hemos jugado... ¡solas y con la familia! Hemos tenido la oportunidad de conocernos un poquito mejor y yo quiero agradecer a A. su confianza a la hora de contarme cuáles eran sus problemas y cuáles sus deseos.

De los tres deseos más importantes enseguida empezaron a cumplirse dos y M. (su cuidadora) empezó a dejarla llevarse juguetes al cole, y papá y mamá intentaron llegar más pronto a casa del trabajo para poder estar más tiempo jugando juntos. Lo que parecía más difícil era eso de poder estar juntos sin enfados, porque parece que, en este punto, su hermano juega un papel fundamental y resulta que a veces no se porta muy bien, se enfada y coge rabietas, desobedece… Así que, ahí tenemos otra cuestión muy importante para A.: su hermano P. A veces se siente celosa, otras veces está rabiosa con él, a veces se enfada con mamá y papá por su culpa… En fin, que este es un tema importante y que hay que tratar de arreglar.

A lo largo de los días en los que hemos estado juntas en la consulta, yo he podido observar que en la vida de A. hay una persona que es muy importante para ella además de mamá, papá y P., y esta es su cuidadora. A. la quiere y la necesita, y por eso se preocupa mucho por ella. Cuando yo le pedí que me dibujara a su familia, A. no dudó en incluirla en el dibujo. Pero su cuidadora es muy estricta y a veces A. piensa que le pide demasiado, y también, a veces, la ve muy triste porque se acuerda mucho de su hijito, que está en Ecuador.

Esto pone muy triste a A., que en esos momentos necesita todavía más y con más fuerza la alegría y la felicidad que le transmiten sus padres. Pero lo que A. querría es que todos todos (incluida su cuidadora) fuesen felices, y eso parece muy difícil de conseguir.

Como la felicidad de A. nos importa mucho, mamá, papá y yo volvemos a reunirnos para poder hablar de todo esto. En esa reunión, yo les cuento lo que me ha parecido de todo lo que hemos hecho durante estas semanas y todos comprendemos que, para conseguir que los problemas se resuelvan, cada uno tiene que poner de su parte. **Tiene que ser trabajo en equipo**.

¿Y qué cosas podríamos hacer? Pues varias. Mamá y papá ya saben algunas de las que pueden hacer ellos, y luego yo les he propuesto que traigan a A. a la consulta durante unas cuantas semanas, un día por semana, para que juntas en el cuarto de juegos podamos aprender, sobre todo:

– a manejar las situaciones que causan tristeza y que le han hecho preguntarse alguna vez para qué ha nacido y decir que se quiere morir.

– a mejorar mucho mucho la relación que tiene con su hermano, porque eso va a ser genial para los dos.

– a controlar algunos impulsos que a veces llevan a A. a comer de forma ansiosa o a morderse las uñas.

– a superar el miedo que tiene últimamente cuando se va a la cama a dormir desde que entraron ladrones en casa.

Todo esto que vamos a hacer en unas cuantas tardes después del cole se llama **psicoterapia** y trabajaremos juntas durante una hora. ¿Y en qué van a consistir esos trabajos? Pues, entre otras cosas, construiremos juntas un cuento que nos servirá para aprender sobre emociones, sobre impulsos, sobre deseos (los que se cumplen y los que no), sobre relaciones con los papás y los hermanos, sobre amistad… Y cuando conozcamos bien a fondo cómo funcionan todas estas cosas, no habrá secretos para poder sentirnos más felices.

La psicoterapia la comenzaremos a la vuelta de las vacaciones de Navidad, pero, antes de irnos de vacaciones, vamos a vernos dos días para probar una técnica que sirve para quitar los miedos de los niños y de los mayores. Mis niños y mis mayores me dicen que a ellos les ha servido mucho, así que yo espero que a A. le ayude también y que estas vacaciones duerma plácidamente en su camita sin que ningún miedo venga a fastidiarla.

Los cuentos nos ayudan a todos, grandes y pequeños, porque, a través de sus personajes, identificándonos con ellos (que significa simplemente que nos hacemos a la idea de que somos nosotros los que estamos viviendo esas aventuras), conseguimos encontrar las soluciones a algunos de nuestros dilemas y crece en nosotros la sensación de ser capaces de alcanzar la luna del mismo modo que lo ha hecho nuestro héroe.

Así que me parece que voy a terminar este informe contándote un cuentecito que, aunque corto, es muy útil, porque nos anima a no rendirnos nunca, ni siquiera ante los retos más difíciles.

Había una vez dos ranas que cayeron en un recipiente de crema de leche.

Inmediatamente sintieron que se hundían; era imposible nadar o flotar mucho tiempo en esa masa espesa como arenas movedizas. Al principio, las dos patalearon en la crema para llegar al borde del recipiente, pero era inútil, solo conseguían chapotear en el mismo lugar y hundirse. Sintieron que cada vez era más difícil salir a la superficie a respirar.

Una de ellas dijo en voz alta:

—No puedo más. Es imposible salir de aquí, esta materia no es para nadar. Ya que voy a morir, no veo para qué prolongar este dolor. No entiendo qué sentido tiene morir agotada por un esfuerzo estéril.

Y dicho esto, dejó de patalear y se hundió con rapidez y fue literalmente tragada por el espeso líquido blanco.

La otra rana, más persistente o quizá más tozuda, se dijo:

—¡No se entiende bien esto! Nada se puede hacer para avanzar en esta cosa. Sin embargo, ya que la muerte me llega, prefiero luchar hasta mi último aliento. No quisiera morir un segundo antes de que llegue mi hora.

Y siguió pataleando y chapoteando siempre en el mismo lugar, sin avanzar un centímetro. ¡Horas y horas! Y de pronto... de tanto patalear y agitar, agitar y patalear... ¡la crema se transformó en mantequilla!

La rana sorprendida dio un salto y, patinando, llegó hasta el borde del tazón.

Desde allí solo le quedaba ir croando alegremente de regreso a casa.

¡Espero que tengas tantas ganas como yo de trabajar juntas!

APÉNDICE 8

Begoña Aznárez Urbieta. Calle de ______________________

Psicóloga-Psicoterapeuta Pozuelo de Alarcón

Colegiada n.º: ____________________ 28223 Madrid

INFORME PSICOLÓGICO CLÍNICO

1-DATOS DE FILIACIÓN

- Nombre: E.
- Apellidos:
- Fecha de nacimiento: 6 años y 6 meses
- Nombre del padre:
- Nombre de la madre:
- Es el mayor de dos hermanos: hermano tiene 4 años
- Domicilio: Madrid
- Escolarización: cursando 1.º de Primaria
- Teléfonos:
- Direcciones de *e-mail*:

2-ENTREVISTAS DIAGNÓSTICAS

Primera entrevista con los padres: realizada el día .... de .... de 20....

Motivo de consulta o de referencia: los padres de E. acuden por iniciativa propia. Su demanda está relacionada con la aparente dificultad del niño para relacionarse con sus iguales e integrarse en sus juegos. Prefiere a los adultos y jugar solo.

Los padres están muy preocupados. No saben por qué está ocurriendo esto, pero temen las consecuencias futuras que prevén puede traer esta dificultad de su hijo.

Datos de la historia y evolución del problema:

E. es un niño deseado. El embarazo fue bueno, «la época más feliz de mi vida», comenta mamá. Cesárea.

Desarrollo: su desarrollo fue completamente normal. Alcanzó los hitos a edades dentro de los rangos de normalidad. Parece que la lateralidad no está bien definida o que pudiéramos hablar de que E. es ambidiestro: come y escribe con la mano izquierda, pero hace otras muchas cosas bien con la derecha.

Alimentación: come mucho, pero no come de todo. «No hemos sido muy estrictos, no insistimos ni le obligamos. En el colegio, sin embargo, debe de comérselo todo...»

Sueño: de bebé dormía mal. Lloraba mucho y se despertaba muy a menudo. Le costó coger los hábitos. Ahora duerme bien, aunque parece no necesitar muchas horas.

Escolarización: fue a guardería al año y medio. Buena adaptación al colegio. Es bueno y obediente.

Rendimiento académico: su rendimiento académico es muy bueno. Es inteligente y tiene mucha memoria.

Conducta social: este es, como ya he comentado, el motivo por el que E. está viniendo a la consulta. Parece presentar dificultades para interesarse y aproximarse a los otros niños, para compartir e integrarse en sus juegos.

Las relaciones con los adultos son, sin embargo, bastante fluidas.

Le gusta la música y está asistiendo a clases en una escuela municipal. No es muy deportista. «Es un niño tranquilo». Hace natación y judo los fines de semana, pero en el patio prefiere no integrarse en los partidos de fútbol.

La familia ha cambiado varias veces de domicilio.

Historia del problema:

Los padres de E. refieren que el niño «ha sido siempre así», desde la primera vez que le llevaron al parque y le dejaron en la arena. Pero de un año para acá parece ser más evidente y, desde luego, más preocupante para ellos.

Ha habido alguna situación desagradable en relación con los compañeros donde E. ha sufrido las consecuencias de su aparente incapacidad para manejarse con los otros niños y para defenderse: en clase de música (unos niños le insultaban) y en el cole (unos niños le pegaban).

Los papás comentan que, cuando se enfada, se bloquea. Su hermano pequeño le molesta y le pega. Pero la relación entre ambos parece ser bastante buena. Se quieren y juegan juntos, aunque E. prefiere jugar solo. El nacimiento de su hermano pequeño parece que supuso una contrariedad importante para E. Época de celos y rabietas.

Es cabezota, según refieren los padres, y le cuesta dejarse ayudar. «Es especialmente terco, cuando él piensa que una cosa debe hacerse de una manera, no hay quien lo convenza de lo contrario».

E. al margen del problema:

E. es un niño muy bueno en todos los aspectos. Es obediente, resistente y tenaz.

Es imaginativo para las manualidades y entusiasta cuando algo le gusta mucho (por ejemplo, adornar la casa con miles de dibujos en diferentes ocasiones como Halloween o Navidad, la música o algún deporte).

Es inteligente, rápido y receptivo. Posee una gran memoria.

Otros aspectos a destacar:

Se constata su propensión a jugar solo y su falta de capacidad para el desarrollo de juego simbólico.

INSTRUMENTOS UTILIZADOS EN LA EVALUACIÓN:

- Test de Rorschach
- Test de los colores de Max Lüscher

- Cuestionario desiderativo
- Test pata negra de Corman
- Escala de disociación en niños de Frank Putnam
- Configuración familiar con muñecos

COMPORTAMIENTO Y ACTITUD DE E. FRENTE A LA EVALUACIÓN:

E. se ha mostrado muy colaborador. Es un niño con un desarrollo verbal y una capacidad de expresión llamativas, así que, en ocasiones, parece mucho mayor de lo que es. Ha sido muy fácil para mí relacionarme con él.

Mayoritariamente ha desarrollado las pruebas y ha aceptado mis sugerencias sin manifestar objeciones, salvo cuando chocaban con lo que parecía conflictuarle, esencialmente su explicitada preferencia por jugar solo. Pero esta negativa ha sido manifiesta solo ante un determinado tipo de juegos, puesto que hemos tenido la oportunidad de jugar juntos a otros muchos.

Los padres de E. han sido en todo momento igualmente colaboradores y receptivos. Me han facilitado mi labor y han estado comprometidos con el proceso.

3-VALORACIÓN, CONCLUSIONES Y RECOMENDACIONES

Según las entrevistas realizadas con los padres, la observación durante las sesiones de evaluación con E. y los datos aportados por las pruebas realizadas, mi conclusión es que la manifiesta dificultad de E. para compartir juegos con otros niños podría explicarse por la distancia tan grande que hay, en el imaginario de sus padres, entre el niño deseado y el niño real.

Esta distancia ha creado:

- Por un lado, evidentes dificultades para el desarrollo de habilidades empáticas. Estas dificultades derivan, directamente, de la falta de sintonía emocional entre las figuras de apego y el niño, lo que ralentiza el proceso de mentalización.

- Una tensión psíquica muy difícil de soportar para el niño que se resuelve con el bloqueo defensivo en relación con el espectro emocional que no encaja con las expectativas.

Ejemplo de lo primero serían su incapacidad para inventar (prefiere reproducir), para compartir momentos de alta intensidad emocional («es muy sentido»), su mencionada terquedad, las dificultades para dejarse enseñar y para defenderse…

Los ejemplos más evidentes de lo segundo nos los ofrece su conducta social: su preferencia por jugar solo, la indecisión previa antes de compartir los juegos con otros niños, su preferencia de relación con adultos. En la medida de lo posible, evita las situaciones que le incomodan, si no hay lugar a la evitación, entonces hay una clara necesidad de prepararse y controlar la tensión antes de interactuar

(«estuvo casi dos horas hasta que se decidió a ir a jugar con los amigos»)

La evidente precocidad intelectual de E. y el alimento que le proporcionan los libros que le leen y las películas que ve le han permitido desarrollar unas específicas habilidades defensivas que contribuyen al bloqueo de su potencial empático y su conexión emocional, y le han ayudado a construir un mundo personal donde es posible mantenerse fiel a las expectativas parentales con una cierta sensación de tranquilidad.

Recomendación terapéutica

El trabajo terapéutico exige, en este caso (como en la mayoría de los casos en psicoterapia infantil), un compromiso y una implicación parental importante. En ese sentido, debo pedir la colaboración de los padres de E. para la óptima resolución del problema.

Plan terapéutico con los padres:

Apego y vínculo afectivo:

Psicoeducación para:

– El reconocimiento y la comprensión de la naturaleza de esa distancia niño deseado-niño real apuntada más arriba como núcleo de la problemática de E., y sus implicaciones en la crianza.

– La comprensión del proceso alexitímico: cómo y por qué se bloquea una emoción y los mecanismos que utilizamos para su expresión.

– El desarrollo en inteligencia emocional: reconocimiento, etiquetado y correcta expresión de emociones.

– La expansión de patrones de base segura, sintonización emocional, canales de heterorregulación y legitimación emocional.

– La creación conjunta de esquemas de hábitos, rutinas y esquemas de manejo adaptativo para ofrecer a E.

Conflicto sistémico:

– Psicoeducación para la comprensión de las dinámicas de los sistemas familiares.

– Reconocimiento de lealtades, patrones, mandatos o guiones familiares presentes en la familia B.-G.

– Trabajo con los muñecos para la integración.

En lo que se refiere a E.:

Se recomienda seguir el plan terapéutico siguiente especialmente diseñado para él, en el que trabajaremos para fomentar:

– Habilidades de desarrollo de empatía

– Inteligencia emocional

– Recursos para la comunicación global con pares

– Heterorregulación

– Tolerancia a la frustración

No se descarta la posibilidad de trabajar con EMDR aquellas situaciones que, a mi entender, deban ser procesadas y re-experimentadas con la ayuda y la contribución positiva de la estimulación bilateral.

El formato de trabajo sería el siguiente: alternancia de sesiones semanales con E. y con los padres durante un periodo no inferior a tres meses, momento en que procederemos a la reevaluación de la situación para decidir si los objetivos están alcanzados o si es necesario emplear alguna sesión más hasta conseguirlos.

En Pozuelo de Alarcón, a....... de.................. de 20....

Firmado por Begoña Aznárez Urbieta

* Este documento es un informe clínico, no constituye dictamen pericial a los efectos de su presentación en juicio; por lo que este centro y la arriba firmante no podrán ser propuestos ante tribunales para su ratificación o aclaración.

INFORME PSICOLÓGICO CLÍNICO

E. viene a mi consulta por primera vez el día ..... de .... de 20.....

Me encuentro ese primer día con un niño de 6 años muy simpático y sonriente. Le pido que se venga conmigo a mi despacho y acepta encantado.

Una semana antes yo había estado hablando con sus padres, quienes vinieron a verme porque estaban preocupados por algunas de las cosas que le estaban pasando a su hijo. Papá y mamá me cuentan que lo que más les preocupa es que parece que a E. le cuesta un poco jugar con los otros niños, que prefiere jugar solo. Y eso les parece que no es lo mejor para él. Es mejor que pueda disfrutar mucho jugando con los amigos.

E. y yo hemos estado charlando y jugando durante unos días. Hemos hecho algunas pruebas y hemos utilizado la caja de arena para representar muchas cosas que le pasan. Con todo eso hemos descubierto algunas cosas muy interesantes. Por ejemplo, que E. sí que tiene miedo algunas veces (con algunos episodios de Monsuno o cuando algunos niños le molestan), que prefiere jugar solo porque le da vergüenza que le miren mientras juega... cosas así.

Es decir, nos hemos dado cuenta de que las emociones (la alegría, la tristeza, el miedo, la rabia...) están en todas partes y que son muy importantes. Por eso tenemos que aprender a localizarlas y a manejarlas bien.

Así que, sus papás y yo hemos pensado que sería bueno que nos viésemos unas cuantas tardes más, con el fin de poder trabajar todo esto y llegar a conseguir que E. pueda disfrutar mucho jugando con sus amigos y que aprenda a reconocer y manejar mejor sus emociones. Para hacer frente al miedo y a la vergüenza y que no le impidan compartir sus juegos.

Todo esto que vamos a hacer se llama **psicoterapia**.

En las tardes de psicoterapia aprenderemos todas las cosas a través de cuentos, de juegos, con la caja de arena, con los clics de Playmobil… ¡Con muchas cosas estupendas! Y cuando menos nos lo esperemos y casi, casi sin darnos cuenta…, ¡E. habrá aprendido todo lo que necesita para poder estar jugando con los amigos sin miedo y sin vergüenza!

Espero que a E. le apetezca tanto como a mí hacer psicoterapia juntos las tardes de los miércoles que vamos a vernos.

* Este documento es un informe clínico, no constituye dictamen pericial a los efectos de su presentación en juicio; por lo que este centro y la arriba firmante no podrán ser propuestos ante tribunales para su ratificación o aclaración.

APÉNDICE 9

Begoña Aznárez Urbieta. Calle de ______________________

Psicóloga-Psicoterapeuta Pozuelo de Alarcón

Colegiada n.º: ____________________ 28223 Madrid

INFORME PSICOLÓGICO CLÍNICO

1. DATOS DE FILIACIÓN

Nombre: A.
Apellidos:
Fecha de nacimiento: 13 años y 8 meses
Nombre de la madre:
Nombre del padre:
Es el mayor de dos hermanos: hermana de 8 años
Domicilio:
Escolarización: cursando 3.º de ESO
Estudios y ocupación de la madre: viviendo en Madrid; padre: viviendo y trabajando en otra ciudad

Teléfonos: madre y padre:
Direcciones de *e-mail* madre y padre:

2. ENTREVISTAS DIAGNÓSTICAS

Motivo de consulta o de referencia:

La que realiza la demanda es la madre de A. Escribí un *e-mail* al padre, quien mostró su consentimiento y colaboración desde un primer momento.

Los problemas de A. parecen ser ciertos comportamientos que se han ganado la etiqueta de «otros trastornos de la conducta», según informes de psiquiatría del Hospital Universitario 12 de Octubre de Madrid. Entre estos comportamientos encontramos: conducta desafiante ante la autoridad tanto en casa como en clase, no aceptación de normas y límites, problemas con su agresividad, comportamiento impulsivo, dificultades para la relación con sus pares y episodio de abuso sexual hacia su hermana pequeña que duró aproximadamente 6 meses hace ya 4 años (A. tenía 9 años y su hermana 4). A A. se le detectan altas capacidades con 5 años.

Historia de A.:

Embarazo, nacimiento y primeros meses: fue un niño buscado. Cuando nació, sus padres vivían fuera de Madrid por motivos de trabajo.

La madre tiene que pasar prácticamente todo el embarazo en la cama por hemorragia ya desde el primer mes. Lo pasa leyendo y planificando la educación del niño.

Los padres comentan haberse sentido muy solos en la crianza, pues las familias de ambos están lejos, en otras ciudades. No contrataron cuidadora externa.

Desarrollo, sueño y alimentación: el desarrollo de A. no se corresponde con lo que suele ser normal ya desde el primer día. Su madre pasa los días con él, en casa, estimulando su ya destacada precocidad. Antes del año ya le había quitado el pañal. Precoz resulta ser también para el habla y, en general, en todas las áreas de funcionamiento.

Tiene dificultades para dormir desde hace años. Le cuesta la conciliación y levantarse temprano por las mañanas. Alta producción onírica, pero no pesadillas recurrentes. Tuvo episodios de sonambulismo de pequeño, sobre todo coincidiendo con el traslado a Madrid el cual ocurre a sus 6 años.

Su madre le dio el pecho hasta los 3 años. No refieren problemas con la alimentación en general.

Escolarización y rendimiento académico: la escolarización de A. es muy temprana. Con 1 año y medio su madre insiste en llevarle a un colegio especial que ha escogido para él. Un colegio privado bilingüe donde el niño pasa los días desde las ocho de la mañana hasta las tres de la tarde.

Desde el comienzo, parecen evidentes los problemas de adaptación de A. Las profesoras refieren un correcto desarrollo a nivel de exigencias intelectuales pero que el niño no se integra socialmente, que se queda apartado de los otros niños.

Los padres comentan que volvía muy enfadado del colegio.

Así comienzan algunos de sus problemas de comportamiento los cuales llevan a los padres a consultar con profesionales de la psicología. El niño es evaluado y, tras el informe psicopedagógico, se reconocen altas capacidades y se achacan a este motivo sus problemas relacionales. Tras terminar la Educación Infantil se le pasa directamente a 2.º de Primaria.

En la actualidad, persisten los problemas de adaptación. Su rendimiento académico está por debajo de sus posibilidades debido a sus problemas de comportamiento y sus dificultades para comprometerse con las tareas que se le ponen, concentrarse y estudiar. Necesita la ayuda y el apoyo constante de su madre para aprobar las asignaturas.

Son constantes también los partes por conducta disruptiva y las expulsiones por periodos cortos (de 1 a 6 días) por acumulación de partes. Son faltas menores, en su mayoría por comportamientos que tienen que ver con molestar, interrumpir, desobedecer, no llevar al día la agenda o los deberes…

Enfermedades: A. fue un niño sano hasta que empezó el colegio. A partir de ese momento, sufre frecuentes constipados, catarros y otitis. También alergias y asma. Desarrolla enuresis nocturna secundaria que mantiene hasta los 4 años aproximadamente.

En la actualidad, es un adolescente sano.

Actividades extraescolares: asiste a clases de piano desde muy pequeño. Actualmente está inscrito en el conservatorio.

A los 5 años, coincidiendo con el nacimiento de su hermana, estuvo apuntado a fútbol.

Datos relevantes de la historia familiar: cuando A. tiene 5 años, nace su hermana. Nuevamente mamá tiene que estar en cama por sus problemas en el embarazo. Está ingresada en el hospital y no puede ocuparse de A.

Unos meses después, cuando la niña es un bebé, ocurre un episodio que parece marcar un antes y un después en la historia familiar: el padre responde al niño con falta de paciencia, intolerancia y agresividad y, en ese momento, la madre hace consciencia de la implicación que tiene el carácter irascible e impulsivo de su pareja, el cual ella ha venido tolerando, pero que no quiere que suponga experiencias de agresividad y violencia para sus hijos. Entonces decide que lo mejor que puede hacer es marcharse. Aproximadamente un año más tarde, viene a Madrid con sus hijos y la situación de los tres es muy precaria en comparación con el nivel de vida de la familia anteriormente.

Desde ese momento los padres han estado separados y el padre ha venido ocasionalmente a Madrid a ver a los niños. Durante las vacaciones, la madre ha solido desplazarse a la casa familiar durante unos 15 días para estar juntos, en familia. Nunca ha vuelto a dejar a sus hijos solos con su padre.

A su llegada a Madrid, ella se incorpora a trabajar, pero, poco tiempo después, las demandas de sus hijos y su estado de salud le impiden seguir trabajando. Mamá está diagnosticada de fibromialgia y fatiga crónica desde el año 2015. Ella relaciona el agravamiento de sus problemas físicos con el episodio de abuso de A. hacia su hermana. En ese momento, siente que no ha sabido hacer las cosas suficientemente bien con sus hijos, se cuestiona, y se siente culpable y sobrepasada.

Cómo es A. al margen del problema: según sus padres, A. es un niño rápido, inteligente, creativo, muy sensible, ingenioso, luchador, preocupado por las injusticias con los más débiles o desfavorecidos, y muy curioso.

Participa de las rutinas y tareas asignadas en la familia y funciona cada vez mejor aportando lo que se le pide en el trabajo en equipo organizado por la madre en casa.

Le gusta jugar con su hermana con la consola, ir al parque y subirse a los árboles, viajar, desmontar y entender cómo funcionan las cosas, inventar…

Comportamiento y actitud de A. frente a la evaluación: la actitud de A. ha sido, en todo momento, de absoluta colaboración en todas y cada una de las tareas que le he pedido que lleve a cabo.

Se muestra comprometido con el proceso y agradecido respecto a la atención y el cuidado. En todo momento reconoce su participación y responsabilidad en las diferentes conductas problemáticas de que se le acusa.

Participa curioso y estimulado por la novedad y particularidad de las tareas aunque, por momentos, parece ausente y cansado. Me dice que no suele dormir muy bien.

Su motivación respecto al proceso y para el cambio es muy alta.

INSTRUMENTOS UTILIZADOS EN LA EVALUACIÓN:

- Línea de vida
- Genograma
- Lista de creencias negativas
- Test de Rorschach
- Test de los colores de Max Lüscher
- Cuestionario desiderativo
- Cuestionario de los tres deseos
- Configuración familiar con muñecos
- Escala de disociación en niños de Frank Putnam
- Escala de experiencias disociativas en adolescentes-II (A-DES) de Armstrong, Berstein y Putnam

3. VALORACIÓN, CONCLUSIONES Y RECOMENDACIONES

Según las entrevistas realizadas con los padres, la observación durante las sesiones de evaluación con A. y los datos aportados por las pruebas realizadas con él, mi conclusión es que la conducta disruptiva de A., su agresividad, desconfianza y comportamiento impulsivo, así como su falta de atención, despiste, inconstancia en las tareas y rendimiento no adecuado a sus capacidades, son síntomas que podríamos englobar dentro de un diagnóstico de trastorno adaptativo.

En la historia de A., dos grandes momentos han provocado la necesidad de adaptarse a un entorno radicalmente distinto al vivido hasta entonces y tremendamente exigente a nivel emocional: cuando ingresa en el colegio por primera vez solo con año y medio y cuando se muda a vivir a Madrid con 6 años. El estrés asociado a las exigencias que conllevan estos cambios, la falta de sintonización de sus figuras vinculares respecto a sus sentimientos y necesidades, y la respuesta poco contingente de los profesionales consultados fueron provocando que el niño respondiese con alteraciones en los tres grandes ámbitos de expresión: somáticas, con otitis de repetición, constipados, alergias, asma…; psicoemocionales, con enfadado, desatención, alerta, irritabilidad, insomnio, desconfianza; y conductuales: mostrándose agresivo, solitario, impulsivo, ritualizador, y con problemas para relacionarse con sus pares…

El impacto de la exigencia adaptativa es claramente traumático, como digo, por resultar abrumador emocionalmente y por no recibir la respuesta adecuada por parte de sus figuras de cuidado. Esto explica la disociación que desarrolla A. y que es responsable de sus dificultades para concentrarse, sus despistes, su impulsividad, su agresividad y su necesidad de crear un amigo imaginario cuando era un niño de 4 años ante el aislamiento y la soledad que experimenta.

La exigencia más importante a la que se enfrenta A. al incorporarse al colegio es la brusca ruptura de la rutina que mantenía antes de su ingreso y que suponía pasar las 24 horas del día junto a su mamá. De ahí pasa a estar la mayor parte del día en un entorno desconocido y hostil por sobre-exigente y poco responsivo en relación con sus necesidades emocionales.

Esto produce alteraciones en el adecuado desarrollo del vínculo de apego que explican el miedo y la angustia que experimenta, su ira, y algunas de las creencias que ha organizado sobre el mundo y sobre sí mismo, al verse como culpable, raro, no perteneciente y poco merecedor.

Las emociones no vistas, legitimadas y adecuadamente reguladas por sus figuras de cuidado se fueron disociando y fueron disociando los síntomas a los que nos hemos referido. La ira almacenada ante esta falta de sintonía se expresa como lo hacen las emociones cuando han sido disociadas, de forma impulsiva, imprevista, explosiva e imposible de regular.

Además, en el caso de la ira, las experiencias infantiles vividas con su padre y su falta de control respecto a su propia agresividad no solo le han producido un impacto emocional que aumenta su percepción de indefensión, su miedo y su necesidad de alerta, sino que, además, le han ofrecido un modelo violento de enfrentar la frustración y el enfado.

A su vez, que le detectaran altas capacidades tempranamente y haber utilizado esta circunstancia para explicar su particular manera de comportarse y relacionarse no solo no ha servido a A. para entender lo que estaba pasando o sentirse visto y comprendido, sino que le ha ofrecido una vía para escapar de su inseguridad al generar una idea de presunta superioridad que le aleja de sus pares y que solo consigue encubrir, a medias, la inseguridad que realmente siente y lo mucho que ansía el reconocimiento, el aprecio y la pertenencia.

La mudanza a Madrid supone una retraumatización en relación con esa primera separación vivida tempranamente y la incorporación a un nuevo entorno desconocido, muy distinto al vivido hasta el momento y nuevamente experimentado como hostil, por tanto. En esta nueva circunstancia pierde, además, el contacto con su padre, que, si bien trae como positivo el cese de la vivencia de su agresividad, supone para el niño una separación dolorosa, incomprensible y muy difícil de manejar.

En mi opinión, todos estos acontecimientos vividos por A., además de explicar los síntomas ya referidos, le han llevado a generar una gran ambivalencia respecto a las figuras de autoridad. Por eso reclama su atención y las pone a prueba a la vez que las desprecia y sabotea la relación con ellas. Por un lado desea verse entendido, cuidado y protegido, pero, por otro, necesita sentirse autosuficiente.

Recomendación terapéutica

El trabajo terapéutico exige, en este caso (como en la mayoría de los casos en Psicoterapia infantil) un compromiso y una implicación parental importante. En ese sentido, debo pedir la colaboración de los padres de A. para la óptima resolución del problema.

Plan terapéutico con los padres:

Apego y vínculo afectivo:

Psicoeducación y trabajo de intervención conjunta con A. para:

El reconocimiento y la comprensión de la naturaleza de esa fractura vincular mencionada más arriba. Alcance y consecuencias.

La expansión de patrones de base segura, sintonización emocional, canales de heterorregulación y de legitimación de la experiencia interna al servicio de la reparación vincular.

El desarrollo de inteligencia emocional con el fin de contribuir a contrarrestar la alexitimia familiar y aportar consciencia respecto a la experiencia interna y su posible traducción.

La creación conjunta de esquemas de hábitos y rutinas que ofrecer a A. para la regulación y el manejo adaptativo de las situaciones que le despiertan inquietud y que sustituyan a los que está empleando actualmente.

La creación de una narrativa familiar que legitime, explique y dé significado a la experiencia vivida, y contribuya a generar confianza en el futuro.

Conflicto de pareja/familia:

Todo lo anterior es necesario, pero no suficiente. En mi opinión, los padres de A. han de ser conscientes de que deben tomar decisiones en lo que se refiere a su relación que hagan posible lo que se propone más arriba. Mientras mamá y papá no se encuentren bien en sus respectivos roles dentro de la familia, no será posible reunir la energía y la capacidad necesarias para el trabajo que demandarán las tareas que se proponen. Mientras los conflictos que arrastran no se hablen y se resuelvan, seguirán generando inquietud, angustia, desconfianza y antiguos patrones de respuesta.

Toca, pues, tomar decisiones y asumir (y ayudar a los hijos también en esa tarea) las consecuencias de dichas decisiones.

Plan terapéutico con A.:

Además del trabajo que se llevará a cabo con los padres encaminado a la reparación y consolidación el vínculo con A., individualmente trabajaremos:

El desarrollo de inteligencia emocional.

La toma de consciencia y legitimación del malestar que disparan ciertas situaciones familiares, escolares y sociales, y el desarrollo de formas de afrontamiento diferentes a las empleadas hasta ahora.

Los recuerdos traumáticos.

La construcción de una narrativa completa, coherente e integradora que le explique, dé sentido a lo vivido y le ayude a ser resiliente.

No se descarta la posibilidad de trabajar con EMDR aquellas situaciones que, a mi entender, deban ser procesadas y reexperimentadas con la ayuda y la contribución positiva de la estimulación bilateral.

El formato de trabajo sería el siguiente: alternancia de sesiones con A. y con sus padres así como alguna sesión familiar (que, obviamente, incluirá a la hermana) durante un periodo no inferior a cinco meses (alrededor de 20 sesiones), momento en que procederemos a la reevaluación de la situación para decidir si los objetivos están alcanzados o si es necesario emplear alguna sesión más hasta conseguirlos.

En Pozuelo de Alarcón, a …….. de ………………… de 20…

Firmado: Begoña Aznárez

* Este documento es un informe clínico, no constituye dictamen pericial a los efectos de su presentación en juicio; por lo que este centro y la arriba firmante no podrán ser propuestos ante tribunales para su ratificación o aclaración.

Begoña Aznárez Urbieta
Psicóloga-Psicoterapeuta
Colegiada n.º: ____________________

Calle de ________________________
Pozuelo de Alarcón
28223 Madrid

INFORME PSICOLÓGICO CLÍNICO

DATOS DE FILIACIÓN

Nombre: T.
Apellidos:
Fecha de nacimiento: 17 años
Domicilio:
Estado civil: soltera
Hijos: No
Padres: (Nombre y profesión)
Hermanos: (Nombre y profesión)
Estudios realizados: Actualmente cursando 1.º de Bachillerato
Teléfonos: (De ella y de los padres)
Dirección de *e-mail*: (De ella y de los padres)

ENTREVISTA DIAGNÓSTICA

Motivo de consulta o de referencia: referida por el doctor Marín para psicodiagnóstico, consulta porque desde el pasado noviembre en que se suicidó un hermano de su madre, se encuentra mal, débil, vulnerable, triste, con ganas de llorar, con dificultades para concentrarse y para rendir en sus estudios. Recuerda el día, el momento en que se lo dijeron y no puede soportarlo, automáticamente se pone a llorar y no puede pasar por delante del sitio donde se enteró.

Comportamiento y actitud frente a la evaluación: su actitud en todo momento ha sido de plena colaboración. Le explico en qué va a consistir la evaluación y cuántos días nos llevará, y accede a todo sin mostrar inconvenientes. Las pruebas las ha realizado sin mostrar objeciones.

Historia clínica o referencia de antecedentes: síntomas parecidos a los que trae como motivo de consulta no parece haber tenido antes, pero sí refiere haber sido siempre muy insegura, a la hora de hacer los exámenes y dudar de poder hacerlo bien. También a la hora de relacionarse. Le gustaría poder hablar con todo el mundo sin estar continuamente pensando qué opinión tendrá esa persona si dice o hace tal o cual cosa.

Situaciones presentes y recientes: actualmente, los síntomas iniciales con los que llegó a la consulta en relación con el episodio del suicidio de su tío parecen haber ido remitiendo y han dejado paso a lo que parece ser la base de la problemática de T., que está muy relacionada con la relación con sus figuras de apego y que ha generado algunas respuestas desadaptativas.

El cambio de colegio dos cursos atrás le pone en contacto con un mundo desconocido para ella y esto ha supuesto la creación de algunos problemas entre compañeras (por otra parte, propios de adolescentes de la misma clase). Sus problemas se plasman en la esfera del rendimiento académico y en la relacional-parental: falta de concentración, cierta rebeldía ante las imposiciones parentales (mayoritariamente hacia las que vienen de su padre, que es con quien más problemas explícitos tiene) y sus miedos y desconfianzas internas en relación con sus capacidades sociales y de relación.

Una de las cosas que más preocupan actualmente a los padres es la relación que ha establecido con un chico por Internet. Dice que son novios, pero no se han visto jamás. Solo se hablan por el Messenger y por teléfono.

Configuración familiar y red social: T. goza de una amplia red de familiares con los que mantiene una relación bastante buena. Tiene muchos y buenos amigos, y ella se considera una buena amiga. Ha tenido algunos problemas con alguna compañera con la que inicialmente estableció una relación casi simbiótica, pero de los que ha sabido salir con éxito y demostrando una buena capacidad de regulación interpersonal.

Autodescripción, aficiones e intereses: le gusta jugar al pádel, los caballos e ir al cine. Películas favoritas: *Pearlhabour*, *El diario de Noa* y la trilogía de *El Señor de los Anillos*. No lee mucho, pero le gustaron *Tres metros sobre el cielo* de Federico Moccia y la saga de *Crepúsculo*.

Objetivos personales y visión de futuro: al preguntar a T. sobre cómo se ve en el futuro, su visión es perfectamente adaptada y se encuentra dentro de la normalidad, pues se ve desarrollando su profesión (querría estudiar medicina, pero no confía que le de la nota, así que, seguramente, intentará entrar en enfermería), casada (eso sí, a ser posible con su novio actual) y con hijos.

INSTRUMENTOS UTILIZADOS EN LA EVALUACIÓN:

Test desiderativo

Test de Rorschach

Test del árbol

Test de los colores de Max Lüscher

Genograma

Test de la figura humana

EPQ-R (Cuestionario revisado de personalidad de Eysenck)

Lista de palabras para asociación libre

Escala de experiencias disociativas en adolescentes-II (A-DES), de Armstrong, Berstein y Putnam

RESULTADOS DE LA EVALUACIÓN E IMPRESIÓN DIAGNÓSTICA

Los resultados de los test realizados junto con las conclusiones obtenidas a partir del juicio clínico derivado de las entrevistas diagnósticas llevadas a cabo con T. describen a esta como una adolescente con conductas propias de la etapa vital y de desarrollo por las que está pasando y que, aunque pudieran considerarse no adaptativas en grado óptimo, son las consideradas normales en una amplia proporción de la población adolescente.

Sin embargo, algunas otras de sus limitacion están, como ya he dicho, más relacionadas con estilos aprendidos en la relación con las figuras de apego. Los modelos incorporados a través de estas relaciones son los que han derivado en la actual ansiedad. Esta, provoca en T. falta de seguridad en sí misma y en algunos de los aspectos del mundo que la rodea, así como la necesidad de disociar algunos elementos que le provocan angustia (es llamativo el resultado obtenido en el D.E.S., puesto que, siendo propio de la adolescencia encontrarse valores elevados en los ítems del test, convendría estar alerta ante la posibilidad de que la disociación se instalara como forma habitual de defensa ante la angustia).

En la adolescencia, que es considerada una etapa de producción social, la identidad adquiere nuevas y significativas dimensiones y es el periodo de desarrollo en el que se va adquiriendo una mayor autonomía mediante la abstracción y la puesta a prueba de hipótesis sobre el mundo y sobre uno mismo. En este sentido, las relaciones de apego se hacen más estables a lo largo del desarrollo y funcionan como un recurso de adaptación que asegura la formación de la identidad durante la socialización del individuo. De ahí, la necesidad de valorar cómo de estrechamente relacionados están los síntomas que presenta T. y el estilo relacional con sus figuras de apego.

CONCLUSION Y RECOMENDACIONES

Mi conclusión es que los problemas de T. son problemas de relación y, por tanto, es esta la que debe trabajarse en terapia, la relación con sus figuras parentales. En el momento en el que la confianza se instale entre ellos, será posible que T. confíe también en sí misma y no sienta tanto temor a crecer y enfrentarse, tanto con su madurez, como con lo que esta significa.

No obstante, mi recomendación inicial sería la de utilizar EMDR para la desensibilización del episodio relacionado con la muerte de su tío, para, una vez superada la angustia que esto provoca, podamos valorar en qué medida persisten el resto de los síntomas y trabajarlos así mismo en terapia.

La terapia, focalizada en la relación padres-hija, se llevaría a cabo con una frecuencia de una vez por semana con T. y una vez al mes con los padres.

Importante valorar también la oportunidad de utilizar EMDR para reducir la ansiedad anticipatoria ante los exámenes y la del aprendizaje de recursos de afrontamiento ante situaciones estresantes.

En Pozuelo de Alarcón, a ….. de ……………… de 20….

Firmado por Begoña Aznárez Urbieta.

* Este documento es un informe clínico, no constituye dictamen pericial a los efectos de su presentación en juicio; por lo que este centro y la arriba firmante no podrán ser propuestos ante tribunales para su ratificación o aclaración.

CAPÍTULO IV: EL PODER DE LA MAGIA

1. INTRODUCCIÓN

Aunque sé que están deseando empezar a leer sobre el cómo hacer lo que hemos propuesto como esquema de intervención, y aunque hemos estructurado dicha intervención en áreas concretas de actuación que ya les ofrecen una visión bastante completa para la comprensión del proceso en global, todavía debo pedirles que me permitan rebobinar un poco más hasta lo que sería el comienzo de todos los comienzos… Estos primeros capítulos, como ya habrán observado, han pretendido ser, esencialmente, y a modo de presentación, una descripción exhaustiva del procedimiento general de evaluación que ya hemos mencionado que nos parece imprescindible y que se corresponde con llevar a cabo una buena intervención en psicoterapia breve con niños y adolescentes. Pero ha llegado el momento de ofrecerles, una vez conseguida esa visión global de la fase inicial del modelo, una breve reseña de la estructura teórica sobre la que se asienta este.

Pueden saltarse este capítulo e ir al siguiente si así lo desean, pero considero que, si lo leen despacio, ganarán un aporte extra a la hora de entender lo que está pasando y de planificar la intervención.

Ojalá que así sea.

2. LA TEORÍA…

Mi teoría parte de la asunción de que se puede representar **la adaptación del ser humano** a este mundo utilizando un eje de coordenadas en el que se ponen en relación las siguientes variables: en el eje de abscisas se extendería el continuo realidad-magia y en el eje de ordenadas el de consciencia-inconsciencia. Enfrento estas variables porque, a mi entender, recogen inmejorablemente los elementos esenciales que, combinados, permiten situar a un individuo en cada momento de su existencia y valorar su adaptación al medio (más adelante concretaremos lo que entendemos por adaptación).

Así, en el momento del nacimiento, encontraríamos al bebé situado básicamente en el **cuadrante inferior izquierdo, el 1** en nuestro esquema, enfrentándose a una realidad, tanto interna como externa, que es, esencialmente, inconsciente: Figura 1.

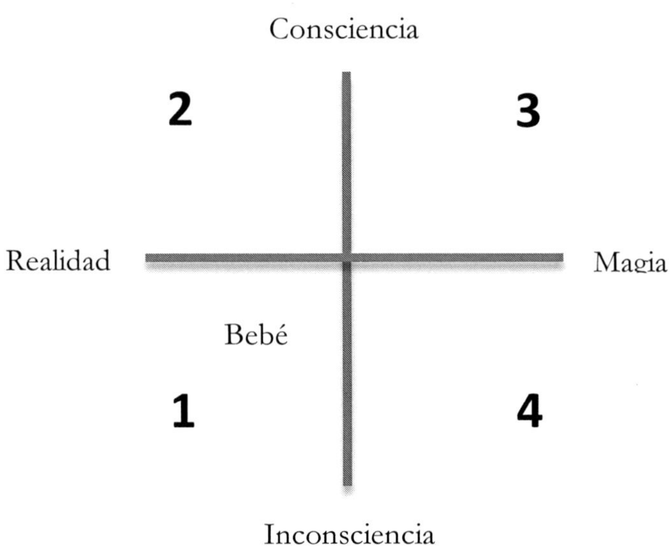

Figura 1

La realidad inconsciente de un bebé la considero compuesta por elementos internos y externos.

Desglosemos:

- Dentro de los internos, los distinguimos de índole física y psíquica.

Los primeros habremos de asociarlos a la constitución corporal general, fundamentalmente la existencia, o no, de los órganos y sistemas necesarios y el correcto funcionamiento, o no, de estos.

Los de índole psíquica podríamos decir que agrupan instintos, reflejos, impulsos, emociones, necesidades, etc.

- Los elementos externos los constituirán las circunstancias del contexto que rodea al bebé. Este contexto vendría representado por los acontecimientos que trae el día a día en el lugar de nacimiento, las figuras vinculares y su idiosincrasia, el sistema familiar al que se pertenece y la sociedad en la que se integra (micro y macro sistema).

Estos elementos contextuales son, a la vez, herramientas de adaptación y retos adaptativos en sí mismos. Es decir, por un lado, son los que tienen el poder de regular emociones, canalizar impulsos o cubrir necesidades; de proporcionar recursos para el adecuado desarrollo de esquemas útiles de afrontamiento; y de favorecer la elaboración de una narrativa coherente y eficaz que otorgue sentido a la experiencia y permita transformarla en aprendizaje. Pero suponen un reto porque están llenos de desafíos, exigencias, mandatos y todo tipo de imposiciones.

El movimiento evolutivo-adaptativo implicaría varios pasos progresivos.

Veámoslos despacio:

1. **Primer paso**: en un primer momento, el movimiento normal de todo bebé le llevaría a ir atravesando, poco a poco, día a día, la barrera de la inconsciencia a medida que va siendo traducido por las figuras vinculares en el marco de su interacción con ellas. Esta traducción, al ir convirtiendo material inconsciente en consciente, sitúa al niño atravesando el eje de abscisas para colocarse en el **cuadrante superior izquierdo, el 2**.

Cuando una madre discrimina, en el llanto de su bebé, lo que este necesita y lo traduce en miedo, hambre o sueño, está permitiendo al niño **hacer consciencia** de lo que le ocurre y etiquetarlo con una palabra que lo **simboliza**. Si, además, resuelve lo que el niño necesita y calma, entonces le estará enseñando a **regular** sus afectos y a obtener una **narrativa** que hablará de sí mismo y de sus circunstancias, que **dará sentido** a lo ocurrido y que le permitirá disponer de material tener en cuenta cuando sea necesario, es decir, la próxima vez que su realidad interna o externa lo haga sentirse en conflicto o, en otras palabras, signifique un reto adaptativo.

En definitiva, planteo que el mencionado movimiento evolutivo-adaptativo del bebé está condicionado, en principio, por la **contingencia** de la respuesta del cuidador. A mayor contingencia, mejor traducción. Y a mejor traducción, mejor desarrollo de la mentalización que conlleva el conocimiento y la regulación de los estados metales propios y ajenos, y que favorece el desarrollo, la autorrealización.

Con este primer movimiento natural, tendríamos a un niño situado en el cuadrante 2, lugar en el que comienza a hacerse cargo de su realidad de forma consciente por difícil que esta resulte.

2. Segundo paso: ya hemos visto en capítulos anteriores que el niño ha de adaptarse a un sistema con un código propio de lealtades, mandatos y guiones dentro de un marco de exigencias culturales y sociales que son las que condicionarán la respuesta del cuidador y, por tanto, las que verdaderamente gobiernan sobre la traducción de la realidad del niño. Las que determinan la contingencia. En el mejor de los casos, ocurrirá como en aquel chiste que contaba Gila: «Cuando mi madre tiene frío, me pone un jersey». En el peor, la negligencia, el abuso o el maltrato ni siquiera contribuirán a hacer un mínimo de consciencia, ni mucho menos de legitimación, de aquello que compone la realidad del niño y que necesita ser atendido y traducido.

Afortunadamente, en la mayoría de los casos, abunda la contingencia (apego seguro), pero, aun así, en todos los casos, una parte importante del material quedará sin traducción, sin movimiento hacia la consciencia. Esto genera, según el esquema que yo he desarrollado, un movimiento hacia el **cuadrante 4** que conlleva utilizar lo que yo llamo **«Magia Negra»** (y con ella como principal protagonista **la Disociación**) para canalizar necesidades, afectos o instintos que no han podido tomar el camino más propicio para la salud (que sería, como hemos comentado, el que nos lleva del 1 al 2), pero sí para la adaptación de ese niño a su sistema.

No ser traducido genera angustia, la que supone la falta de legitimación, significado y permisos. Pero más se teme, como sabemos, la desvinculación. Por ello se hace necesaria la ayuda de la magia negra

Esa magia negra supone la producción de todo un acervo de **creencias negativas** sobre uno mismo que, aunque falso e incongruente con la realidad sentida, permite al niño seguir vinculado, adaptarse.

Y es que la adaptación temprana al medio en el que se desarrolla el niño necesita, exige, la menor traducción posible de material inconsciente del cuadrante 1 y, por tanto, su paso al cuadrante 4 (la vinculación debe prevalecer a costa de gran parte de la información que proporciona el sistema psicobiológico de la defensa. De estos dos sistemas daremos información en el próximo capítulo). Pero podemos avanzar ya, que estos sistemas suponen la base de esa gran polaridad que todos debemos enfrentar: la que se expresa en el continuo vinculación-desvinculación. Aunque, posteriormente, a medida que se van cumpliendo años, las exigencias adaptativas impondrán de nuevo sus necesidades y esta vez será imprescindible disponer de la mayor cantidad posible de material traducido.

Ahí reaparecen antiguas exigencias, se abren heridas que parecían casi selladas (casi, pues probablemente, como hemos visto, se estaban expresando con otros lenguajes, la defensa encuentra sus maneras de articularse) y se vuelve urgencia lo que reclama ese material sin traducir.

La adolescencia supone que, evolutivamente, la necesidad de desvinculación del sistema de origen cobre fuerza. De ahí esas nuevas exigencias adaptativas. A partir de la adolescencia, entonces, cada nuevo reto adaptativo va a poner en entredicho el equilibrio que hayamos generado entre los dos extremos de la polaridad y nuestra capacidad de manejarnos a lo largo del espectro. Y, determinados golpes de realidad harán que nos planteemos la necesidad de cuestionarnos los antiguos esquemas de respuesta.

Veremos entonces que es necesario iniciar un movimiento contrario que permita la traducción y que generalmente no puede llevarse a cabo sin ayuda. Sería la tarea que nos correspondería como psicoterapeutas.

3. Tercer paso: siguiendo el movimiento deseable y sano, habíamos dejado al chiquitín en el cuadrante 2 con una importante cantidad de material interno traducido contingentemente. Una vez allí, esa misma idea de movimiento saludable, impone un movimiento que implica atravesar el eje de ordenadas y pasar al **cuadrante 3**. Maravilloso cuadrante 3…

Este último movimiento hacia el terreno donde reside lo que yo he llamado **magia blanca** supone la elaboración de los **duelos** correspondientes a las muchas pérdidas que conlleva seguir vivo y en contacto (con consciencia) con la realidad y sus conflictos.

Supone, asimismo, la aceptación de los hechos y circunstancias vitales (incluido el supuesto absurdo que supone asumir la mortalidad), hacerse cargo de que la responsabilidad sobre el sentido de la existencia recae sobre uno mismo, de la libertad de elección asociada a esa responsabilidad y de la inevitable consecuencia de todo ello que deriva en un sentimiento de soledad tan abrumador como deseado (por liberador y *empoderante*). En definitiva, asumir y conseguir «superar» (¿trascender quizá?) esos cuatro inmutables de los que habla la psicología existencial. Supone, pues, dejar de utilizar los filtros que proporciona la magia negra respecto a la información de entrada (tanto interna como externa).

Pero no solo eso, sino algo más grande y poderoso (¿más que asumir y dolerse, hacerse cargo y aceptar la responsabilidad?, se estarán preguntando). Sí, algo mucho más grande que es gozar de la posibilidad de sentirse **dueños de la propia historia**. ¿Cómo? Narrándose. Nada otorga más significado y, por lo tanto, más poder que una narrativa completa y coherente. Así pues, ser los productores de esa narrativa tan eficaz que explica sin fisuras lo que hemos sido y somos genera una magnífica sensación del control justo y necesario para manejarse por el día a día con solidez, confianza y contundencia. Genera, además, un **filtro potente** desde el que interpretar e interpretarse. El **polvo de hadas** imprescindible para cubrir con un ligero, pero prodigioso, tamiz todo lo que hacemos a lo largo de los días, para que esa realidad tan cruda y aparentemente imposible de soportar a veces pueda ser sostenida y gestionada siempre desde la creencia del «soy capaz» propio de la transformación de la experiencia en aprendizaje (con plena consciencia o consciencia plena…).

Y me siento capaz porque ha triunfado el amor (la magia blanca más poderosa que existe como ya ustedes sabrán). Ese que me permito y concedo a mí mismo y que me da derecho a permitirme y concederme la posibilidad de interpretar el mundo (interno y externo) de conformidad con un principio básico de todo lo mágico: que la magia, para autodefinirse, supone la aceptación de la «veracidad maravillante» de algunos efectos sin que se requiera ir más allá, sin tener que averiguar las causas, sin tener que desvelar el truco… Aunque todos estemos al corriente de que lo hay… Aunque no lo parezca… Aunque huela a **autoengaño**…

Como se puede suponer, y siguiendo el esquema de lo ya comentado, el psicodiagnóstico clínico conllevaría un primer ejercicio de identificación (durante la evaluación psicológica) del material del que no se ha hecho consciencia y que ha sido transformado en «magia negra» (y su particular manera de representarse) para ayudar, posteriormente y durante el proceso psicoterapéutico, al paciente a transformarlo en material consciente, a hacerse cargo, a dolerse y a encontrar la manera de fabricar polvo de hadas con el que rociar cada mañana su realidad para transformarla en motivación y empuje: Figura 2.

Por cierto, antes de seguir adelante, quería comentarles, por alusiones, que el tema de los 4 inmutables en relación con la psicoterapia me resulta apasionante. Sin embargo, no creo que sea este el espacio adecuado para desarrollarlo (aunque confieso que me encantaría), pero ya lo hizo fantásticamente, hace años, Irving Yalom, así que a él les remito para sumergirse en su estudio.

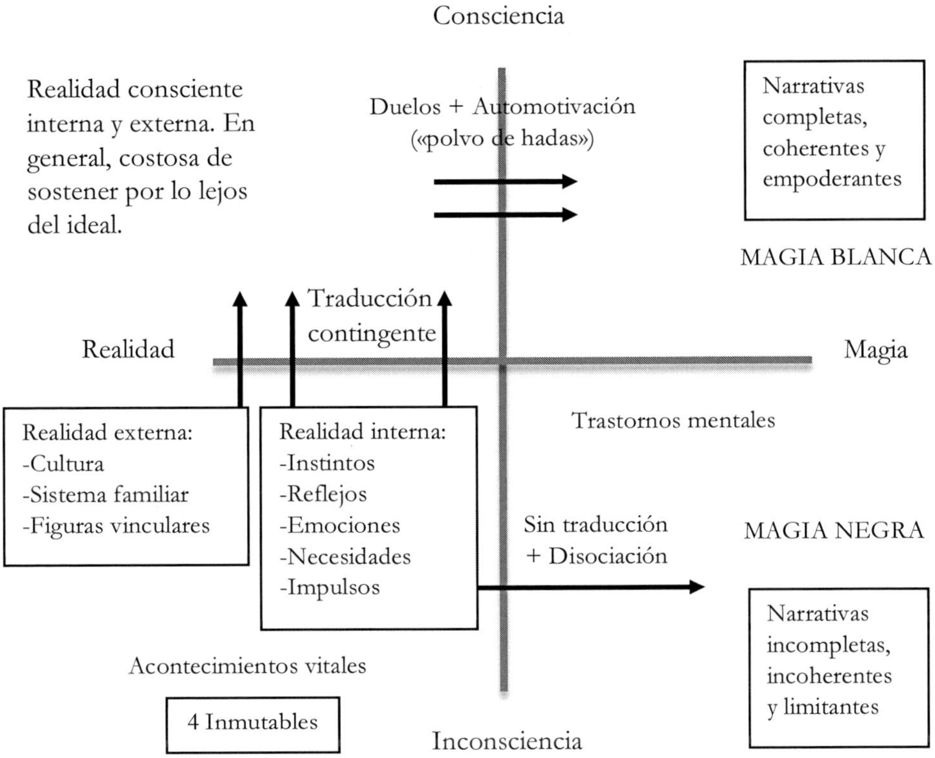

Figura 2

3. ¿POR QUÉ LA MAGIA? LA MAGIA COMO HERRAMIENTA

La palabra magia proviene del griego **μαγεία** 'mageia' y lleva implícita la idea de poder. Este poder, según el diccionario de la Real Academia, estaría relacionado con el producir «resultados contrarios a las leyes naturales». Por eso me parece una alternativa, la única, de hecho, que posee el ser humano para contrarrestar los a menudo devastadores efectos de la realidad que, por definición, es puñetera (por impredecible y *conflictuante*). Pensar que hay una alternativa a esa latosa realidad es creer que se conseguirán resultados diferentes a los que cabría esperar. Y eso es fantásticamente esperanzador. Eso es magia. Eso es poder.

Eso es **sabiduría** también. De hecho, el concepto, que no fue un invento griego, sino que fue importado de oriente, está también asociado a sabiduría. No en vano, aquellos Magos que de Oriente vinieron, y que nos alegran las Navidades con sus regalos, eran unos sabios que estudiaban la realidad para dominarla (la estrella los representa y lo que esta significa es la búsqueda de claves en el firmamento que ayuden a entender y predecir lo que ocurre en la tierra).

La adquisición de esquemas que resulten útiles para conseguir convertir el mundo en predecible es, *grosso modo*, el quid de la adaptación. El más sabio será aquel que posea la mayor cantidad de esquemas eficaces más tempranamente. Un auténtico Mago. Nuestra fisiología neuronal está al servicio de esa adquisición temprana de patrones de funcionamiento que nos hagan sentir adaptados. Piensen, si no, en el axioma de Hebb, ese que dice que «una vez que dos neuronas se han excitado juntas, tenderán a hacerlo así en lo sucesivo». «Compongamos enseguida un esquema», dicen nuestras redes neuronales, «que nos sirva de modelo de funcionamiento a poco que nos haya ido medianamente bien con el primer ensayo. Y no volvamos a cuestionárnoslo nunca más…».

Lo que hacemos con esto (además de lo que hemos comentado acerca de dejar mucho material importante fuera de la conciencia) es cercenar la curiosidad, que juega un papel tan importante en el desarrollo de la Automotivación (actividad asociada también al movimiento entre los cuadrantes superiores).

Y es que la magia es poder, decíamos. El de conseguir resultados contrarios a las leyes naturales. El de creer que mi mamá me quiere aunque no lo parezca. Aunque, de hecho, parezca todo lo contrario. Aunque, de hecho, me maltrate, no me cuide ni proteja o me haya abandonado. Es el poder de creerlo y actuar en consecuencia: negando, disociando aquello que me demostraría lo contrario y generando una explicación que justifique sus actos, por ejemplo, que la culpa es mía, que no valgo lo suficiente o que no merezco ser querido. Y así, seguir a su lado creyendo que me quiere y que algún día seré digno de ese cariño. La disociación es magia negra, pues consigue resultados contrarios a lo que la realidad está expresando y genera sensación de poder, de control, de pertenencia, de vinculación a pesar de las evidencias. Porque es un mecanismo inconsciente.

Las leyes naturales nos avisan y nuestro sistema psicobiológico destinado a la defensa genera el miedo para advertirnos de que ese estímulo «mamá» puede que sea de naturaleza amenazante, pero un miedo aún mayor nos obliga a invocar los conjuros necesarios para silenciar o borrar las señales y permanecer apegados. ¡Menos mal! Y así sucede. Así generamos enfermedad, locura, delirio, pero seguimos **vinculados a mamá y leales al sistema**.

Mi propuesta implica que lo que llamamos **trastornos mentales** y sus correspondientes narrativas pueden encontrarse situados en el cuadrante 4, el inferior derecho el de la magia negra.

El diccionario dice que la magia negra supone utilizar ritos supersticiosos. Y el ser humano no ha parado de hacerlo desde que el mundo es mundo para conseguir poder, para tener esa sensación de control tan anhelada, para contrarrestar la cruda, crudísima realidad.

Los trastornos mentales son una expresión perfecta de esos rituales supersticiosos que generamos ante la desconcertante realidad de los hechos que nos rodean: abandono, falta de cariño, desprotección, violencia, abuso, maltrato, negligencia, egocentrismo, ausencia de demostraciones de afecto, ignorancia, amargura, falta de respeto y dedicación… Así, en el extremo inferior derecho (en el cuadrante 4), el que supone mayor nivel de inconsciencia y mayor alejamiento de la realidad, situaríamos el delirio psicótico. Cerca encontraríamos el trastorno de identidad disociativo (TID) y cerca también el T.O.C. con sus complejos rituales de control, expresión perfecta de lo que vengo comentando. Magia negra resultan las fobias y su magnífico truco de desplazamiento del objeto fóbico y por ahí también andan las somatizaciones, creando una realidad alternativa de síntomas corporales que tan maravillosamente bien guardan el secreto de lo que en verdad representan. ¡Si serán eficaces esas somatizaciones que engañan y han venido haciéndolo durante siglos a generaciones de sesudos médicos que buscan explicaciones fisiológicas que no siempre encuentran y que tratan de silenciar con fármacos que resuelven poco y, sobre todo, cronifican mucho! Así podríamos seguir con todo el DSM-5 y sus categorizaciones.

¿Y las **narrativas** asociadas a todos ellos? No me digan que no son tan bellas como oraciones recitadas con esa devoción supersticiosa con la que reza un niño un padrenuestro para pedir ayuda antes de un examen. Narrativas llenas de elementos fantásticos y términos absolutos que acuden a nuestra consciencia en cuanto hay un atisbo de peligro: «tú da tres vueltas a la llave y todo estará bajo control; desconfía y estarás mejor; no salgas y te sentirás siempre a salvo; no bajes la guardia y no te pasará nada; irrítate el colon y no te irritarás nunca con nadie, angústiate y cree que es que hay algo dentro de ti que funciona mal, que no vales, que estás en peligro y que nunca serás capaz de protegerte… que siempre necesitarás al otro o a eso otro (bebida, sustancia, comida...). O convéncete de que no necesitas a nadie y eres autosuficiente y no llores, por tanto, las pérdidas, puesto que no hay nada que perder. O échale la culpa a los que pertenecen a otra religión, otra cultura u otra ideología...». Los fundamentalismos son un buen negocio donde invertir, sí señor. Y esos sí que suponen narrativas dignas de la más negra de todas las magias... Cargadas de creencias categorizantes, rígidas y excluyentes, confieren el poder que otorga el sentirse en posesión de la verdad, con las respuestas a todas las preguntas, con los peligros bien localizados (simbolizados en las figuras de los otros dioses, los otros militantes, los de otras razas) y con los esquemas de acción perfectamente diseñados: a la guerra, a la persecución, al exterminio, a la invasión, a la esclavitud, a la hoguera, a la tortura, la lapidación o la opresión...

Durante mucho tiempo he pensado que el único trastorno que no puede explicarse desde la magia negra es la depresión. Empecé situándolo en el extremo superior izquierdo, en el cuadrante 2, donde el peso de la realidad se hace más insoportable y donde la magia no puede, no acude a rescatar. Pensaba que la expresión última de la desesperanza que produce la carencia absoluta de magia es el acto suicida. Pero la práctica clínica me ha ido enseñando a evolucionar junto con mis pacientes y, al escuchar atentamente, he ido afinando el oído y he aprendido a discriminar, cada día, un poquito mejor, y a reconocer el sonido de los mágicos conjuros que se esconden detrás de las verbalizaciones que se producen en las sesiones de psicoterapia. La depresión parece cargada de realidad, pero solo lo parece. Esconde una narrativa empobrecida y victimista que también restringe el campo de la consciencia, excluye elementos reales y enarbola banderas de catastrofismo y ruina que son las propias de todo conjuro que se precie (magia negra por tanto). A ellas pertenecen esas que yo integro dentro de lo que llamo el capítulo de los paraísos: los perdidos, los anhelados y los exigidos. «Deberías haberme construido el Paraíso que yo necesitaba y me merecía, tú me robaste mi Paraíso, tuve un Paraíso que la vida me arrebató y ya no merece la pena vivir, jamás conseguiré construir un Paraíso, nunca uno como ese… que es el que yo necesito y merezco… Seguiré reclamando eternamente ese paraíso que me corresponde y seguiré reclamándotelo a ti mamá, a ti papá …». Sí, el tufo a magia negra se me impone y me obliga a explicarme la narrativa depresiva nuevamente como una huida hacia el cuadrante 4.

El acto suicida, como decía más arriba, disfrazado de liberador, supone también una conducta compleja que no está exenta de una narrativa acusadora y victimizante a la vez. Una vez más, llena de elementos excluidos, evitados, negados. Una vez más, en la inconsciencia. Una vez más, magia negra. Pero, en este caso y según mi punto de vista, la huida al cuadrante 4 se haría desde el 2. Esto, como habrán advertido, presupone la existencia de una traducción, un paso a la consciencia que, tal vez por prematuro, brutal, accidental o descarnado (sobre todo quizá esto último), traumático, obstaculiza el paso siguiente de elaboración de los duelos necesarios que posibilita el cruce al cuadrante 3, el de la magia blanca.

Ritual supersticioso se me antoja una carta de despedida, una liturgia de preparación del escenario, una particular manera de llevarlo a cabo… Lo que presenciamos no es más que un poner en acción (sin nada de consciencia) emociones y deseos negados y no permitidos, largamente disociados, no legitimados… Es el triunfo de la inconsciencia gobernada por una parte emocional infantil (P.E., siguiendo, como decíamos, la teoría de la disociación estructural de la personalidad de Pierre Janet) que, al advertir la desvinculación (no se ha podido generar un vínculo de apego suficiente para la supervivencia) y enfrentada, por consiguiente, a un vacío interior al que abisma asomarse (la fragilidad de los esquemas de sostén es enorme cuando no se ha disfrutado de la solidez que produce la respuesta contingente de un cuidador que sintoniza con las necesidades de uno), toma el control y solo encuentra una salida para dejar de padecer un sufrimiento tan intenso y desgarrador...

Recordemos que es en el cuadrante 3 donde se han aceptado y llorado las pérdidas; donde los deseos se han legitimado, pero no se han convertido en necesidades, donde los que ha hecho falta han podido ser sublimados y donde se les ha encontrado una salida que, aunque suena nítidamente a autoengaño, suena bien, consensuada, sin las atonías propias de la inconsciencia. Ahí es también donde entramos en contacto con nuestros recursos, nuestro potencial. Donde cada pequeño acto de triunfo empodera, y da sentido y posibilita...

◆ Camino difícil, laberíntico

Pero hace falta un mínimo de traducción contingente para que encontrarse en el cuadrante 2 no genere la sensación descrita más arriba de imposibilidad de hacerse cargo de la realidad advertida. Esto nos obliga a pensar que el camino que lleva desde el cuadrante 1 hasta el 3 no siempre es recto y secuencial, sino a menudo laberíntico, en espiral. El material debe irse traduciendo, gestionando en la consciencia y doliendo y sublimando de a poquitos, según el pequeño ser humano que va desarrollándose en esos gestos va sintiendo que es posible y siempre, siempre, en relación (en vínculo) con otro ser humano. Si nos construimos en relación, nos reconstruimos igualmente en relación. Por ello sostengo que lo que realmente cura en psicoterapia es el vínculo. Y cada uno de nosotros a nuestro ritmo, además.

Los paraísos perdidos…

Y de la construcción de paraísos ya hemos tenido ocasión de hablar y seguiremos teniéndola. Continuaremos hablando o leyendo y escribiendo… ¡Cuánta magia detrás de la construcción de un buen paraíso! Y esos constructores, ¡verdaderos magos con certificado y guion de salvadores! Sin permiso para la atención de sus necesidades y con la narrativa de «confía en mí, que yo te construiré el paraíso que andas buscando, porque innegablemente el que yo tengo para ti estoy seguro de que es el que necesitas».

Esos insensatos salvadores se lanzan diligentes, febrilmente (con la fiebre propia de una buena dosis de infección, esa que produce la inconsciencia queriendo abrirse paso hacia la consciencia), a la tarea de construirles paraísos a los más necesitados descuidando (desviando así) la construcción del suyo propio. Siempre habrá un buen constructor de paraísos detrás de una víctima necesitada de él. Y el peligro de creer que podemos construir el paraíso de nadie que no seamos nosotros mismos es lo que impide al otro llorar su pérdida, desplegar las explicaciones adecuadas para esa pérdida y otorgarse el permiso (con lo que implica de adecuado manejo de la culpa) para encontrar los recursos propios para la construcción de su paraíso y el derecho a sentirse satisfecho y orgulloso de su obra. Derecho de nacimiento de cualquiera que tan pocas personas se conceden.

Ojo, terapeutas, ¡va por nosotros de nuevo! Que tenemos complejo de salvadores y vamos por ahí creyendo que poseemos la patente de construcción de auténticos y mágicos paraísos, y que lo único que realmente hacemos es engordar la idea de lo maravilloso y auténtico que es el nuestro (si lo será que es exportable a todo el mundo…) para no ver la realidad: que no es ningún paraíso, que tal idea es una patraña, una construcción infantil sujeta a leyes infantiles que no gobiernan ya en la vida adulta, porque esta, lo que nos pide es darnos cuenta de que los paraísos en esta tierra no existen y que lo más cercano a ellos va a ser un día a día en el que aceptemos nuestras circunstancias (externas/internas), nuestra historia y nuestra condición: seres humanos con limitaciones y con casi ninguna posibilidad de obtener respuestas satisfactorias a los enigmas de la vida, pero con un maravilloso talento (sostenido por una magnífica artillería emocional) para cuidarnos, defendernos, relacionarnos y sobrevivir en un mundo real que puede percibirse mejor de lo que es gracias a la magia blanca más poderosa que se conoce, el amor.

4. UTILIZACIÓN DEL ESQUEMA DE LA MAGIA EN LA EVALUACIÓN PSICODIAGNÓSTICA

Decíamos unas páginas más atrás que era posible utilizar este esquema (que presenta una manera de entender el proceso de construcción y evolución de un ser humano) para ayudarnos tanto en la evaluación como en el proceso de intervención psicoterapéutica.

Vamos a empezar analizando cómo utilizarlo en la evaluación. La idea fundamental es emplear el esquema como guía. Nos servirá en la recogida de los datos, en la generación de hipótesis, en la interpretación de resultados, en la presentación de conclusiones y en el diseño de la intervención. Sí, en todo momento.

Veamos cómo…

• Evaluación psicodiagnóstica

Entendemos la evaluación psicodiagnóstica como un ejercicio de descripción y comprensión profunda de la personalidad del individuo con el objetivo de diseñar y llevar a cabo una intervención. Dicha intervención se considerará necesaria si en el profundo estudio de la personalidad que se ha llevado a cabo se observan patrones de funcionamiento que resultan desadaptativos (de hecho, parece un tanto absurdo mencionar esto, porque está implícito en la demanda, es lo que lleva a los seres humanos a la consulta de los profesionales de la salud mental, el uso constante e irremediable de patrones de interpretación y manejo que son poco adaptativos y generan sufrimiento. Pero no nos parece que esté de más explicitarlo).

Y de **adaptación** hablábamos en nuestro esquema. De una manera de explicarla, de entenderla. El esquema nos ofrece una guía para distinguir cuáles son los movimientos evolutivos idóneos en aras de sentirse óptimamente adaptado, los pasos seguir para alcanzar ese estado de óptima adaptación y la manera de entender qué ha pasado, en qué punto del camino ha podido estancarse ese movimiento, qué pasos no se han dado y qué está impidiendo que se den. En resumen, nos está ofreciendo una manera de localizar el patrón desadaptativo concreto y un punto de comparación respecto al patrón adaptativo óptimo y, por lo tanto, la manera de reconocer los pasos que faltan para acortar lo máximo posible la distancia entre uno y otro.

Vayamos paso por paso viendo cómo utilizar este esquema como guía orientadora en todo este proceso.

- **Recogida de datos**

Si a través del esquema hemos establecido una teoría general para explicar cómo se construye el ser humano, podremos utilizarlo para observar y tratar de comprender cómo se ha construido el ser humano en particular que tenemos frente a nosotros en la consulta, al que estamos evaluando y llamamos nuestro paciente.

Necesitamos enfocar esta tarea tratando, recoger la mayor cantidad de información relativa a los diferentes cuadrantes. Veamos el **cuadrante 1**, ese que contempla la realidad interna y externa de nuestro paciente. Para completar la información de nuestro paciente relativa a dicho cuadrante, son dos los instrumentos fundamentales (como ya hemos visto) que recomendamos utilizar: una completa **línea de vida** y un buen **genograma**.

Recordemos que el cuadrante 1 contempla la realidad externa e interna del bebé que viene al mundo. Recogiendo los datos que nos aportarán herramientas como el genograma o la línea de vida (y que están esencialmente relacionados con su realidad externa), podremos hacer **inferencias** sobre cómo ha ido experimentando su realidad interna. Iremos conociendo cuánto material fue traducido contingentemente y, en consecuencia, supone ahora material con el que hay conexión y que se puede regular adecuadamente (que pertenece ahora al **cuadrante 2**) y cuánto fue necesitando atravesar la línea hacia el **cuadrante 4**, material que, como ya sabemos, ha generado los síntomas y problemas que lo han traído hasta nosotros. <u>En el cuadrante 4 situamos, por tanto, el motivo de consulta.</u>

En relación con esto último (la traducción contingente y el material no traducido), sugerimos utilizar otras dos herramientas que consideramos imprescindibles en la evaluación: una entrevista que valore el **apego** y algún instrumento de evaluación de la **disociación**.

No importa qué entrevista o técnica concreta utilicemos para esta valoración, lo que importa es que hagamos una apreciación consciente de cómo se ha ido produciendo la traducción por parte de las figuras vinculares. De la manera particular de expresión inconsciente del material no traducido y de la narrativa explicativa que el paciente trae sobre todo esto.

Son esenciales aquí una buena selección del material de apoyo en esta recogida de información y un buen conocimiento de técnicas de observación de lo que me gusta llamar el inconsciente en movimiento (juego simbólico en los niños fundamentalmente y esas narrativas que trae el paciente además de los instrumentos proyectivos).

Las vicisitudes propias de su biografía y su relación con los **cuatro inmutables** también son materiales que explorar, como ya hemos manifestado. Las primeras deberán estar recogidas en esa completa línea de vida que hemos elaborado y el particular modo de afrontar estas, y los cuatro inmutables lo, registraremos con las **narrativas** que vamos explorando y el estudio de la manera concreta que tienen de explicar lo que le ha sucedido y sucede. En las hipótesis que ha ido generando y en la forma en que ha ido contrarrestando la influencia molesta de la experimentación de síntomas.

Algo muy importante en relación con las narrativas y que hay que comprobar sin ninguna duda también es la cantidad de **creencias** sobre uno mismo y sobre el mundo que lo rodea que ha generado el paciente y que, en su gran mayoría, serán tan negativas como erróneas. Un completo listado de creencias puede ser de gran ayuda aquí como herramienta complementaria.

Con este ejercicio exploramos a la vez los cuadrantes 3 y 4. Recuerden que todo lo que no ha podido atravesar la barrera de la consciencia para sentirse y saberse con consciencia no se puede experimentar con coherencia y no permite dar un paso más allá hacia la elaboración de la pérdida que conlleva el abandono de la inocencia y la ignorancia infantiles. Cuando se elaboran los duelos y se asume la pérdida de la inocencia y de los paraísos asociados, se conecta, como decíamos, con toda la fuerza del darse permiso para crecer y autorrealizarse, se aceptan los hechos y se afrontan los retos. Y, lo que es más maravilloso, se encuentran las fuerzas en ese mágico polvo de hadas que supone el amor a uno mismo por derecho propio y por encima de todo...

O de casi todo, de todo lo que uno decida que debe estar por debajo... Y recuerden que, entonces, las narrativas resultantes son muy diferentes a aquellas asociadas a la necesidad de mantener fuera de la consciencia la realidad interna del individuo y la incoherencia vivida con respecto a los razonamientos que vienen de fuera para explicarlo todo.

No insisto con más detalle sobre el modo concreto de hacer este ejercicio de evaluación porque no es este el lugar. No es el objetivo de este capítulo desarrollar todo un tratado sobre evaluación psicodiagnóstica, sino, como ya he expresado, solo ofrecer una aproximación a una guía general sobre cómo enfocar las tareas que conlleva dicho proceso de evaluación con la estructuración que esto supone y para la generación de una sensación, por parte del terapeuta, de control (y consecuentemente de disfrute) sobre dicha tarea y de mejor desempeño en general de esta.

En resumen, tener el esquema como guía orienta la recogida de información, pues nos explicita cuál es la que realmente necesitamos para completar las exigencias relativas a los diferentes cuadrantes. Eso y algunos de los posibles instrumentos que nos pueden ayudar en esta tarea es lo que hemos desarrollado en este punto. Lo vemos de forma esquematizada en la tabla de la figura 3:

Cuadrante 1	**Cuadrante 2**
Información de que dispongo (como terapeuta) de la realidad interna de mi paciente y de la influencia, sobre ella, de la realidad externa concreta que ha vivido y vive (realidad cultural, social, laboral, familiar, vincular y de los acontecimientos concretos vividos). Así mismo, las inferencias que genero sobre algunos aspectos de esas realidades y su influencia mutua porque he sido capaz de mirar de otra manera distinta a mi paciente.	Información sobre la conexión con emociones, sensaciones y necesidades propias y ajenas, y capacidad de legitimación y de regulación de estas.
Cuadrante 3	**Cuadrante 4**
Información sobre el material que, habiendo sido traducido y pudiéndose apreciar con consciencia, ha podido pasar a experimentarse de una manera diferente porque se ha podido elaborar el duelo que supone la aceptación de esa realidad (externa e interna) tal y como ha sido y como es, con la pérdida asociada de inocencia y paraísos. Así como información de las narrativas que explican cómo se ha ido produciendo este recorrido hacia la autorrealización que serán completas (constarán de toda la información por la consciencia de las diferentes realidades y su influencia mutua), coherentes y llenas de creencias veraces y empoderantes.	Información sobre material no traducido, inconsciente y que se está expresando, consiguientemente, en forma de síntomas o de patrones de conducta desadaptativos y que generan sufrimiento. Así como en forma de narrativas explicativas incompletas y poco coherentes cargadas de creencias negativas sobre uno mismo y sobre el mundo que lo rodea.

Figura 3

◆ Diseño de un plan general de intervención

Resumiendo, la clave, según lo que hemos visto hasta ahora, está en ese material que queda en la inconsciencia, pero en un modo que ya no es el original, sino, al haberle sido negadas la consciencia y la legitimación que merecía y haberse convertido por tanto, en algo que se ha experimentado, pero no traducido (que ha buscado una salida y la ha encontrado en una manera de expresión que, aunque de alguna forma ayuda en la gestión de la angustia, produce mucho sufrimiento), pues resulta evidentemente contrario al desarrollo pleno y a la autorrealización.

> La clave es, por tanto, el reconocimiento por parte del terapeuta de **cuánto** material ha quedado sin pasar a la consciencia y **cómo** se ha venido expresando y se está expresando ahora para poder ofrecer un plan que ayude al paciente a esa necesaria **toma de conciencia** y a **hacerse cargo** de lo que supone (con el dolor irremediable que produce), a la generación de **patrones de afrontamiento eficaces** y de **narrativas** que den significado a su existencia y permiso para tomar las riendas de su destino.

Ese será el contenido de un esquema general de intervención, el cual contemple:

a. Revertir el camino que llevó a pasar del cuadrante 1 al 4 y que generó los modos y maneras concretos de expresarse (rituales y narrativas incluidas).

b. Consecuente **toma de consciencia** y **legitimación** de todo ese material que no fue visto como parte de esa reversión.

c. Desarrollo de habilidades de **regulación** adaptativa de este material recién descubierto.

d. Elaboración de los **duelos** consecuencia de las pérdidas que esta toma de consciencia produce.

e. Colaboración para el desarrollo de las **narrativas** completas y coherentes necesarias para explicarse adecuadamente y para dotar de significado.

f. Colaboración, así mismo, para la generación del **polvo de hadas** (amor a uno mismo y fantásticos y variados filtros de salida, en definitiva), que comienza a percibirse al entrar en contacto con los recursos personales que se activan cuando se ha recorrido ya todo este camino y que ya están presentes en esas narrativas que hemos elaborado en forma de creencias veraces sobre uno mismo y sobre el mundo que lo rodea.

Cuando hemos aprendido a amarnos y, desde ahí, a amar a los demás y vincularnos. Cuando tenemos un buen montón de filtros de salida que nos permitirán la adaptación a cada exigencia del día a día viviendo los retos sin el miedo a la pérdida de integridad y con el mínimo de pérdida de ecuanimidad.

Cuando dejaremos, por fin, de emplear esos filtros de entrada que proporciona la magia negra, eso que Anna Llenas llama en su libro sobre el vacío, tapones, y podremos relacionarnos con la comida, los móviles, los padres, las drogas y tantos y tantos filtros o tapones, de una forma consciente, responsable y adaptativa. En definitiva, de la manera que mejor se corresponda con cuidarnos y sentirnos bien. Suficientemente bien. Incluso con el grandísimo reto que supone hacerse cargo de los inmutables. Con los oportunos duelos elaborados, enfrentar las pérdidas cotidianas nos prepara para la gran pérdida que supone la muerte. El polvo de hadas elaborará una narrativa que nos servirá de filtro acolchante. Algo así como: «a lo mejor tengo suerte y se produce muy tarde, sin dolor, de forma rápida pero que me haya dado tiempo a despedirme...». Sabemos, como ya venía diciendo, que nos estamos engañando, en cierto modo. Sabemos que puede pasar cualquier cosa en cualquier momento pero ¿y si fuera así? No obstante, si no sucediera como deseamos, no importa, no hemos convertido el deseo en necesidad y, por si acaso, estamos viviendo la vida de tal forma que ya no asusta perderla.

Por cierto, me gustaría aclarar que, en general, los filtros de entrada que proporciona la magia negra son esquemas de funcionamiento que se nos ofrecen desde fuera (por eso es fácil hablar de transmisión transgeneracional de conflictos), mientras que los filtros que componen el polvo de hadas son, mayoritariamente, internos, de propia generación tras la revisión de los aportados desde afuera y la constatación de su ineficacia en la actualidad.

Vamos con ello en próximos capítulos…

CAPÍTULO V: LA INTELIGENCIA EMOCIONAL EN LA PSICOTERAPIA BREVE CON NIÑOS Y ADOLESCENTES

«Las respuestas emocionales primarias son creativamente organizadoras, ya que nos ayudan a establecer una meta prioritaria. Así, cuando ayudamos a nuestros pacientes a atender y simbolizar su experiencia emocional, esto les ayuda a acceder a intereses/metas/necesidades importantes y les sirve para crear nuevos significados». Leslie Greenberg

1. SOBRE EMOCIONES

A pesar de lo mucho que se habla de ellas en diferentes entornos, hay que decir que las emociones son, en general, grandes desconocidas. No debiera ser así para nosotros, pues resulta imprescindible el trabajo con ellas en el contexto psicoterapéutico. Las emociones son las protagonistas en las interacciones entre seres humanos desde el primer minuto y ese es nuestro afán: desentrañar la naturaleza y la dinámica de esas interacciones.

◆ Definición

Seré breve a la hora de intentar una definición. Una vez más, como pasa con otros temas, hay tanta literatura de referencia sobre emociones e inteligencia emocional que no tiene sentido aquí extenderse más de lo estrictamente necesario como introducción al trabajo psicoterapéutico que proponemos desde nuestro modelo.

Veamos primero lo que dice el diccionario de la Real Academia sobre **Emoción**: «alteración del ánimo intensa y pasajera, agradable o penosa, que va acompañada de cierta conmoción somática».

Nos parece bien esta definición, sí. Las emociones, sobre todo las llamadas básicas, son, efectivamente, intensas y pasajeras alteraciones del ánimo que a veces resultan agradables y a veces bastante ingratas. Y siempre, siempre, encontramos un correlato corporal en esa experiencia (ya sea cuando experimentamos de las buenas o de las no tanto…) La emoción se acomoda en nuestro cuerpo y altera también su estado. El lenguaje popular lo ha recogido desde siempre y hace que utilicemos comúnmente expresiones tan corrientes como: «me cago de miedo». ¡Y es que todos sabemos lo mucho que se nos pueden llegar a mover las tripas cuando experimentamos miedo!

Dos puntualizaciones respecto a nuestra manera de entender y trabajar lo comentado hasta aquí: la primera tiene que ver con lo que hemos nombrado acerca de las emociones básicas. Diferentes autores han ido llevando a cabo, a lo largo de las últimas décadas, interesantes estudios y reflexiones sobre cuáles deben ser consideradas como tales. Respetamos profundamente todos ellos, pero nosotros trabajamos fundamentalmente con siete: el amor, la alegría, la curiosidad, el miedo, la ira, la tristeza y la vergüenza. No es por nada más que por cuestiones prácticas de focalización del trabajo desde nuestro modelo.

La segunda puntualización quiero hacerla respecto a la definición que hemos aceptado por parte del diccionario y que habla de alteraciones del ánimo intensas y pasajeras. Alguno de ustedes puede estar pensando que no las considera tan pasajeras… Si no lo son, ya no podemos hablar de emociones básicas. Seguramente en ese caso, en el de que se instalen y perduren en el tiempo, estaremos hablando de **sentimientos**.

Conviene hacer de forma temprana esta distinción entre conceptos que para nosotros es muy importante. Distinguimos claramente entre emoción y sentimiento, sí. Este último implica para nosotros algo más complejo, pues resulta de la unión entre una emoción y una cognición. Por ejemplo, si experimento miedo y acto seguido pienso que no tengo opciones, experimentaré un sentimiento de impotencia que, ahora sí, puede llegar a cronificarse y permanecer en mí por mucho, mucho tiempo.

Es por eso que, aunque estemos considerando en este capítulo a las emociones como las protagonistas, será necesario incluir, tanto en la reflexión teórica como en las recomendaciones prácticas, a cogniciones y sensaciones como coprotagonistas de nuestras narrativas y, por ende, de nuestras interacciones.

Hechas las puntualizaciones, **sigamos definiendo la emoción**. Parece que la palabra emoción proviene de otra latina: *emovere. Movere* significa 'movimiento', y el prefijo *e,* 'hacia'. La emoción supondría así un 'movimiento hacia'. ¿Hacia dónde? Depende de la emoción que experimentemos. Lo veremos más adelante más despacio. Podemos decir que las emociones nos preparan, nos asesoran sobre cómo actuar. Es imprescindible que las acciones que decidamos acometer estén guiadas por algún sistema de interpretación de lo que sucede interna y externamente y que suponga el mejor consejo respecto a lo que hacer en términos adaptativos. Las emociones resultan una maravillosa artillería (a mí me gusta calificarlas así) con la que venimos al mundo para poder llevar a cabo ese imprescindible proceso del que hablábamos en capítulos anteriores: el de **la adaptación**.

2. TAREAS ADAPTATIVAS

Hemos dicho que las emociones suponen *artillería adaptativa* y *movimiento hacia*. Podríamos resumir su labor diciendo entonces que el movimiento que promueven conlleva la realización de algún acto, alguna tarea, que resulta muy útil para nuestra adaptación.

Vamos a concretar el tipo de tareas adaptativas que creemos imprescindible considerar. Siguiendo el esquema propuesto inicialmente por P. Jannet (1859-1947), al hablar de tareas adaptativas sostenemos la existencia de dos grandes **sistemas psicobiológicos destinados a la adaptación: el de la aproximación y el de la defensa**. El primero nos conducirá a vincularnos a los otros, y el segundo, a aprender a distinguir los estímulos que puedan resultar amenazantes y que, por tanto, debamos mantener a raya.

Asociados a estos sistemas, y para poder llevar a cabo la función que deben desarrollar, encontramos esa gran artillería de la que ya hemos hablado, las emociones. En el caso del sistema de aproximación, las emociones vinculadas serán las llamadas positivas y, en el caso del sistema de la defensa, las negativas. En realidad, no debiéramos hacer esa distinción con juicio de valor añadido. Las emociones no son ni positivas ni negativas, todas son adaptativas. Pero es cierto que algunas resulta un poco más fácil experimentarlas…

Vamos a hablar de las que nuestro modelo rescata como emociones básicas.

SISTEMA PSICOBIOLÓGICO DE APROXIMACIÓN	SISTEMA PSICOBIOLÓGICO DE DEFENSA
Amor	*Miedo*
Alegría	*Ira*
Curiosidad	*Tristeza*
Vergüenza	

El Amor, la alegría y la curiosidad, como emociones llamadas positivas, provocarían un movimiento de aproximación, de acercamiento hacia el estímulo que está provocando dicha emoción. La idea es seguir experimentando eso que se siente como algo que es bueno, que gusta, que apetece.

Vean lo interesante que resulta cómo vamos pudiendo encontrar una **cierta progresión**, una secuenciación entre esas tres emociones, y que está en relación al tipo de vinculación que permite, o genera, cada una de ellas. Primero, el **amor**, suscita relaciones más íntimas, es la emoción que manejamos en relaciones más de tú a tú. Después, **la alegría**, que nos hace experimentar mayor apertura hacia el grupo con el que compartimos intereses, amistad o *hobbies*. Y, por último, la grandísima apertura que supone advertir **curiosidad** y el movimiento que esta provoca y que hace que dirijamos nuestra mirada, nuestro conocimiento o nuestros pasos más allá del grupo más cercano para interesarnos por otras familias, otros grupos, otras culturas e incluso otros planetas… Movimientos de aproximación a otros, sin duda. Movimientos de acercamiento, de vinculación.

El Miedo, la ira o la tristeza, por el contrario, producen movimientos defensivos de huida, ataque o repliegue que nos protegen aunque puedan alejarnos de los otros.

También aquí podemos encontrar una **cierta secuencialidad** desde la primera a la tercera, pues el **miedo** es una emoción universal, primigenia, que todos experimentamos a menudo y, cuando lo hacemos, normalmente una de las opciones que tenemos para dejar de sentirla es conectar con el coraje que proporciona la **ira** y lanzarnos al ataque del estímulo amenazante. De vuelta, triunfantes o perdedores, siempre hay algo de lo que dolerse, pues nunca una experiencia de esta naturaleza pasa sin más por nosotros sin dejar huella. Así, siempre necesitaríamos entrar en contacto con la **tristeza** para llevar a cabo los duelos correspondientes. La reflexión, la comprensión de lo ocurrido, la aceptación, la pérdida… Y el dolor de todo ello. Muchas de nuestras experiencias empiezan en el miedo y terminan en la tristeza previo paso por la ira. Si terminamos haciendo los **duelos** que corresponden, podremos transformar la experiencia en aprendizaje.

En definitiva, esa secuencialidad en ambas categorías parece ser deseable. Algo así como lo que **completa las tareas adaptativas** tanto en el sentido de la vinculación a los otros a todos los niveles como en el de sentirnos capaces de protegernos hasta donde es posible y de aceptar las derrotas y sus significados, y las limitaciones y pérdidas.

De hecho, determinadas experiencias van produciendo **atascos** en la secuencialidad. En el caso de las emociones positivas, parece que, si no tenemos las adecuadas experiencias de apego que nos proporcionan experimentar el amor y la intimidad propicios, es más difícil que se produzca esa deseable apertura a la inserción en un grupo compartiendo tanto la felicidad de sentirse perteneciendo como intereses y alegría. No digamos de lo difícil que es experimentar la curiosidad, emoción que, por otra parte, nuestra cultura cercena tan tempranamente en aras de nuestra seguridad. «La curiosidad mató al gato» nos dicen, y ahí comienzan todas las historias de aburrimiento, frustración, limitaciones y control. De falta de automotivación (la curiosidad es la emoción vinculada a la automotivación a mi entender) y de pereza. Estas cosas de las que tanto nos quejamos en relación con nuestros hijos adolescentes y que, sin embargo, tanto tienen que ver con cómo hemos gestionado su curiosidad cuando eran unos cachorros aventureros incansables...

Otro problema, que ya hemos ido mencionando y sobre el que insistimos concretamente en el capítulo anterior, es el de la incompatibilidad que se experimenta tempranamente cuando el estímulo que debería estar generándome amor, alegría y curiosidad (porque es imprescindible para mi supervivencia que así sea), me está produciendo miedo o mucha mucha rabia. ¿Qué pasa cuando son mamá o papá los que me atemorizan o me agreden? ¿Los que me desprotegen o no me atienden, no me estimulan, no me miran? Pues resulta que estoy experimentando el miedo y la ira en relación con mis progenitores, que son mis figuras principales de apego. Así que, si doy validez a lo que experimento, debería calificar a tales estímulos (mis padres) como peligrosos y, en consecuencia, alejarme de ellos. Pero, si soy solo un cachorrillo, no puedo hacer eso. Hay varios motivos y todos están asociados a mi necesidad de sobrevivir. Lo adaptativo, ya decíamos, es mantenerme vinculado. ¿Qué hago entonces? Considero mi experiencia interna equivocada. «Mamá y papá no son amenazantes, yo no debo estar entendiendo bien las cosas. Yo soy el erróneo, yo el culpable, yo el malo, yo el inadecuado». Mis emociones no son confiables. Debo dudar de lo que siento internamente. Aprender a no escucharlo, apagar esas voces. Lo que sea. Comienza así un periplo de vida en el que una parte importante de la experiencia queda fuera de la ecuación que me explica, y además, explica lo que está sucediendo. Debe ser disociada porque, como decíamos, lo que prima en nuestros primeros años es garantizarnos nuestra vinculación. A cualquier precio.

El niño necesita, pues, polarizar el mundo. Lo experimentará en grandes e incompatibles categorías: buenos-malos sobre todo. Y mamá y papá han de estar en el extremo de los buenos. Mucho antes de cuestionarse esto, el niño se colocará en la categoría de malo. Así es como determinadas experiencias de incongruencia entre lo que experimento (mamá o papá son malos) y lo que necesito sentir para seguir vinculado y sobrevivir son las responsables de la mayoría de las **creencias erróneas** que generamos sobre nosotros mismos y sobre el mundo que nos rodea. Pero así ha de ser. Primero mi supervivencia, después mi narrativa autorrealizadora. Debo apegarme para poder desapegarme. Y ahí es donde entramos a tener algo que hacer los mecanismos de defensa, la magia y los profesionales de la psicología. Y es que el camino para deshacer aquello que se compuso de manera tan inconsciente como extraordinaria es siempre difícil, largo, tortuoso incluso. Y casi nunca puede hacerse en soledad.

Así pues, debemos acercarnos con cuidado, con pies de plomo, al mundo emocional del niño. Legitimando y dando permiso, pero sin deshacer la polaridad que le defiende y por la que luchará con uñas y dientes. Ahora entienden mejor todavía por qué insisto en incorporar a los padres en nuestro proceso terapéutico: las cuentas pendientes deben saldarse (y salvarse) en la relación, no fuera de ella. Por la relación, no contra ella. Ni siquiera en el caso de los adolescentes. Estos comienzan a experimentar impulsos de desapego, pero todavía no están preparados para llevarlos a cabo y están tan necesitados de permiso y legitimación como cualquiera. Si no, no harán más que pequeñas o grandes huidas hacia delante que suelen suponer nuevos modos de dependencia y esclavitud tan limitantes en la autonomía y la autorrealización como el padre más maltratador.

El trabajo con las emociones, su reconocimiento, legitimación, correcto etiquetado, su regulación, su uso como guías para la acción y su contribución a la generación de la narrativa coherente con nuestra experiencia interna, que nos complete, nos explique y nos dé significado es, por tanto, imprescindible, universalmente necesario, infinitamente gratificante, transformador y empoderante. No dejemos de llevarlo a cabo… en relación.

Esto significa que instamos, permanentemente, en el trabajo psicoterapéutico con niños y adolescentes, a trabajar en la **reparación**. Es decir, en ese proceso por el que los papás van a darse cuenta (ayudados y acompañados por nosotros) de lo que ha ido saliendo mal, de lo que no han sabido gestionar, de su falta de sintonía..., de sus fallos, en definitiva; y van a poder empatizar con el niño y sus mensajes y, pidiéndole disculpas, van a probar maneras nuevas de manejo.

Con adultos, sin embargo, el trabajo debe incidir en la elaboración del duelo por las muchas pérdidas acontecidas (hablábamos despacio de eso en el capítulo anterior). Como suelo decir a mis alumnos, en el caso de adultos, debemos pensar que la reparación no toca (igual que la lotería... la probabilidad va a ser tan pequeña que será demasiado próxima a cero. Aunque todos conozcamos un caso...). Pero con los niños, mi opinión es que siempre hay que intentar la reparación.

Pero estarán pensando que me olvidé de una emoción que, sin embargo, nombré junto con las otras seis: la **vergüenza**. No, no me olvidé. Siempre la dejo para el final. Y lo hago porque, aunque la considero básica, lo cierto es que no la experimentamos tan tempranamente como las demás. Su aparición está asociada a la maduración de estructuras cerebrales que se produce alrededor de los 3 años más o menos. Genera sensaciones que, en general, hacen que la experimentemos como negativa, aunque está asociada (bajo mi punto de vista) a ambos sistemas (aproximación y defensa). Imprescindible para garantizarme la pertenencia a un grupo (determinados aspectos de mi persona o determinadas conductas me harán sentir rubor y sensaciones de malestar respecto a la imagen que estoy ofreciendo, me avisan de que puedo estar poniendo en peligro mi aceptación y mi integración en dicho grupo) es también importante trabajar con ella en asociación con intereses, motivación y metas, y aprender a usarla de guía para discriminar cuánto estoy dispuesto a negarme por la pertenencia y cuánto tengo que exigir. Es decir, colabora en la generación de los límites adecuados, de la autoestima y de la asertividad. Y es que la vergüenza está asociada al autoconcepto y, cuanto más digno, valioso, inocente, querible y confiable me sienta, menos me avergonzaré de anteponer mis necesidades a las de los demás, aunque esos otros sean mis padres y, con ello, los esté haciendo sufrir. Desde aquí también la vemos claramente asociada a la defensa.

Para terminar con esta exposición de los problemas que pueden surgir entre sistemas psicobiológicos y la experimentación de las emociones, solo añadiré que hay que tener en cuenta que, cuando se vive en la incoherencia entre lo que se siente y lo que se necesita sentir, se genera una inquietud interna que, en muchas ocasiones, da a lugar a un mecanismo de defensa que todos conocemos bien y que tiene que ver con transformar la emoción en movimiento. Esto resulta tan eficaz para dejar de experimentar el miedo, la ira o la tristeza que aprendemos a hacerlo desde muy temprano. Piensen en muchos de los supuestos problemas de hiperactividad de nuestros niños y vean si no podrían explicarse por este mecanismo… Cuando el que me hace sentir esas emociones llamadas negativas es mi progenitor, voy a considerar (de forma inconsciente) todas las emociones asociadas a la vinculación, como mínimo, como cuestionables. El acercamiento no se hará fácil. La confianza se verá mermada, aunque no se desee así (veremos, cuando hablemos de apego y mentalización, los procesos que nos parece que están en juego y que explican estos fenómenos) y la incongruencia experimentada se negará solo a medias. El precio es alto y, como poco, genera inquietud, malestar, dificultades para la concentración, accesos de ira descontrolados, problemas en las relaciones con iguales, problemas de sueño, de alimentación, de apatía, de adicción… Disociación, en suma.

3. INTELIGENCIA EMOCIONAL

En uno de los primeros artículos publicados sobre inteligencia emocional (IE), en 1990, Peter Salovey y John Meyer definieron la IE como «la habilidad para controlar los sentimientos y las emociones de uno mismo y de otros, discriminar entre ellas y usar esta información para guiar las acciones y el pensamiento de uno».

Fíjense que se corresponde con nuestro objetivo: utilizar la artillería que nos es dada para garantizar el éxito de nuestras acciones (nuestras interacciones) y que nuestro pensamiento genere las creencias adecuadas para nuestra autorrealización. Justo lo que buscábamos. Propongámonos, pues, trabajar con IE, generar IE.

Desde que Daniel Goleman popularizó el concepto en 1995 cuando publicó su *bestseller*: *Inteligencia emocional: qué puede importar más que la inteligencia*, la investigación sobre el concepto y sus aplicaciones no ha cesado. Y tiene mucho sentido.

◆ Definición

Pero ¿de qué hablamos nosotros cuando hablamos de inteligencia emocional? Una vez más, el concepto puede ser tan amplio como deseemos desarrollarlo, así que vamos a ceñirlo contextualizándolo en el encuadre del modelo psicoterapéutico que estamos desarrollando.

Estamos con Salovey y Mayer (1997) cuando afirman que la inteligencia emocional podría considerarse algo así como «la habilidad para percibir emociones; para acceder y generar emociones que faciliten el pensamiento; para comprender emociones y el conocimiento emocional y para, de forma reflexiva, regular emociones que promuevan tanto el crecimiento emocional como el intelectual».

Nos gusta todo de esta posible definición. Observen los verbos que se utilizan: percibir, acceder, generar, facilitar, comprender, reflexionar, regular y promover. ¿Qué más podemos desear como terapeutas para un proceso psicoterapéutico? Recuerden que habíamos cimentado nuestras metas para el trabajo con niños y adolescentes en la idea de conseguir un **modelo de uno mismo** como alguien capaz de buscar y conseguir ayuda (en la persona adecuada) cuando se necesita **y de los otros** (fundamentalmente papá y mamá) como alguien en quien confiar. Esto supone: **legitimarse y darse permiso para acceder a los estados internos con el objetivo de integrarlos en la experiencia, y hacerlo de la mano de las personas que deben ser las que acompañen en ese proceso.**

Ese trabajo a medias entre hijos y padres supone que unos asuman que deben ser quienes se encarguen de esas tareas que implican los verbos contenidos en la definición (ya llevamos varias páginas insistiendo en esto) para que todos experimenten el crecimiento necesario que lleva a sentir la confianza que genera una narrativa suficientemente completa y coherente. Esa narrativa integrará las creencias oportunas sobre uno mismo y sobre el mundo, y permitirá la **resiliencia**.

Es nuestra tarea también como terapeutas. Debemos haber mostrado en nuestro informe que hemos percibido, accedido, generado, facilitado, comprendido, reflexionado, regulado y promovido… Y que vamos a seguir haciéndolo durante las sesiones de trabajo psicoterapéutico que hayamos propuesto.

Así pues, desarrollaremos toda una tarea de psicoeducación y de promoción de la inteligencia emocional como primera estación donde parar a trabajar, pues las emociones son grandes desconocidas y, sin embargo, siempre están.

◆ Operacionalizando la inteligencia emocional

Cuando se trata de intentar desarrollar inteligencia emocional, podemos resumir las tareas fundamentales en cinco grandes grupos: reconocimiento y correcto etiquetado, regulación, expresión, narración y creación de significados.

En este capítulo nos vamos a centrar fundamentalmente en las tres primeras y dedicaremos un capítulo aparte a la generación de narrativas con inteligencia emocional y la significación que aportan.

La mayoría de los autores coinciden en colocar aquí los **principios básicos del cambio emocional**.

Una de las definiciones de inteligencia que contempla el diccionario de la RAE es: «habilidad, destreza, y experiencia». Nuestra intervención en el contexto psicoterapéutico supondría el objetivo de que nuestros clientes llegasen a adquirir dicha habilidad y que, a través de la experiencia (ir experimentando poco a poco es fundamental) llegasen a sentirse diestros en ella.

Esos principios básicos podríamos resumirlos de la siguiente manera:

-Toma de conciencia: la toma de conciencia emocional engloba las tareas de reconocimiento, etiquetado y legitimación de las emociones y de la experiencia interna en general. Empezamos con la nuestra propia para ir pudiendo hacer un trabajo de extrapolación (a través de ejercicios de empatía y mentalización) y así poder reconocer, diferenciar, etiquetar y legitimar la posible experiencia de los demás.

Forman parte de esa experiencia emociones, sensaciones y cogniciones. Con todas ellas habremos de trabajar.

-**Regulación**: supone la adquisición paulatina de una sensación de **control adaptativo** de la experiencia emocional. Tanto de la agradable como de la desagradable. La generación de control sobre la experiencia interna colabora en el desarrollo de ideas de reconocimiento, valía y legitimación que contribuyen a forjar la adecuada autoestima. Así mismo, la curiosidad queda libre y eso favorece la automotivación. Pero haber llegado a un control adecuado de la experiencia emocional significa también, como ya hemos mencionado, haber dado legitimidad a la experiencia de los demás y, con el desarrollo de la empatía comienza la aceptación, la tolerancia a la frustración, la generación de locus de control interno y la posibilidad de aplazar las gratificaciones. Nada menos...

La regulación no puede llevarse a cabo sin contar con otro que nos ayude. Por eso hablamos de **heterorregulación**, el tipo de regulación que conseguimos a través de la ayuda del otro. Cuento, comparto y el otro (esencialmente mis figuras de apego) me ayuda a dominar. La ayuda ya se produce solo al compartir, al sentirse escuchado y legitimado. Al tratar de discernir conjuntamente qué me está pasando.

A medida que adquiero destreza en este ejercicio voy pudiendohacerlo yo solo. Entonces hablaríamos de **autorregulación**.

En este punto quiero añadir alguna idea más sobre el concepto de **mentalización**. Si dicho concepto supone la «capacidad de comprender el comportamiento propio y ajeno en términos de estados mentales» (Fonagy 2002), vemos lo asociado que está a la habilidad que estamos queriendo desarrollar y que venimos llamando inteligencia Emocional. Dirán que dicha comprensión (la nombrada en la definición) parece que requiere algo de reflexión y tendrán razón, así es, por eso vamos a ampliar el concepto en relación con la reflexión y la creación de narrativas. Pero hay una mentalización que Fonagy denomina implícita que «involucra procesos que ocurren de forma no reflexiva, automática y que constituyen la mayor parte del mentalizar en el seno de la mayoría de los intercambios interpersonales de un individuo en su día a día...». Interesante ¿verdad? De hecho, Fonagy equipara el término mentalización al de **Aafectividad mentalizada** y define la misma de la siguiente manera: «Forma sofisticada de regulación emocional que implica que los afectos son experimentados a través de las lentes de la autorreflexividad. Así es posible comprender el significado de los estados afectivos propios y ajenos».

Parecería que de forma intuitiva, automática, autorreflexiva, el ser humano percibe, interpreta y comprende los estados afectivos propios y ajenos y, por tanto, tiene capacidad para la regulación emocional (lo que implica una manera bien sofisticada, como defiende Fonagy).

- **Expresión**: me gusta inculcar a mis pequeños pacientes una frase que suelen aprender de memoria y por la que acaban conociéndome casi... Esta es que «las emociones siempre hay que reconocerlas, aunque no siempre hay que actuarlas».

Es importantísimo que aprendamos a desarrollar la correcta expresión verbal, facial, corporal, conductual, de nuestras emociones. Para eso, la clave está en darse cuenta, una vez más, de hasta qué punto, mi cuerpo reacciona, de forma automática, cuando experimento una emoción y, desde ahí, aprender a controlarlo mínimamente. Es decir, haber dominado el paso previo, el de la regulación y con él dominar eso que llamamos sensaciones. La toma de conciencia de nuestras sensaciones es siempre un objetivo terapéutico.

- **Reflexión**: supone **narrar** la experiencia vivida. Y narrar necesita haber reflexionado previamente. La reflexión es ya un ejercicio de mentalización. **Mentalización explícita**, al contrario de la nombrada en el epígrafe anterior. Fonagy asegura que, esta última «incluye procesos simbólicos deliberados y reflexivos». Lleva, a su vez, implícito, el desarrollo de nuestra imaginación, pues debemos imaginar y generar hipótesis acerca de los motivos de los demás para sentirse de una determinada manera y para explicarnos sus actuaciones. El lenguaje es el medio que utiliza, pues suele tomar forma de narraciones. Por eso lo desarrollaremos más ampliamente en el próximo capítulo.

Hacer consciencia de que tenemos mente supone caer en cuenta de que los demás también la tienen y de que esta (la mente de los demás) también está presente en nuestras interacciones y que, en consecuencia, es una variable que tenemos que valorar si queremos sentir dominio sobre dichas interacciones.

- **Transformación**: casi de forma automática, si los pasos anteriores se han dado adecuadamente, haremos consciencia de un cambio importante en nuestra manera de pensar sobre nosotros y sobre lo que nos rodea: Las creencias anteriores más negativas y limitantes se habrán transformado en creencias más positivas y empoderantes. Tendremos la sensación de que pesamos y actuamos con mayor coherencia respecto a lo que somos y sentimos, y nos consideraremos capaces de afrontar los retos que la vida nos vaya colocando en el camino. Nos percibiremos **resilientes**. Descubriremos lo que llamamos un *self* integrado y coherente. Nos sentiremos alguien capaz de dar significado a su experiencia.

Desarrollando estos principios básicos tenemos garantizado el cambio y la transformación. Nos habremos convertido en **expertos emocionales**. Esto es lo que Greenberg y Watson (2006) expresan cuando dicen: «... nuestra experiencia de los estados emocionales es construida en cuanto a lo que conscientemente sentimos, en referencia al sentimiento de lo que ocurre, sentido en el cuerpo, simbolizado en la conciencia, y

reflexionando sobre ellos y f**ormando narrativas** que los explican, creando así el self en el que nos convertimos en ese momento…».

Así terminamos con la autora con la que empezamos el capítulo.

En el Apéndice 8 cuentan con una guía para poner todo esto en práctica durante la intervención psicoterapéutica titulada *Trabajando con las emociones en psicoterapia*. La hemos elaborado partiendo del trabajo con la población más pequeña pero el ejercicio global es esencialmente el mismo con adolescentes o con adultos. Lo único que cabría cambiar son los ejemplos para mejor adaptación a las diferentes edades. Recomendamos ir leyendo y trabajando con ellos en las tareas y ejemplos que se proponen.

Espero que les resulte interesante y fructífero el trabajo con inteligencia emocional. Verán que hablo de utilizar cuentos para trabajar con las emociones. En este sentido, tienen un listado de sugerencias sobre qué cuentos utilizar al final del último capítulo, el VII, el cual está dedicado a las terapias narrativas. Es el Apéndice 9. En ese listado no están todos los que son ni son todos los que están. Es solo una lista de sugerencias. Ruego me perdonen aquellos autores que han escrito cuentos fantásticos y que no he incluido en esa lista.

APÉNDICE 10

TRABAJANDO CON LAS EMOCIONES EN PSICOTERAPIA

Begoña Aznárez Urbieta
Sociedad Española de Medicina Psicosomática y Psicoterapia
www.psicociencias.com

Sociedad Española de Medicina Psicosomática y Psicoterapia

Instituto para el Desarrollo y la Aplicación de EMDR

IDAE
INSTITUTO PARA EL DESARROLLO Y LA APLICACIÓN DE EMDR

APRENDO A CONOCERME PARA SENTIRME BIEN

Para sentirme bien necesito que haya **equilibrio** entre mis sensaciones, mis emociones, mis acciones y mis pensamientos.

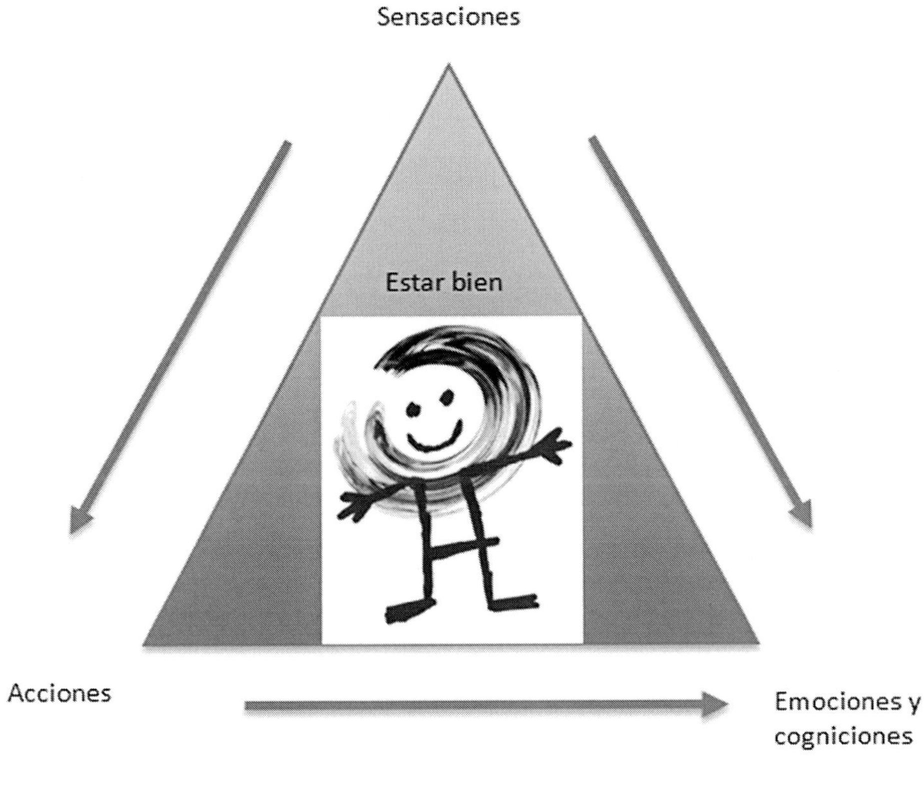

Vamos a ver cada una de ellas por separado para entenderlas mejor.

Las sensaciones: son percepciones corporales que tenemos gracias a nuestros sentidos. Las describimos empleando el verbo **notar**: noto cosquilleo, frío, sed, dolor, hormigueo, agobio, calor, atontamiento, escozor, hambre, dentera, acidez, acaloramiento, escalofrío, ardor, latido, entumecimiento, taquicardia, aplanamiento, pesadez, temblor, presión en el pecho, un nudo en la garganta, mariposas en el estómago, retortijones en la tripa, etc.

Las acciones: son los comportamientos que tenemos las personas al reaccionar ante diferentes estímulos en nuestra relación con nosotros mismos y con los demás. Por eso, estos estímulos pueden ser externos o internos: como ruidos, luces, música, voces, miradas, mis tripas rugiendo o mi muela doliéndome… Para describir las acciones, lo mejor puede ser utilizar el verbo **hacer**: hago esto o lo otro cuando ocurre algo. Por ejemplo, lo que hago cuando algo me asusta es salir corriendo, lo que hago cuando recibo un regalo es saltar de alegría, lo que hago cuando me regañan mis padres es irme a mi habitación y llorar…

Las emociones: son alteraciones, cambios de mi estado de ánimo. Son intensas, pero duran poco y habitualmente vienen acompañadas de alguna sensación en mi cuerpo. Normalmente utilizamos el verbo **sentir** para describirlas: me siento triste, siento miedo, me siento alegre, siento mucha rabia…

La palabra emoción viene del latín *emotio*, que, a su vez, proviene del verbo *emovere,* que significa 'movimiento hacia'. Y es que las emociones nos preparan para la acción, nos mueven a hacer algo… Debemos estar muy atentos a ellas para que nos sirvan de guías y dirijan nuestras acciones. Si yo me doy cuenta de lo que siento y de la sensación que esa emoción produce en mi cuerpo, voy a saber qué tengo que hacer a continuación.

Por ejemplo, si ante la propuesta de un compañero de tirarme por una cuesta muy empinada con mi patinete yo siento miedo y noto en mi cuerpo una rigidez muy fuerte y una taquicardia grande (o sea que el corazón se pone a latir muy muy rápido), pues tendré que hacer caso de lo que siento y actuar diciéndole a mi amigo: «No gracias, eso es muy peligroso y puedo hacerme mucho daño, todavía no me siento preparado. Creo que debo seguir practicando hasta que sienta que puedo hacerlo. Mejor que no me tire».

Por eso, porque nos aconsejan muy bien sobre qué debemos hacer, es por lo que vamos a aprender muchas cosas sobre ellas.

Si te has fijado, en el ejemplo anterior, una cosa importante que ha ocurrido es que yo he sacado una conclusión acerca de la situación a partir de lo que he notado y he sentido. Esa conclusión me la he representado en forma de una idea, algo así como «esto es muy peligroso para mí, todavía no me siento preparado» y la he expresado con una frase. Esa idea es producto de mi pensamiento. Esto nos lleva a tener en cuenta unos elementos más, junto con sensaciones, emociones y acciones, que también son muy importantes para sentirme bien y que son las ideas o cogniciones (que, como decía, son productos del pensamiento) y que también podemos llamar así, pensamientos.

Las cogniciones o pensamientos: son ideas que formamos en la mente al reflexionar sobre las cosas. El verbo con que los expresamos suele ser **pensar**. Por ejemplo: «pienso que soy una persona muy valiente pues voy a cantar en público mañana, pienso que no debería dejarte mi goma porque me la vas a manchar, pienso que el verano es fantástico porque hace calor, voy a la playa y además no hay cole…»

Como ves, los pensamientos se pueden expresar dando una pequeña explicación seguidos de la palabra *porque…* Esto significa que hemos hecho una pequeña reflexión y nos ayuda a entender mejor la situación y a nosotros mismos, es decir, hacen referencia a estímulos externos e internos, (o sea, lo que ocurre afuera y cómo lo percibo yo), y a la relación que hay entre ambos. También contribuye a que los demás nos conozcan y sepan cómo somos y qué nos gusta. Así vamos a poder mejorar mucho nuestras relaciones con los demás.

Emociones, sensaciones, pensamientos y conductas. Los cuatro elementos más importantes de cualquier situación que vivimos en nuestro día a día. Sigamos aprendiendo sobre ellos….

Primero vamos a hablar de emociones para ir descubriendo y aprendiendo las cuestiones más básicas y después ir avanzando hacia las más complejas. Uno de los pasos primeros y más importantes para llegar a ser unos auténticos **expertos emocionales** es darse cuenta o, como nos gusta decir a los psicólogos, **hacer consciencia**. Para eso, como decía, vamos a ir despacio aprendiéndolo todo desde el principio. Si tú ya sabes muchas cosas sobre todo esto, no te importará repasar, ¿verdad? Eso siempre viene bien.

LAS EMOCIONES BÁSICAS Y SU IMPORTANCIA PARA LA VIDA

Emociones básicas: nos gusta llamar así a aquellas emociones con las que nacemos y que se han diseñado para que podamos adaptarnos adecuadamente a nuestro entorno. Sirven sobre para dos tareas importantísimas: para relacionarnos con los demás y para defendernos de los peligros que encontremos.

Así, veremos que hay dos grandes tipos:

– Las que sirven para **acercarnos** a los otros. Estas suelen llamarse positivas y son fundamentalmente el amor, la alegría y la curiosidad.

– Las que nos sirven para **defendernos** de los peligros que nos vayamos encontrando cada día. A estas se las suele llamar negativas y son básicamente el miedo, la rabia y la tristeza.

Pero las emociones, en realidad, no son ni negativas ni positivas; lo cierto es que son todas necesarias para que podamos estar bien en relación con lo que nos rodea, es decir, que todas son **adaptativas**. Todas ellas han sido diseñadas para **influir** en la relación del organismo con el entorno. Pero, como observarás, **el entorno, lo de fuera, no siempre se puede cambiar**. O sea que la mayor parte de las veces, la influencia que podemos llegar a conseguir (y con ella la sensación de control, de equilibrio y de bienestar) solo la alcanzaremos si cambiamos nosotros.

Esto genera lo que en psicología llamamos **locus de control interno** (LCI), es decir, una sensación de control de las situaciones a partir de la idea de que no puedo esperar a que las cosas sucedan porque sí, sino que yo debo hacer todo lo posible porque dependa de mí aquello que yo quiero llegar a conseguir. También implica LCI que yo, al analizar las causas de lo que me ha ocurrido, no lo achaque todo a la mala suerte que se empeña en caer sobre mí, sino que pueda ver, con una visión de crítica constructiva, qué he podido hacer mal yo y en qué medida puedo hacer algo para que las cosas mejoren a mi favor.

Vamos entonces a aprender cómo se hace eso. Porque es una buena noticia lo de que mi bienestar dependa en una gran medida de mí mismo. Y si las emociones son la clave, como hemos visto, para que nuestra relación con nosotros mismos y con el entorno sea la mejor posible y podamos sentirnos bien, vamos a seguir profundizando en su conocimiento hasta llegar a convertirnos en **expertos emocionales**. Si lo conseguimos, habrá diploma y premio…

Veamos despacio los pasos que hay que seguir para convertirse en **experto emocional**:

- **Conocer** las emociones básicas y para qué sirven.

- **Reconocerlas** cuando las experimentamos en nosotros mismos y también reconocerlas en los demás.

- **Legitimarlas**, es decir, decirme a mí mismo que no es malo sentir lo que siento, que está bien sentir así.

- Aprender a **regularlas**. O sea, que aunque esté bien que yo sienta eso, a lo mejor no puedo actuar haciendo lo que inmediatamente me apetece hacer y, entonces, tendré que poder estar con eso que siento y noto.

- **Reflexionar** sobre ellas para acompañarlas de las ideas necesarias para que mis acciones sean las que más me convienen.

- **Actuarlas** de forma adaptativa (es decir, sin repercusiones negativas para mí) y según esos pensamientos e ideas que he reflexionado.

- **Contarme** lo que ha ocurrido de manera que con esa narración yo me explique bien todo lo que ha pasado, comprenda lo que he sentido, notado, pensado y hecho; y lo que han sentido, pensado, notado y hecho los demás. Así habré hecho algo fundamental que saben hacer muy bien los expertos emocionales: **transformar la experiencia en aprendizaje**.

◆ 1. Conocer las emociones básicas:

A nosotros nos gusta trabajar con estas siete:

Recordad que decíamos más arriba que todas estas emociones suponen un movimiento hacia... una acción. Veamos hacia dónde nos mueve cada una de ellas, qué acción nos provocan:

- El **miedo** tiene como **meta** la **evitación** de aquello que nos está generando ese miedo y la **acción** que suele provocar es la **huida**.

Vamos que es muy lógico que, cuando sentimos miedo, automáticamente queramos salir pitando... para librarnos de ese estímulo que nos provoca tanto miedo.

- La **rabia** tiene como **meta** la superación de obstáculos, así que la **acción** que suele provocar es el **ataque**.

Todo muy lógico también, ¿verdad? Si yo quiero algo y me voy encontrando obstáculos por el camino que dificultan que lo consiga, la rabia me va a dar la fuerza y el coraje que necesito para vencer esos obstáculos y triunfar.

- La **tristeza** tiene como **meta** algo muy difícil, pero muy importante también, que es poder aceptar las **pérdidas**. Para conseguirlo, yo suelo decir que a donde nos lleva la tristeza es a la cama, porque lo que necesito es reposar para reflexionar sobre lo que me ha pasado y llorar por lo perdido. Para eso, la camita o el sofá suelen ser lugares muy apropiados...

- La **alegría** tiene como **meta** aportar **ánimo** e incitarme a acercarme a los demás y hacer amigos. Para eso, la **acción** que me va a provocar es la **exploración** de mi entorno, las ganas de conocer gente y cosas que me mantengan conectado con lo que me rodea.

En ese sentido, tanto la alegría como el amor y la curiosidad cumplen la misma función. La única diferencia entre ellas puede ser el tamaño de eso a lo que me acerca. Verás, con el **amor** me acerco más íntimamente a menos personas: mamá, papá, hermanos, abuelos, primos... La alegría me permite acercarme a un grupo más grande de gente: amigos, compañeros de clase, gente que es de mi equipo de fútbol (¡cómo gritamos todos juntos los goles aunque no nos conozcamos!) ¡Y la **curiosidad** me abre a explorar el mundo entero!

- La **vergüenza** es una emoción muy especial. La incluimos por eso entre las básicas aunque no la desarrollamos hasta que tenemos casi los tres añitos (justo cuando termina de madurar una estructura en el cerebro que se llama hipocampo y que se encarga de ayudarnos a darnos cuenta de muchas cosas de nosotros mismos y de nuestra historia). La **meta** de la vergüenza es que yo alcance a obtener una **buena opinión** de mí mismo en relación con mi entorno, que me sienta satisfecho de mis interacciones con todo lo que me rodea. Para eso, la **acción** que me provoca es la **inhibición** de algunas conductas por miedo a que los demás piensen mal de mí o a hacer el ridículo.

Pero también, desde esa buena opinión que he conseguido tener de mí, voy a saber poner los límites a los demás y ser asertivo. Es decir, voy a poder reclamar lo que creo que es legítimo y dar mi opinión sincera cuando lo crea necesario, porque estoy convencido de que es valiosa y merece ser escuchada y tenida en cuenta. O sea, que la vergüenza contribuye a desarrollar tanto las tareas de aproximación como de defensa. ¿Lo veis? Ya os decía yo que era muy importante...

¿A que ya os estáis imaginando situaciones que habéis vivido y en las que habéis experimentado esas emociones? ¡Bien! Porque de eso se trata todo esto que estamos haciendo, de que, a la vez que vamos aprendiendo cosas nuevas, vayamos viendo que, en el fondo, no son tan nuevas para nosotros, que ya las hemos vivido antes, solo que a lo mejor no nos habíamos parado a pensar sobre ellas y nunca las habíamos hablado con nadie. Y esto de compartirlo, de hablarlo con las personas adecuadas, es muy importante. Nos ayuda mucho y es el segundo paso de ese ejercicio tan valioso del que ya hemos hablado y que decía yo que los psicólogos llamábamos hacer consciencia, ¿recuerdas? Claro, ¿y recuerdas cuál era el primer paso? Exactamente, darse cuenta. Veo que estás muy atento.

Resumiendo, **en la toma de consciencia, el primer paso es darse cuenta de lo que me está pasando (sobre todo de las emociones que estoy sintiendo) y el segundo, reconocer de qué emoción se trata, relacionarla con las cosas, con las situaciones que he vivido o estoy viviendo y poder pensar un poco sobre ello y hablarlo con alguna persona significativa para mí.**

Reforcemos lo aprendido hasta aquí con el EJERCICIO 1 del Anexo

- **2. Reconocerlas cuando las experimento yo y también reconocerlas en los demás.**

La primera parte del epígrafe ya la hemos comenzado a practicar, ahora vamos a centrarnos en la segunda. Reconocer lo que sienten las personas con las que nos relacionamos es una tarea compleja, pero es fundamental, para poder relacionarnos bien y disfrutar de la compañía de los que nos rodean. Eso de poder darnos cuenta de lo que sienten los otros, o como decimos vulgarmente, poder ponerme en sus zapatos es la base de lo que en psicología llamamos **empatía**. Siempre voy a poder llevarme mejor con mis hermanos, con mis compañeros o con mis vecinos si me doy cuenta de en qué medida las cosas que suceden a mi alrededor y las que yo hago también los afectan o no.

Veamos un ejemplo muy sencillo: imaginemos que estás en clase y a tu amiga Inés le han suspendido el examen de matemáticas y justo le han dado la nota antes de salir al patio en la hora del recreo. En ese caso, será muy posible que Inés esté un poco triste por haber suspendido, también un poco avergonzada, porque a lo mejor piensa que los demás van a creer que no es suficientemente lista, para aprobar y, además, puede que también esté con un poquito de miedo por pensar en llegar a casa y contarles a papá y a mamá su nota, porque tal vez ellos la vayan a regañar o incluso, a castigar… ¿Te parece que entonces Inés estará muy animada para jugar a lo que le propongas durante el recreo? Claro, seguramente no lo estará y, si tú no te das cuenta y, sin atender a lo que ella está sintiendo, le propones que si jugáis a un pilla-pilla, pues es muy posible que ella te conteste de mala manera que no, y que, además de que no le gusta nada el pilla-pilla, ya no quiere seguir siendo tu amiga…

Si tú no te das cuenta de lo que en realidad está pasando, puede que creas que Inés no te quiere y que es una mala persona por haber estado tan borde contigo. En verdad todo ha sido un gran malentendido, porque no hemos estado atentos a todas las emociones.

Veamos, vamos a rebobinar… ¿Qué habría sido mejor que dijeras a Inés en lugar de proponerle jugar al pilla-pilla? Exacto, seguramente si nos damos cuenta de que en ese momento puede estar sintiendo esa mezcla de tristeza, vergüenza y miedo de la que hablábamos antes, lo primero que haremos será ser más empáticos y hacerle saber que entendemos que esté con poco ánimo para jugar (recuerda que es la alegría la que nos acerca a los otros con ánimo de explorar y pasarlo bien), que lo sentimos, que es normal lo que le está pasando y que si hay algo que podamos hacer para consolarla un poco… Solo con eso será suficiente para que Inés se sienta comprendida y se dé cuenta de que nuestra intención es buena. Después de eso, deberemos estar atentos a su respuesta, porque puede que le apetezca hablar de su tristeza y de su miedo a la hora de llevar a casa las notas, por ejemplo, o puede que no. A lo mejor necesita simplemente el apoyo de un buen amigo y nada más. Debemos estar atentos a lo que nos diga y a lo que haga. Esto último es lo que llamamos lenguaje corporal y es un detalle muy importante que hay que observar.

Después de una primera interacción empática y según la respuesta del otro, tendremos que ver qué es lo que más conviene a continuación. Si la otra persona quiere hablar de ello, la escucharemos atentos y, si no, podemos ir viendo, según vaya pasando un poquito de tiempo y sus emociones se vayan haciendo menos intensas, si puede ayudar ir animándola a hacer alguna cosa que sabemos que le gusta o intentar que pueda ir saliendo de ese estado tan perturbador con algún comentario gracioso, un chiste o alguna tontería. ¡Qué efecto tan curativo tiene la risa! ¿A que sí? Si conseguimos que se ría un ratito, ya sí que se encontrará en condiciones de aceptar un juego…

¡Qué resultado tan diferente el que obtenemos con esta segunda manera de hacer las cosas que con la primera!

Trabaja y repasa este punto importante del reconocimiento de las emociones de los demás y la empatía con el EJERCICIO 2 del Anexo.

◆ 3 y 4. Legitimar y regular las emociones

Qué bonita palabra esta de **legitimar**. A mí me encanta. Pero es necesario que entendamos bien lo que significa, porque es muy importante y vamos a hablar mucho sobre ella... Así que vamos a explicar primero despacio qué significa esto de legitimar...

¿A ver qué dice el diccionario? Legitimar: «probar o justificar la verdad de algo o la calidad de alguien o algo conforme a las leyes».

O sea que legitimar las emociones significa algo así como autentificarlas, justificarlas, tenerlas como verdaderas, ciertas, auténticas. Y es que aquello que sentimos es siempre legítimo. Si lo siento, lo siento. De Perogrullo. No se puede sentir de mejor o peor manera... Eso de hablar de que aquello que siento está bien o está mal es un error e implica un juicio de valor que no se debe imponer a las emociones. Otra cosa muy distinta son las conductas, con ellas sí que se puede (y se debe) juzgar, y para eso están las leyes, por ejemplo. Es decir, si ante algo que me ha hecho un amigo yo siento rabia, eso es siempre auténtico y legítimo, otra cosa es que esa legitimidad me dé a mí derecho a darle una bofetada a mi amigo. Puedo sentir lo que sea que su comportamiento me provoque, pero no siempre puedo hacer lo que la emoción en ese momento me está pidiendo que haga. ¿Lo entiendes? Seguro que sí. Da un poco de rabia, pero todos sabemos que no se puede ir por ahí tomándonos la justicia por nuestra mano... Es mucho más adaptativo (ya sabes que eso es lo que perseguimos siempre, la adaptación) pararse a reconocer y nombrar la emoción, a ser consciente de dónde la siento en mi cuerpo, a reconocer los pensamientos que me está generando y que, una vez evaluada la situación (es decir, con toda la información anterior y haciendo un análisis de lo que me conviene), decida qué haré a continuación.

Pero recuerda lo que implica esto de legitimar: **que no siempre sea lo mejor para mí actuar de inmediato lo que la emoción me está provocando no significa que mi emoción esté equivocada**. Mi emoción es legítima, pero debo aprender a regularla (es decir, a manejarla bien) para que no me cause problemas.

Cuando las emociones no son reguladas y las actuamos sin pararnos unos segundos a reflexionar, se produce lo que los expertos emocionales llaman un **secuestro emocional**. Sí, sí, secuestro. ¿A que ya te estás imaginando a qué nos referimos? Seguro que incluso ya estás acordándote de algún episodio en el que tú has sentido, después de haber hecho algo llevado por la emoción, que hubieras preferido no hacerlo… Y es que, después del secuestro, siempre suele venir el arrepentimiento. Por eso es preferible aprender a manejarlo anticipadamente. Pero si ya se nos ha «escapado» la conducta automática que nos ha llevado a hacer la emoción sin reflexión, pues, como decíamos antes, deberemos reconocer la emoción, legitimarla, pero saber también que a lo mejor, yo he hecho algo precipitadamente y no ha estado del todo bien, y entonces hacer una crítica constructiva y un análisis de la situación que me proporcione LCI (¿recuerdas?). Y tal vez, pedir disculpas y comprometerme a intentar, con todas mis fuerzas, controlarlo la próxima vez.

Hacer las cosas así con respecto a nuestras emociones significa que voy aprendiendo a regularlas, algo absolutamente fundamental para el éxito en mis relaciones

> Aprende de memoria: **las emociones siempre deben reconocerse, aunque no siempre deben actuarse**.

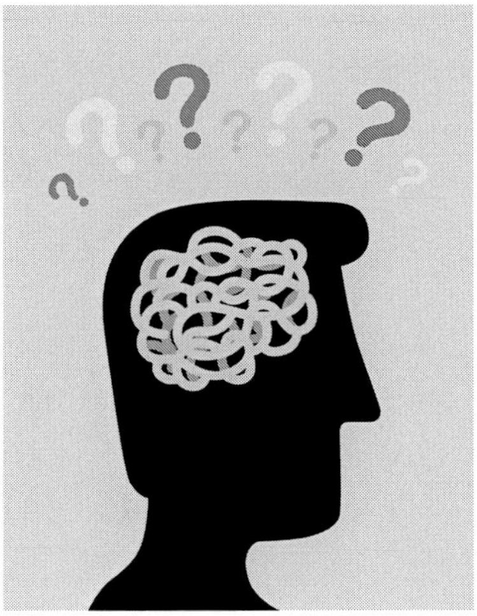

Para ir aprendiendo a regular las emociones de forma que nuestras interacciones con los demás sean exitosas, lo ideal es ir ensayando, practicando, sobre todo, con nuestros padres o con personas de nuestra confianza que nos pueden ir aconsejando. Cuando les contamos a estas personas lo que nos pasa o lo que nos ha pasado, ya estamos haciendo un ejercicio importante aunque casi no nos demos cuenta (bueno, un poco de cuenta sí que nos damos, porque siempre notamos que nos sienta bien compartir nuestras preocupaciones con gente que sabemos que nos quiere y a la que le importa lo que nos pasa). Este ejercicio de compartir con otras personas de confianza lo que nos ocurre para escucharnos a nosotros mismos haciendo un relato de lo que ha pasado, y después observar la reacción en el otro y sus comentarios, lo llamamos en psicología **heterorregulación**. Es un palabro un poco raro pero significa que vamos aprendiendo a regularnos en la interacción con otras personas. Lo opuesto sería la **autorregulación,** que viene a decir que me las tengo que apañar yo solo.

Como seguramente ya habrás pensado, lo ideal es que al principio, cuando somos pequeños, vayamos ejercitando la heterorregulación

(¡somos demasiada poca cosa como para saber hacer nada solos!) y, a medida que vamos creciendo, vamos aprendiendo a autorregularnos. Esto lo vemos muy bien ejemplificado en los bebés que lloran cuando su mamá se va y que, a medida que van creciendo, van aprendiendo que, aunque preferirían que mamá estuviese siempre a su ladito, ya no deben asustarse porque no esté (por ejemplo cuando los dejan en la guardería o en el cole) y van aprendiendo a apañárselas solitos... Por eso, cuando vamos creciendo, vamos viviendo cada vez más situaciones en las que debemos haber aprendido a autorregularnos porque ya no están mamá o papá (o los abuelitos, los hermanos mayores o la cuidadora) ahí con nosotros para aconsejarnos y protegernos.

Ahora, eso sí, es muy importante haber aprendido muy bien el conocimiento, el reconocimiento, la legitimación y la regulación de las emociones primero con esas personas importantes (papás, abuelos, hermanos o cuidadoras que nos ayudan a heterorregular) para que después podamos arreglárnoslas solos (autorregular). Y es que ¡nadie nace sabiendo! ¿NO?

Recuerda: las emociones, cuando las experimento, no las puedo cambiar. Y no debo intentarlo. Tengo que sentirlas, reconocerlas y aceptarlas. Así, si las escucho y aprendo a descifrar su mensaje, mis sensaciones serán más agradables; mis pensamientos, más positivos, y mis acciones, más adaptativas.

Antes de pasar al siguiente punto, vamos a reforzar esto de la legitimación y la regulación con un ejercicio. Ve al Anexo y trabaja sobre el EJERCICIO 3.

- **5. Reflexionar sobre las emociones y más…**

Este punto es muy interesante (bueno, para mí todos lo son, ¿tú qué opinas?, ¿estás de acuerdo conmigo?). Aquí deberíamos hablar un poco más de eso que ya hemos mencionado en el ejercicio 3, la **mentalización**.

Este es un tema que me apasiona, lo reconozco, y es demasiado amplio como para abarcarlo todo aquí. Tampoco es necesario que lo hagamos. Vamos a explicar lo imprescindible para que entendamos aquello que necesitamos para adquirir el diploma de expertos emocionales.

Para lo que nos ocupa, debemos saber que la mentalización supone, en esencia, un ejercicio de **imaginación**. Sí, así de fácil. Supone imaginar que todos tenemos una mente que se las va arreglado con todo lo que nos va ocurriendo cada día y donde vamos incorporando experiencias, conocimientos, anécdotas, de todo… Todo va resultando útil para manejarse con éxito. Hasta aquí todo fácil, ¿no? No es difícil para ti imaginar que tú tienes mente y que la gente que te rodea también, ¿verdad? Bien, pues ahora me encantaría que parásemos un momento para que me hicieras un dibujo, una breve descripción o algo que se te ocurra que pueda representar tu idea de que tienes una mente y de que los demás también la tienen. Hazlo en el recuadro que aparece a continuación. Tómate tu tiempo para pensar, imaginar y dibujar…

Cuando imaginamos a los demás teniendo también una mente, solemos pensar que la suya funciona de manera parecida a la nuestra, pero solo parecida, porque, a medida que vamos conociendo mejor a las personas, vamos aprendiendo que tenemos maneras muy distintas de pensar y de opinar sobre las mismas cosas.

Ejemplos muy gráficos los tenemos en relación con la religión (unos son católicos, otros, protestantes otros, musulmanes; otros budistas; otros, ateos…) o con la política (aquí, sobre todo, los vamos a encontrar o de derechas o de izquierdas). Te suena todo esto, ¿verdad? Por tanto esto de imaginar lo que los demás estarán elaborando en su mente no es una tarea tan fácil. Bueno, imaginarlo es fácil; acertar, no tanto.

Pero se trata de acertar. Claro. Porque si acertamos, ¿qué pasará…? ¡Exacto! Que vamos a poder manejarnos mucho mejor en nuestras relaciones con los demás. Si conocemos lo que los demás sienten y piensan acerca de la mayoría de las cosas importantes, sabremos cómo actuar para llevarnos bien con ellos. Como ves, esto de la mentalización es la clave para manejarse en un grupo.

Así pues, reflexionando sobre lo que a nosotros nos pasa, lo que sentimos, dónde lo notamos en el cuerpo, qué pensamientos asociamos a esas experiencias y, además, preocupados por entender por qué hemos reaccionado de esa manera y si es positiva para nosotros o qué consecuencias implica, no solo nos vamos a sentir mucho mejor y vamos a desarrollar LCI (con todo lo bueno que eso conlleva), sino que vamos a poder hacernos una idea mucho más exacta de qué es lo que a los demás les estará ocurriendo en situaciones parecidas. No todos somos iguales ni reaccionamos de igual manera, pero sí de forma relativamente parecida. Todos somos humanos y, al final, casi todos tenemos objetivos comunes, como sentirnos queridos, valorados por los demás, tenidos en cuenta por aquellos a los que queremos, apoyados y protegidos.

**(Este párrafo que viene a continuación dedicado a las necesidades básicas y el Ejercicio 4 que se propone no debe leerse con niños pequeños, sino ya a partir de bien entrada la adolescencia, pues la consciencia acerca de no haber sido cubiertas, por las figuras parentales algunas de aquellas necesidades no debe realizarse antes de ese momento, ya que choca con una necesidad básica infantil mucho mayor, que es la de mantener idealizadas dichas figuras a través de la polarización).*

Y esto por nombrar algunos ejemplos de alguna de esas necesidades básicas que todos compartimos. Un tema, por cierto, también muy importante el de las necesidades básicas. Al final del texto ofrecemos nuestro listado de necesidades básicas para que, al terminar tu ejercicio, hagas una comparación, me digas qué te parece y charlemos sobre ello.

¿Te has parado alguna vez a pensar qué necesidades básicas compartimos los seres humanos? Pues te invito a hacerlo. Ve al Anexo y practica con el EJERCICIO 4.

Una forma fantástica de trabajar para ir desarrollando mentalización es la lectura de cuentos. En ellos observamos a los personajes que los protagonizan y podemos ir elaborando inferencias sobre lo que sienten, notan o piensan, y ver, en función de lo que va ocurriendo, si hemos acertado o no. Los cuentos son siempre útiles para aprender todas estas tareas de las que venimos hablando.

Por ejemplo, veamos el siguiente cuento. Es un cuento muy conocido que circula por todas partes. No puedo decirte quién lo escribió, me encantaría, pero no lo sé y no he conseguido averiguarlo. Es muy cortito y lo protagonizan dos ranas…

LAS RANITAS EN LA NATA

«Había una vez dos ranas que cayeron en un recipiente de nata. Inmediatamente se dieron cuenta de que se hundían: era imposible nadar o flotar demasiado tiempo en esa masa espesa como arenas movedizas. Al principio, las dos ranas patalearon en la nata para llegar al borde del recipiente. Pero era in, útil; solo conseguían chapotear en el mismo lugar y hundirse. Sentían que cada vez era más difícil salir a la superficie y respirar.

Una de ellas dijo en voz alta: "No puedo más. Es imposible salir de aquí. En esta materia no se puede nadar. Ya que voy a morir, no veo por qué prolongar este sufrimiento. No entiendo qué sentido tiene morir agotada por un esfuerzo estéril". Dicho esto, dejó de patalear, se hundió con rapidez, y fue literalmente tragada por el espeso líquido blanco.

La otra rana, más persistente o quizá más tozuda, se dijo: "¡No hay manera! Nada se puede hacer para avanzar en esta cosa. Sin embargo, aunque se acerque la muerte, prefiero luchar hasta mi último aliento. No quiero morir ni un segundo antes de que llegue mi hora"».

> Siguió pataleando y chapoteando siempre en el mismo lugar, sin avanzar ni un centímetro, durante horas y horas, y de pronto, de tanto patalear y batir las ancas, agitar y patalear, la nata se convirtió en mantequilla.
>
> Sorprendida, la rana dio un salto y, patinando, llegó hasta el borde del recipiente. Desde allí pudo regresar a casa croando alegremente.

Charlemos un rato sobre el cuento para poner en práctica, con esta historia de las dos ranitas, todo lo que hemos aprendido hasta ahora. Podemos hacer dibujos sobre el cuento. ¿Te gustaría hacer uno?

Hablemos sobre qué te parece que sentían cada una de ellas, lo que pensaron, por qué hicieron lo que hicieron. Quién tenía LCI y cuál LCE (locus de control externo). Con quién te identificas más. A quién conoces tú que sea como cada una de las ranitas... Todo lo que se te vaya ocurriendo.

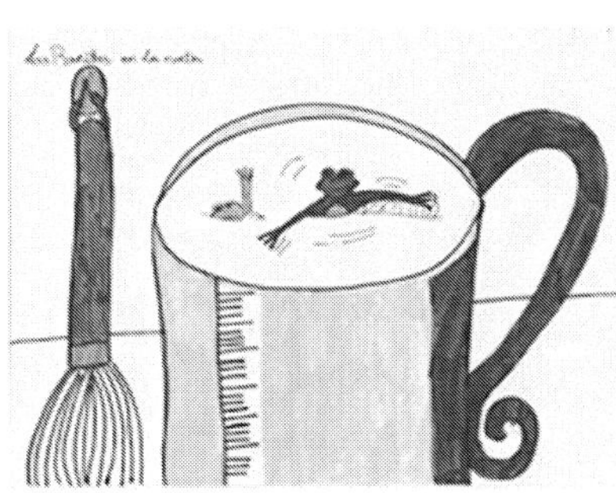

¿Crees que podríamos decir, como moraleja, esto que se expresa en la siguiente foto?

Los cuentos nos ofrecen siempre la oportunidad de tener material para analizar. En ellos vamos a encontrar personajes que experimentan emociones diferentes, pensamientos que se convierten en planes, secuestros emocionales, sensaciones que se explicitan y otras que podemos inferir… ¡Son historias muy útiles para ir practicando mentalización!

Te propongo que, cuando leas, te preguntes qué te parece que han debido de pensar, sentir y notar cada uno de los personajes de la historia. Por qué actuaron como lo hicieron y qué crees que habrías hecho tú de verte en el papel de cada uno de ellos. Vamos a imaginar, vamos a mentalizar, a meternos en las mentes de cada uno de ellos y analizarlos con el poder y la habilidad de la nuestra…

> **Si vamos a trabajar con niños más mayores o con adultos, y una vez que hayamos constatado que se comprenden bien los conceptos, podemos leer el cuento que se presenta a continuación y hacer el análisis propuesto. En el caso de este cuento, tampoco sé quién es el autor, lo compartió conmigo una amiga que a su vez había tenido el placer de escuchárselo a un amigo…*

IMAGINACIÓN E INGENIO

«Un cazador viaja a África y se lleva a su perrito foxterrier para no sentirse solo. Un día el perrito, persiguiendo mariposas, se aleja y se extravía, y comenzó a vagar por la selva.

De repente el perrito ve venir, corriendo, una pantera enorme. Seguro de que la pantera lo quiere devorar, piensa rápidamente lo que puede hacer. Ve un montón de huesos y se pone a mordisquearlos. Cuando la pantera está a punto de atacar, el perrito dice: "¡Uauuh...! ¡Qué rica estaba esta pantera que me acabo de comer"!

La pantera oye lo que dice, frena en seco, gira y huye despavorida pensando: "¡Este raro animal es capaz de comerme a mí también!".

Un mono que andaba trepando por un árbol cercano y que había visto y oído toda la escena, sale corriendo tras la pantera para contarle cómo había sido engañada por el perrito. Pero el perrito, que tiene una fina audición, oye al mono chivato contarle todo a la pantera y la repuesta que esta, muy enojada, le da al mono:

«¡Súbete a mi espalda y busquemos a ese perrito maldito, a ver quién se come a quién!».

Ambos salen en busca del foxterrier. El perrito ve regresar a la pantera, ahora con el mono chivato encima. "¿Y ahora, qué hago?" se pregunta, y en vez de salir corriendo, acto que posiblemente habría sido su perdición, se queda sentado dándoles la espalda como si no los hubiera visto. Cuando la pantera está a punto de atacarlo, el perrito dice:

"¡Pero qué mono más sinvergüenza! ¡Hace media hora que lo mandé traerme otra pantera y todavía no ha aparecido!"».

Como parece que decía Albert Einstein: «en los momentos de crisis, solo la imaginación es más importante que el conocimiento». ¡Viva la imaginación!

- **6 y 7. Actuar las emociones de forma adaptativa**.

Y **contarme** lo ocurrido con una **narrativa** que explique adecuadamente todo lo que he vivido y que me sirva para entenderme a mí mismo y a los demás un poco mejor y para saber qué hacer las próximas veces que me encuentre en situaciones parecidas.

Si tenemos en cuenta todo lo que hemos ido analizando en las páginas anteriores, tendremos más garantías de no ser víctimas de un secuestro emocional y arrepentirnos o tener problemas después, y cada vez iremos manejando más hábilmente nuestras interacciones con los demás. Sabremos reconocer qué es lo que nos está pasando a nosotros, qué es lo que les pasa a los otros y tendremos muy claro cuál es la mejor manera de actuar para que las cosas salgan bien. Y si lo hacemos así, nuestras tripas nos dirán después, cuando nos contemos lo que ha pasado, que lo que hicimos era lo que nos convenía más hacer porque no habrá angustia ni malestar ni dolor ni ningún signo de miedo o de rabia. Puede que haya un poco de tristeza al analizar lo que ha pasado, porque, en muchas ocasiones, la mayoría, hacer una cosa, es decir, elegir un camino, significa no haber podido elegir otros, y eso supone pérdidas que ponen triste. Pero no siempre se puede cumplir aquello que deseamos aunque sea también totalmente legítimo nuestro deseo…

Aquí vamos a aprovechar para conectar con el ejemplo ofrecido muy al principio. ¿Recuerdas a aquel amigo que se tiraba con el patinete por una cuesta muy empinada? Sí, ¿verdad? Pues vamos a ver, ahora que ya sabemos más cosas sobre todos los elementos que componen una experiencia que podemos vivir en cualquier momento, cómo sería el **equilibrio** ese del que también hablábamos muy muy al comienzo:

> El equilibrio se refiere a hacer caso a todos los elementos de los que hemos hablado, sensaciones, emociones, cogniciones y acciones, y ponerlos a trabajar conjuntamente y de forma coordinada.
>
> Si hacemos eso, todo nos va salir mucho mejor.

Repasemos ese ejemplo: ese compañero del que hablábamos me pide que me tire por una cuesta empinada con mi patinete. Yo miro abajo y siento miedo; además, noto escalofríos, taquicardia, dolor en la tripa y rigidez en la espalda, en las piernas y en los brazos (como suele ocurrir cuando se siente miedo); además escucho una voz en mi cabeza que me dice: esto es muy peligroso porque la cuesta es demasiado empinada y el suelo está lleno de piedras, voy a coger demasiada velocidad y puedo volcar con facilidad. No estoy suficientemente entrenado. Hace poco que monto en patinete y todavía no me siento seguro. Mejor voy a decirle que no y me iré a patinar a otra zona menos peligrosa. Y entonces hago justo eso que he decidido y que sé que es lo mejor para mí.

¡Si atendemos a lo que sentimos, notamos y pensamos, lo que hagamos a continuación va a ser siempre mucho mejor para nosotros!

¡Ah! Ya sé lo que estás pensando… Hay un pero importante aquí, ¿verdad? Y no lo habíamos mencionado. ¡Qué bien que te hayas dado cuenta! Eso era por lo que yo quería volver a este ejemplo justo aquí y ahora. Estás pensando que, si le digo eso a mi amigo, voy a sentir una emoción muy fuerte que no hemos mencionado en el análisis que hicimos al principio: el miedo a que se enfade y ya no quiera ser mi amigo. ¡Bravo! Esa es una cuestión fundamental, porque todos los seres humanos necesitamos que nos quieran y es muy importante para nosotros sentir que somos aceptados en un grupo: primero en nuestra familia y después en el grupo de amigos. Tan importante es esto que, a menudo, hacemos muchas cosas que no queremos hacer, que no nos gustan, que no nos convienen o incluso que son peligrosas para nosotros, solo para que nos quieran. ¿A qué sí? ¿Te ha pasado a ti alguna vez? Me encantaría que me hablases de ello.

Trabaja sobre esto en el EJERCICIO 5 del Anexo.

Esta es la razón por la que os decía yo, unos párrafos más arriba, que, en ocasiones, después de ocurrido un acontecimiento importante que nos ha hecho pasar por todas las fases que hemos comentado hasta llegar hasta aquí, podía aparecer algo de tristeza. Porque, si, siguiendo el ejemplo anterior, le decimos que no a nuestro amigo y se enfada con nosotros, sabemos que estamos corriendo el riesgo de perderle… A veces hay que correr esos riesgos, ¿verdad? Y siempre produce miedo y pena…

También es importante atender al enfado que nos queda dentro en muchas ocasiones en las que sentimos que, si no actuamos, no se habrá hecho justicia. Queremos vengarnos o darle la vuelta a todo. Sentimos que necesitamos un final distinto para la película que estamos viviendo…

Por ejemplo, a veces no nos queda más remedio que asumir que muchas de las conductas de nuestros amigos, compañeros, hermanos, o algunas cosas de la vida, o, lo que es más doloroso, de nuestros padres, no fueron buenas para nosotros. Y sabemos que no nos merecíamos que nos trataran así, y queremos vengarnos, lo necesitamos… Y aquí es donde entra eso que yo digo siempre de tener mucho cuidado con convertir un deseo en necesidad. El deseo es siempre legítimo, pero, si lo convierto en necesidad, estoy perdido, porque me quedo enganchado en el odio y el reproche y puedo ser muy infeliz el resto de mi vida, porque seguramente ni los otros ni las circunstancias de la vida van a cambiar, así que, una vez más, quien debe cambiar soy yo. Locus de control interno, ¿recuerdas?

Veámoslo con un ejemplo que a mí me gusta poner siempre en relación con este tema: supón que una persona sufre un accidente y pierde una pierna. Se sentirá muy enfadado con la vida y deseará recuperar su pierna. Soñará con volver a ser el que era antes y querrá volver a caminar y correr como lo hacía… Pero eso no va a pasar nunca… El deseo es legítimo, ¡claro! Es tan normal soñar con que aquello malo que nos ocurrió no nos hubiese ocurrido… Y desearlo. Pero si lo convierto en necesidad y me digo: «solo voy a ser feliz si recupero mi pierna, o sea, **necesito mi pierna para ser feliz»,** entonces, ¿voy a conseguir ser feliz algún día? No, ¿verdad? Exacto. Por eso, también en estas ocasiones, no nos queda más remedio que conectar con la tristeza para elaborar la pérdida (o las pérdidas) que hemos experimentado.

Así, en la narrativa que elaboremos para narrarnos a nosotros mismos y a los demás, a quienes deseemos contarles lo que ha ocurrido, debemos incorporar todos, TODOS, los elementos que han estado presentes de principio a fin. Entre esos elemento, habrá un buen puñado de pérdidas…

Haz la prueba, por favor, y elabora un relato completo de alguno de los episodios que hayas ido trabajando ya durante las pasadas páginas.

¡ENHORABUENA!

Con todo este esfuerzo que has realizado, has conseguido algo importantísimo: dar un paso de gigante en el trabajo de **HACER CONSCIENCIA**. Esta es la clave de todo proceso de psicoterapia y la clave del equilibrio para sentirse bien.

Espero que hayas aprendido, te haya gustado y te sirva lo trabajado aquí.

ANEXO

◆ EJERCICIO 1

Localiza diferentes situaciones en las que hayas experimentado las emociones que hemos descrito más arriba y busca las sensaciones, los pensamientos y la conducta asociados a esas emociones. Si notas diferencia, separa lo que notaste entonces (en el momento de suceder la situación) y lo que notas ahora (en el momento en que lo estás recordando para hacer este ejercicio). Verás que es interesante experimentar esas diferencias o notar que nada ha cambiado. De ello hablaremos más adelante y lo trabajaremos en otro ejercicio.

AMOR

Situación: ____

Sensación: ____

Pensamiento: ____

Conducta: ____

ALEGRÍA

Situación: ____

Sensación: ____

Pensamiento: ____

Conducta: ____

CURIOSIDAD

Situación: ____

Sensación: ____

Pensamiento: ____

Conducta: ____

MIEDO

Situación: ____

Sensación: ____

Pensamiento: ____

Conducta: ____

RABIA

Situación: ____

Sensación: ____

Pensamiento: ____

Conducta: ____

TRISTEZA

Situación: ______________________________

Sensación: ______________________________

Pensamiento: ______________________________

Conducta: ______________________________

VERGÜENZA

Situación: ______________________________

Sensación: ______________________________

Pensamiento: ______________________________

Conducta: ______________________________

◆ EJERCICIO 2

Busca de nuevo entre tus experiencias de los últimos días algún ejemplo de interacción con algún amigo, familiar o vecino, en el que las cosas se hayan estropeado o hayan acabado mal, y haz un análisis minucioso de las emociones que estaban involucradas respecto a ti y respecto a ellos.

Situación: ______________________________

____

Emociones de ellos: ______________________________

Lenguaje corporal, gestos, conductas de ellos:___________________
____
____

Mis emociones: ___________________________________

Mis sensaciones: __________________________________

Mis pensamientos: ________________________________

Mi conducta: _____________________________________

¿Cambia la manera de interpretar lo que pasó? ¿Y cambia lo que sientes en relación con tus amigos? Piensa y habla con la persona que te parezca apropiado sobre todo ello.

Más adelante hablaremos también de qué piensas tú que deben estar pensando los demás en esa situación. No sé si ya tú, espontáneamente, has pensado o hablado de ello. Si lo has hecho, ¡enhorabuena!, eso significa que ya estás utilizando herramientas que tienen que ver con algo que en psicología llamamos mentalización. Pero, como te he dicho, este es un tema del que hablaremos más adelante, así que lo retomaremos en algún otro ejercicio.

- **EJERCICIO 3**

Piensa en una situación en la que, al sentir una determinada emoción, no pudiste regularla y la actuaste de manera automática. El actuar así seguramente te trajo alguna consecuencia negativa y por eso es muy posible que después te arrepintieras de lo que dijiste o hiciste.

Me gustaría que primero escogieses una situación en la que la emoción que sentiste fuese rabia.

Emoción: **RABIA**

Situación: ____
____
____

Sensación que notaste entonces: ____________________________

Sensación que notas ahora: ________________________________

Pensamientos que tuviste entonces: __________________________
____

Pensamientos que tienes ahora: ____________________________
____

Conducta que llevaste a cabo entonces: _______________________
____

Lo que harías ahora: ______________________________________
____

¿Qué pasó después? ¿Te arrepentiste? ¿Y qué hiciste?: ___________
____
____
____

Emoción: **MIEDO**

Situación: ____
____
____

Sensación que notaste entonces: ______________________________

Sensación que notas ahora: ___________________________________

Pensamientos que tuviste entonces: ____________________________
____

Pensamientos que tienes ahora: ________________________________
____

Conducta que llevaste a cabo entonces: _________________________
____

Lo que harías ahora: ____
____

¿Qué pasó después? ¿Te arrepentiste? ¿Y qué hiciste?: _____________
____
____
____

◆ EJERCICIO 4

Párate a pensar un rato, reflexiona, mira adentro, sí, dentro de ti y, repasando un poco lo que has vivido y quién eres hoy, es decir, el resultado de haber ido creciendo, aprendiendo y haciéndote, en definitiva, tras todas esas experiencias que has vivido, dime qué necesidades se te ocurre que son las más básicas de un ser humano según aquello que a ti te parece básico para ti mismo.

Una puntualización, damos por sentado que en la base de la pirámide están aquellas que Maslow definió como primarias, que son las fisiológicas (alimento, respiración, descanso…)

____
____
____
____
____

◆ EJERCICIO 5

Seguro que alguna vez te ha ocurrido que has hecho algo que no querías por no perder el cariño o la amistad de la persona que te lo estaba pidiendo o sugiriendo. ¿Podrías explicármelo?

Situación: ______________________________________
____
____

Emoción: ______________________________________

Sensación: ______________________________________

Pensamiento: ____________________________________

Conducta: ______________________________________
____

CAPÍTULO VI: EL TRAUMA PSÍQUICO INFANTIL Y SU ABORDAJE DESDE UN MODELO DE PSICOTERAPIA BREVE

«¡Oh! ¡Horror! ¡Horror! ¡Ni la lengua ni el corazón pueden concebir ni nombrar esto!».

Macbeth, Shakespeare

Difícil, pero apasionante reto, el de hablar aquí del trauma psíquico infantil. Hablar (o más bien, escribir o, mejor todavía, transcribir mi soliloquio), reflexionar, tratar de explicar mi visión y cómo abordarlo desde nuestro modelo. Sí, interesante y complejo desafío.

Así pues, no vayamos a desbordarnos antes de empezar. Iremos despacio, con buena letra y desde el principio.

1. DEFINICIÓN

¿Qué les parece, una vez más, empezar con algo parecido a una definición? Lo intentaremos, no sin antes recordarles, como siempre, que este tema está magníficamente bien explorado por muchos colegas que ya han escrito otros tratados y manuales que pueden consultar y que, lo que yo pretendo aquí, es darles una visión profesional, pero desde mi propia experiencia, y tratando de destilar lo que considero básico para la comprensión y puesta en práctica de nuestro modelo.

Trauma es una palabra que procede del griego y que significa **herida**. Por eso, seguramente no sería una locura hacer una equivalencia entre el trauma psíquico (TP en adelante) y una herida en el alma. O algo por el estilo, ¿no les parece?

A su vez, podemos encontrar muchas equivalencias entre el trauma psíquico y el físico, y a mí me gusta utilizar esas analogías para profundizar despacio en esas heridas del alma. Permítanme pedirles que buceen conmigo en estas disquisiciones para ir incorporando nuestra manera de enfocar.

Primero, veamos cómo se comporta el organismo cuando sufre un atentado en forma de herida física, por ejemplo, en la piel.

La secuencia sería algo así: se produce **una herida en la piel** y, consiguientemente, saltan las alarmas, se advierte del peligro. El peligro más acuciante es el de **infección,** puesto que esta podría llegar a producir la muerte del cuerpo que sufrió la herida. Y ante este peligro de aniquilación es lógico y razonable que todo el organismo ponga en marcha los mecanismos oportunos para contrarrestar los efectos de la herida. Nuestro cuerpo está provisto, como saben, de un sistema de reparaciones que se pone automáticamente en marcha en cuanto saltan las alarmas. Parece que el proceso de cicatrización epitelial después de una herida conlleva una reacción en tres fases, a saber: inflamación, proliferación y remodelación.

Todo resuelto. Proceso preciso y aparentemente sencillo. Todo está calculado y tiene sentido.

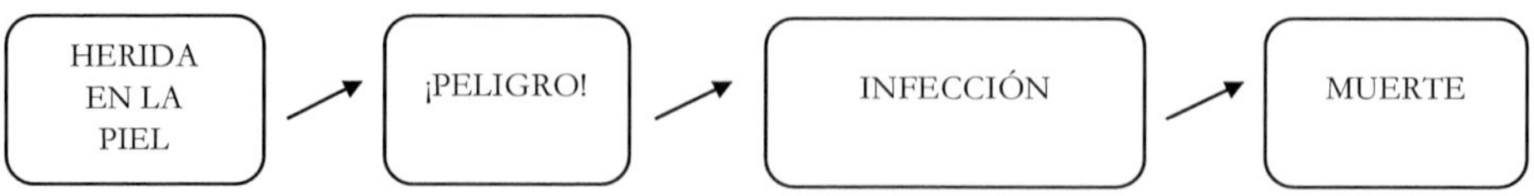

Comparativamente, cuando experimentamos un acontecimiento que produce un **impacto emocional** de considerable intensidad, estaremos de acuerdo en que eso dejará alguna secuela que podemos calificar de herida. Igual saltarán las alarmas. ¿Por qué? ¿Cuál es el peligro? La clave para responder a esta pregunta está en el **mensaje** que aportan las emociones así experimentadas, en lo que advierten. El mensaje asociado a la muerte, a la aniquilación, se ve muy claro ante la vivencia de algunos acontecimientos en los que la integridad física de uno mismo o de otros seres humanos cercanos (trauma vicario) se ve claramente comprometida, como en un accidente de coche o en un tsunami.

Pero, en otros casos, no parece tan claro ese mensaje. Cuando hablamos de experiencias infantiles de negligencia parental, de carencias en el apego, de falta de sintonía emocional u otras vivencias de esta naturaleza, digamos, más sutil, tan comunes en la infancia y que tanta huella dejan, ¿por qué se califican de peligrosas y hacen saltar alarmas? ¿Qué mensaje de riesgo conllevan? Yo sostengo que **el peligro es la desvinculación**. Si el niño legitima los mensajes asociados a las alarmas que se le disparan ante la conducta de sus mayores, «no son confiables, no sintonizan con tus necesidades, no te protegen, no te quieren lo suficiente, etc.», algo le dice que pone altamente en riesgo su relación con ellos. Y no está en condiciones de hacerlo. El niño necesita vincularse con sus figuras de apego para sobrevivir, si no lo hace, sabe que tiene menos posibilidades. De nuevo, el mensaje final es de peligro de aniquilación.

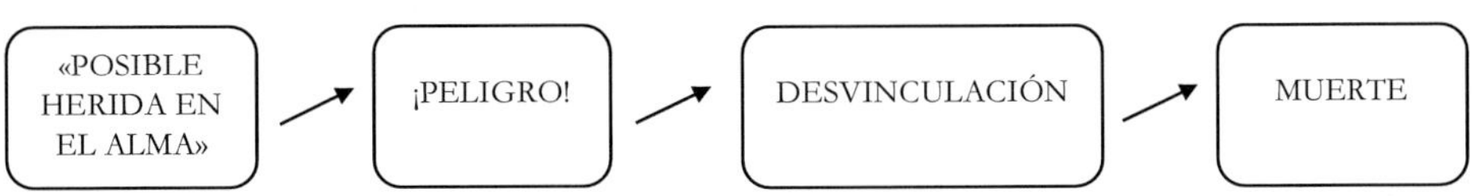

Tranquilos, también en este caso poseemos, de fábrica, un maravilloso y sofisticado sistema de cicatrización/reparación de heridas del alma. Y también se podría explicar de forma muy sencilla dividiéndolo en tres actuaciones fundamentales: **hablar de ello, pensar en ello y soñar con ello**. Si podemos llevar a cabo estas tareas con nuestras figuras de cuidado, la herida cicatrizará adecuadamente y la experiencia podrá transformarse en aprendizaje, pues la narrativa resultante contendrá todo el material necesario (traducido de manera adecuada) y generará las creencias apropiadas sobre mí mismo y lo que me rodea.

El problema es que ya en la primera de estas tareas se presentan importantes dificultades. Hablar de ello. «Hablar... ¿con quién? ¿Contarlo? ¿Qué contar? ¿Cómo contarlo? ¿A quién? Imposible. Se enfadarán, se decepcionarán, me castigarán, se morirán, no me querrán, me moriré...». Frecuentes estas preguntas y afirmaciones, ¿no es así? Son las que escuchamos siempre en las víctimas de sucesos traumáticos cuando consiguen hablar de ello años más tarde y nos cuentan qué pensaron de niños. Nuevamente, una amenaza mortal... Aunque el movimiento espontáneo de toda criatura humana cuando le sucede cualquier acontecimiento impactante sería acudir llorando a ser consolado y curado por mamá o papá (o la figura vincular responsable), en el caso de determinadas experiencias, la amenaza de la desvinculación (y con ella, de la aniquilación) obliga al silencio. Y el niño calla y la gangrena se extiende...

Quiero detenerme unos instantes en una de esas preguntas que me parece clave porque se extiende más allá de lo obvio, ¿qué contar? Así, aprovecho para repasar parte del material que ya hemos visto anteriormente. Ya hemos dicho que toda experiencia conlleva cierto contenido externo que puede ser fácil de relatar porque es aquello que se ha visto. Pero hay un monto importante de contenido interno, ese que se ha percibido, sentido o notado, porque supone sensaciones corporales y emociones que no resultan tan fácil de narrar. La dificultad estriba en que, para ello, es necesario un trabajo previo de **traducción**. Para el niño, es imposible organizar la experiencia interna sin la ayuda de unos referentes externos que, siendo capaces de sintonizar con esas sensaciones y emociones que está experimentando, puedan desarrollar esa tarea que supone reconocer, nombrar, legitimar y enseñar a manejar todo lo que engloban, o sea, capaces de traducir. La clave aquí está en el concepto de **sintonización**, la base de una respuesta contingente por parte de un cuidador y, por lo tanto, del apego seguro.

Pero, para que un cuidador pueda sintonizar con las necesidades de su bebé, ha tenido que ser, digamos, previamente entrenado en esta tarea y, en consecuencia, ha tenido que haber aprendido, a través de la interacción con sus mayores, a legitimar, etiquetar y regular sus propios estados de ánimo. Solo si hay una tarea previa de esta naturaleza en relación con el propio niño interior es posible hablar de sintonía y, con ella, de traducción y contingencia en la respuesta. Aquí, hemos visto que nos encontramos con conceptos y tareas tan interesantes como imprescindibles, como el de **mentalización**, asociado, irremediablemente de nuevo, a la sintonía de los cuidadores con respecto a las necesidades del infante. Poner mente a emociones y sensaciones es una tarea que depende de los otros y, en consecuencia, de su disponibilidad, receptividad, capacidad de sintonía, proximidad y responsividad. Supone un círculo vicioso del que es muy difícil salir pues, como decíamos, el contexto manda.

El contexto manda, sí, el sistema nos impone sus reglas y, estas dicen que ciertos temas no se airean. Y no solo temas tan claramente escabrosos como el abuso o el maltrato. No se airea tampoco lo mucho que duele y que asusta que mamá y papá no se lleven bien y discutan y se griten y se enfaden; que me dejen todo el día con una cuidadora que no habla mi idioma y que tiene que cuidarnos a mis hermanos y a mí, tiene que hacer las tareas de la casa y, además, está deprimida porque está a miles de kilómetros de su hogar, de sus padres y de los hijos que dejó allí y a los que echa horriblemente de menos…; que no haya tiempo para estar conmigo y contestar a mis preguntas; que a nadie le importe qué siento, por qué lloro o qué me preocupa y, por tanto, no se me pregunte por ello; que dude de mi derecho a ser querido y cuidado y protegido y, por tanto, no me atreva, reclamar nada de esto; que sienta que me tratan mal en el colegio y yo calle porque sé que no solo no lo van a entender en casa, sino que, muy probablemente, incidirán en que soy yo el culpable y me lo merezco o que debería quejarme menos y espabilar más y aprender a defenderme solo; que no se tengan en cuenta mis necesidades, pero que me pase el día escuchando que todo se hace por mí, por mi bien, por mi futuro, porque se quiere lo mejor para mí…

Conocido también, ¿verdad? ¿Y no es esto más frecuente en nuestras consultas que los tsunamis? ¿No son estos los pequeños o grandes tsunamis que vivimos de niños en nuestro día a día?

En fin, que dependiendo de cuál sea la naturaleza del acontecimiento traumático y cuál el discurso (mensaje, decíamos antes) que el contexto suele pronunciar sobre dicho acontecimiento, se nos permitirá hablar o se nos empujará a callar. Se nos silenciará y se nos invitará a pensar lo menos posible y pasar página «y a otra cosa mariposa, espabila que lo que tienes que hacer es animarte, ver el vaso medio lleno, darte cuenta de la suerte que tienes en realidad, si yo te contara…, la verdad es que no tienes motivos para quejarte, mira solo el lado bueno…» y otras lindezas por el estilo narradas con mejores o peores intenciones y recibidas (casi siempre) y, como mínimo, con indiferencia y, con peor suerte, con culpa («es cierto, si ya decía yo que soy una mala persona, me quejo de vicio, soy un desastre, no merezco lo que tengo, etc.»). **Ahí es donde se instala de forma definitiva una herida que difícilmente cicatriza...**

Ahí es donde el mecanismo de polarización cobra su máximo sentido y donde un extremo de dicha polaridad, vinculación-defensa, se impone sobre el otro.

Para garantizar que el silencio se mantiene, la mente humana ha generado lo que Pierre Janet llamaba un automatismo psicológico, un sofisticado Plan B que garantizará el mutismo y, en consecuencia, la vinculación. Este mecanismo es la **disociación**.

¡Ah, la disociación! Aparentemente sencillo mecanismo protector que consigue, indiscutiblemente, su objetivo: evitar a toda costa (a costa sobre todo de la integración de la experiencia) la desvinculación. **Así, a mayor riesgo de desvinculación, mayor nivel de disociación**.

Por eso, cuando hay herida traumática psíquica, hay siempre (en mayor o menor medida) disociación. Y por eso afirmó Pierre Janet, hace ya más de un siglo, que la naturaleza de la disociación es traumática. Aquí el fin justifica los medios... Y la disociación garantiza, por un lado, que el material traumático permanezca fuera de la consciencia y, por otro, que parte de la regulación se realice a través de las somatizaciones, el insomnio, la falta de concentración, la ansiedad generalizada, etc.

Ya hemos comentado anteriormente en este manual la importancia del exhaustivo estudio de la disociación durante la evaluación. Quiero insistir, solamente para terminar con esta introducción, en que los efectos de la disociación se observan en los tres ámbitos de actuación: físico, psíquico y somático con alteraciones que pueden ser notables a nivel de **relaciones sociales, somatizaciones y alteraciones emocionales**.

Cuando la disociación se instala, reina el desequilibrio y este queda incorporado al día a día. La persona que lo sufre no siente paz interior a pesar de haber conseguido zafarse de un gran peligro…

Así, **la salud es una cuestión de equilibrio**. Equilibrio a nivel psíquico, somático y contextual. Ya lo comentábamos (y lo trabajábamos) en el capítulo anterior cuando hablábamos de inteligencia emocional y de la manera que proponíamos de promoverla entre nuestros pacientes. Pero mantener el equilibrio dentro de cada uno de esos tres niveles y, a su vez, en la relación de cada uno con el otro, no es tarea fácil. Si la relación vincular con las figuras de apego se siente en riesgo, esta siempre gana, la integración pierde, la mente se desdobla…

En resumen, a pesar de la importancia que tiene el equilibrio para estar bien, para tener salud, el ser humano está preparado para saboteársela y perderla, en aras de un fin más grande: la vinculación, la pertenencia. Parece que, en este caso, como decíamos más arriba, el fin justifica los medios…

Sabemos que, cuando un niño crece en determinadas circunstancias, se encuentra con muchas experiencias que no puede compartir, que está obligado a silenciar y, por lo tanto, a dividir, a no integrar. Tales experiencias nunca se podrán transformar en aprendizaje y siempre quedarán en la sombra y producirán dolor, sufrimiento, síntomas, inquietud, angustia… y lo que es casi peor que todo ello, y en lo que ya venimos insistiendo: **creencias sobre uno mismo y sobre el mundo totalmente erróneas, además de limitantes y empobrecedoras**.

¿De qué depende entonces que esa herida en el alma de la que hablábamos siga abierta y no cicatrice? De que nuestra experiencia interna sea reconocida, legitimada y regulada a través de la traducción contingente y la conversación empática con nuestras figuras de apego. Si se puede dar todo esto, la herida cicatrizará. Si se silencia, la herida puede llegar a ser muy, muy profunda…

¿Posible definición de trauma psíquico infantil después de estas reflexiones? Pues permítanme que resuma la definición de la siguiente manera: **traumático es para un niño tener que guardar silencio en relación con cualquier cosa que le ocurre**. Traumático es que sus experiencias no sean vistas, legitimadas, escuchadas y sostenidas. Traumático es que su voz sea silenciada. Traumático es tener que protegerse a través de la división, el síntoma o la locura… porque sus figuras de protección no están en sintonía con sus necesidades y no encuentra otra salida porque no la hay.

6. Así, en mi opinión, **el trauma psíquico infantil es la herida resultante de verse obligado a silenciar, negar e incluso disociar las experiencias vividas con alto impacto emocional que debieran haber sido compartidas con las figuras de apego para adquirir significado, así como para generar las adecuadas creencias sobre uno mismo y el mundo y, consiguientemente, posibilitar la adaptación y el aprendizaje**.

Por desgracia, según estudios recientes, el trauma en la infancia es tan frecuente que debe ser considerado normativo. Es la norma, lo normal. ¿Sorprende? Por supuesto que no. Al niño se le silencia demasiado a menudo. Al niño no se le traduce su experiencia interna, al niño se le pide que no sea niño desde muy temprano, demasiado pronto… Solo en lo que concierne a la victimización sexual, en Europa, uno de cada cinco niños (*One in five* es el lema de una campaña de sensibilización impulsada por el Consejo de Europa) sufre una experiencia de dicha naturaleza.

Desde esta manera de ver las cosas, cualquier acontecimiento de la vida es susceptible de convertirse en traumático.

2. ABORDAJE

Si traumático es tener que guardar silencio, reparador será poder dar voz a eso que se ha silenciado ¿no les parece? Si el problema es la disociación, habrá que trabajar la integración. **Integrar dando voz a la experiencia interna**. Esa sería nuestra meta con el trauma.

¿Cómo hacemos esto?

Vamos a verlo despacio…

En el capítulo anterior ya hemos planteado un trabajo importante al respecto. Aprender a reconocer las emociones propias y ajenas, saber etiquetarlas adecuadamente, legitimarlas y poder regularlas para expresarlas de forma apropiada es el primer paso para aprender a hacer consciencia de nuestra experiencia interna. Y si eso lo hacemos dentro del vínculo, tal y como proponemos desde nuestro modelo, resulta siempre más eficaz, porque la participación de las figuras de apego es siempre una garantía de que el niño no siente la amenaza de la que venimos hablando, la amenaza acerca de la relación y la pertenencia.

Déjenme que vuelva a insistir en este punto aún a riesgo de resultar pesadísima. Recuerden que, aunque suene extraño (a nosotros, profesionales de la salud mental no debería resultarnos así), el niño es perfectamente capaz de inmolarse por garantizarse vinculación y pertenencia. Sus síntomas están asociados a ello. Son la expresión de su sacrificio, de su renuncia a la legitimación de sus necesidades por esa extraordinaria causa mayor. No van a cambiar si no hay garantía de que su relación con sus figuras vinculares no corre peligro. En el adolescente, las tendencias suelen estar, lógicamente, más equilibradas. La parte de sí mismo que lo empuja a reivindicar su propia experiencia, sus necesidades, su malestar, es más fuerte. Pero la parte Emocional (PE) infantil que se encarga de sostener el miedo a la desvinculación está igualmente presente y necesitará las mismas garantías, aunque intente aparentar lo contrario. Pero esto ustedes ya lo saben... Disculpen de nuevo por resultar tan machacona.

Para esquematizar, digamos que la tarea principal podríamos resumirla en que necesitamos trabajar en hacer consciencia, en **generar memoria explícita**. Y para ello tenemos dos vías fundamentales: 1) generando memoria semántica y autobiográfica y 2) transformando memoria implícita en explícita.

Para la primera tarea es perfecto todo lo que ya hemos visto en el capítulo anterior. Trabajando en los temas que nos parecen importantes: apego, emociones, mentalización, empatía, necesidades, disociación, etc. ya estamos abordando las tareas relativas a la memoria semántica. Sería lo que los psicoterapeutas llamamos trabajar en **psicoeducación**.

Estarán pensando que ya hemos empezado con este trabajo durante la evaluación que hemos llevado a cabo. Y así es, porque ya hemos ahondado en el conocimiento de determinadas cosas y su relación con lo que está pasando a través de la interpretación que le damos nosotros a la luz de las teorías que manejamos. Eso ya supone ir aprendiendo, incorporar nuevos puntos de vista, hacer conexiones... Y, además, si eso lo hacemos con la línea de vida delante, nos permite generar la **memoria autobiográfica** necesaria para terminar de ver el sentido a todo lo que nos ha venido ocurriendo. Perfecta expresión de lo que llamamos memoria explícita.

Mi consejo, pues, es que piensen siempre en esto y que no pierdan oportunidad de generar consciencia de esta forma. Es la manera más utilizada históricamente por los profesionales de la psicoterapia. Utilizar funciones superiores (cognitivas sobretodo) para comprender las inferiores (corporales y emocionales). Entender, desde el conocimiento que aportan las diferentes teorías, por qué parece que funcionamos de determinada manera y así generar memoria semántica (la memoria de los hechos). Después, desde ese conocimiento general, trabajar en un reconocimiento y en la comprensión de la propia historia. Insistir aquí en la importancia de utilizar herramientas como la línea de vida y el genograma.

Pero ya saben que trabajar así, con los enfoques llamados de arriba abajo, aunque eficaz, no es definitivo. Debemos trabajar también de abajo arriba. Debemos transformar memoria implícita en explícita. Esta es una tarea compleja que vamos a abordar a continuación.

3. EL TRABAJO CON LA MEMORIA IMPLÍCITA. EMDR

Hay muchas maneras de trabajar con la memoria implícita para poder hacer consciencia de lo que nuestro cuerpo recuerda y, de esa manera, convertirla en explícita, pero nosotros vamos a hablar aquí, fundamentalmente, de cómo hacemos este trabajo con una técnica que nos parece fundamental por su demostrada eficacia: EMDR.

- **Qué es EMDR**

Es el acrónimo en inglés de *Eye Movement Desensitization and Reprocessing*. Acrónimo que da nombre a una técnica psicoterapéutica especialmente indicada para el trabajo con las experiencias traumáticas y que se traduce como: desensibilización y reprocesamiento por el movimiento ocular.

Fue desarrollado por Francine Shapiro en 1987 con el siguiente presupuesto teórico: «la existencia de un sistema innato en todos los seres humanos fisiológicamente orientado a la salud. El sistema se activaría esencialmente, y de forma natural, durante la fase R.E.M. del sueño con el movimiento sacádico de los ojos, lo cual se estima que favorece la sincronización de la información atesorada en ambos hemisferios cerebrales. En condiciones ideales, la información somato-sensorial, emocional y cognitiva quedaría así perfectamente integrada y esto conferiría al individuo la oportunidad de elaborar una respuesta adaptativa en relación con los retos del día a día y de producir aprendizaje».

La patología se crearía al bloquearse dicho sistema al que Shapiro llamó inicialmente S.P.I.A. (sistema de procesamiento de la información de forma adaptativa) y al que se conoce en la actualidad mayoritariamente por el acrónimo P.A.I. (procesamiento adaptativo de la información). El bloqueo supondría que la información referente al suceso que se ha vivido queda aislada del resto de redes neuronales y no integrada.

Reproducir voluntariamente, y en nuestra consulta, el trabajo que el cerebro realiza de forma espontánea en sueño R.E.M. fue la genial inspiración de Shapiro. Y eso es lo que hacemos cuando les pedimos a nuestros pacientes que sigan el movimiento de nuestros dedos con sus ojos procurando no mover la cabeza. O cuando les hacemos toques alternantes en sus manos, piernas u hombros (toques o *tapping*) o les ponemos unos auriculares con un sonido igualmente alternante. Son las diferentes maneras de producir lo que es la esencia del funcionamiento de EMDR o de lo que hace nuestro cerebro en R.E.M.: la **estimulación bilateral**. Esta es la responsable de esa sincronización hemisférica de la que hablábamos antes.

La información acerca del suceso traumático que ha quedado aislada se almacena de forma excitatoria en espera a ser atendida, narrada, explicada, legitimada y, en consecuencia, correctamente integrada. Por eso produce, como ya hemos venido diciendo, diferentes síntomas. Hablar y pensar sobre ello para después soñar y poderse procesar en fase R.E.M. sería el camino adecuado para esas experiencias emocionalmente impactantes. Y es por eso que reproducir ese mismo modelo de trabajo con las experiencias vividas y no integradas en la consulta conlleva tan buenos resultados.

Al principio, Francine Shapiro pensó que solo estaba desarrollando una manera extraordinariamente eficaz para desensibilizar, pero los llamativos e interesantes resultados que iban consiguiendo sus pacientes, le llevaron a pensar que se estaba produciendo algo más que desensibilización, que había algo más. A ese algo ella lo llamó **reprocesamiento**.

Este supone esencialmente un **cambio drástico y duradero en el sistema de creencias del individuo** cuando se trabaja adecuadamente con la estimulación bilateral.

Esto es lo que convierte a la técnica, a mi juicio, en una forma revolucionaria de trabajo, pues supone estar presenciando cómo un proceso que generó de forma inexorable (en un momento vital determinado) una narrativa tan incompleta e incoherente con la experiencia vivida como consecuentemente falsa y desadaptativa es invertido y transformado en otro muy distinto: el de la saludable integración de la experiencia, con una narrativa, por supuesto, del todo distinta, una narrativa coherente, completa, integradora y eficaz adaptativamente hablando.

Supone ser testigo directo de la curación, créanme. Por eso se habla tanto de magia cuando se comentan sesiones de EMDR Y quizá tenga mucho más sentido del que creemos que así se haga. Verán, no es tan disparatado... Recuerden que hemos dicho en otro capítulo que la palabra magia procede de la palabra griega *mageia*. Decíamos que el término lleva implícita la idea de poder, el de transformar la realidad con resultados contrarios a las leyes naturales. Y que el mago es un sabio que ostenta ese poder (a su vez, originariamente una acepción de la palabra mago era la del sabio que interpreta los sueños, interesante, ¿no?). Según hemos visto, naturalmente las vivencias traumáticas se disocian en aras de mantener la vinculación y producen síntomas que molestan y provocan sufrimiento. Pues bien, en la consulta hacemos la magia necesaria, ayudados por EMDR, para conseguir resultados contrarios a lo que las leyes naturales han impuesto al lograr eliminar esos síntomas y el sufrimiento asociado, y empoderar a nuestros pacientes a partir de la reexperimentación segura y las nuevas creencias que esta genera. Bien, pues, díganme si en la consulta no estamos haciendo, de alguna manera, algo de magia...

• Por qué funciona EMDR

Las neurociencias han venido a explicarnos por qué funciona la estimulación bilateral (y a definir las bases fisiológicas de la magia de EMDR).

Parece que el poder de la estimulación bilateral está asociado, esencialmente, con el efecto que produce sobre la amígdala (estructura límbica responsable de la desconexión digamos que por sobrecarga emocional) que responde maravillosamente a los efectos desensibilizantes (o relajantes) que dicha estimulación bilateral produce. Hay más interesantes efectos positivos que se observan en diferentes estudios de investigación, como la resincronización de los hemisferios o el aumento de la actividad de estructuras cerebrales como el cíngulo o el tálamo. Estructuras, todas ellas, implicadas en ese ejercicio de integración de la información tan necesario para contrarrestar los efectos de un acontecimiento traumático.

El *arousal* amigdaloideo elevado que se observa tras la experimentación de un acontecimiento emocionalmente impactante (como tan maravillosamente nos explica J.LeDoux) se ve, pues, claramente disminuido tras la aplicación de la técnica y esto es lo que permite la integración de la información que una vez fue disociada y que nuevamente va a poder circular por las vías apropiadas.

Estas vías favorecen la conexión y, en consecuencia, la integración de esa información con la proveniente de la corteza cerebral, con lo que ofrecen la posibilidad de poner mente a nuestros afectos (mentalización, recuerden). Dicha integración se produce a nivel del tálamo, que es una estructura clave en este proceso y que por eso ve incrementada su actividad. Así es como se generan las opciones que facilitan el cambio en las creencias negativas.

No hay nada que otorgue más poder que saber, conocer, experimentar con consciencia. Por eso las sesiones de EMDR en las que vemos transformarse la experiencia implícita en explícita son tan empoderantes. Por eso son tan importantes la desensibilización que permite el desbloqueo y el reprocesamiento que genera creencias tan prodigiosas como «yo puedo».

4. EMDR Y LA PSICOTERAPIA BREVE CON NIÑOS Y ADOLESCENTES

En el trabajo con los más pequeños, la aplicación de EMDR resulta extremadamente eficaz, puesto que las redes neuronales que sostienen las creencias desafortunadamente erróneas no son muy gruesas y la posibilidad de generar probabilidades de nuevas respuestas alternativas más eficaces es muy alta (recuerden que la memoria es una cuestión de alterar probabilidades...)

Pero la forma de utilizar la herramienta ha de ser específica y congruente con las premisas que hemos establecido como fundamentales para sostener la adaptación y la pertenencia al sistema (recuerden la polaridad de la que hablábamos en el capítulo de las emociones y que comentábamos que es preciso preservar). En este sentido, en mi opinión, es muy diferente el manejo que debe realizarse en relación con las creencias asociadas a las experiencias. Es decir, no siempre nos va servir el protocolo básico que propuso Francine Shapiro.

Permítanme que resuma mínimamente la esencia de dicho protocolo y que después les muestre mi propuesta de cambio para el trabajo con los más pequeños.

◆ Protocolo básico de EMDR. A modo de un brevísimo resumen...

Está dividido en ocho fases: 1. Historia, 2. Preparación, 3. Medición, 4. Desensibilización, 5. Instalación de la cognición positiva, 6. Chequeo corporal, 7. Cierre y 8. Reevaluación.

La base de trabajo con la estimulación bilateral es el enfoque en los siguientes aspectos del suceso diana que se ha elegido para la desensibilización y el reprocesamiento: el ***I**nput* sensorial, la **C**reencia asociada, la **E**moción que se experimenta al evocar de nuevo el suceso y las **S**ensaciones corporales que se registran. Al recoger las iniciales de esos aspectos del suceso (y que he puesto en negrita), verán que podemos construir el acrónimo **I.C.E.S.**

Durante la fase 3 del protocolo, la medición, «construir el ICES» es una tarea primordial para el psicoterapeuta. Vean que esto asegura la presencia simultánea de todos los elementos de la experiencia y eso es fundamental, es una garantía.

A su vez, es importante destacar que trabajamos siempre en el aquí y el ahora, lógicamente. **Una característica fundamental de un evento traumático es que se reexperimenta** tal cual fue experimentado en el momento en el que sucedió, cada vez que es evocado en el momento presente. La memoria traumática no recuerda, reexperimenta, por eso, debemos siempre medir la perturbación y el poder de las creencias con relación al presente, al ahora.

Este protocolo básico es sumamente eficaz para el trabajo con trauma simple, pero es más complicada su aplicación para los casos que situamos dentro del espectro de lo que nos gusta considerar (siguiendo a Judith Herman) trauma complejo. En estos casos, es imprescindible alargar la fase de preparación y trabajar los aspectos asociados a la disociación para garantizarnos una correcta forma de abordaje y el éxito del funcionamiento de la técnica.

Del mismo modo, y como ya decíamos más arriba, la aplicación con niños también requiere modificaciones que seguramente ya están pensando que son obvias. En efecto, es fácil ver, por ejemplo, que con los niños vamos a tener serias dificultades para construir ese ICES del que hablábamos. Por varios motivos. Uno de ellos es también el gran enemigo de cualquier trabajo terapéutico en trauma y, desde luego, con EMDR, la **fobia a la reexperimentación**. Los niños no van a mostrarse nunca dispuestos a meterse en el ojo del huracán así como así, voluntariamente, solo porque se lo pedimos nosotros, ni siquiera aunque les estemos insistiendo en que es lo mejor para ellos. Así que, necesitaremos de nuestra mejor y más creativa manera de trabajar para poder ayudarlos con la estimulación bilateral. Los psicoterapeutas infantiles que trabajamos con EMDR sabemos de hacer encajes de bolillos para conseguir que el niño conecte emocionalmente con aquello que sucedió y que a toda costa lleva tiempo evitando...

Otra cuestión obvia que distancia el trabajo con EMDR con niños del protocolo básico son las **cogniciones, las creencias**. En mi opinión, dependiendo de la edad, el niño no está preparado para trabajar con cogniciones, con creencias sobre sí mismo y sobre el mundo que lo rodea. Así como para hacerlas explícitas y manejarlas con cierta destreza. De hecho, me arriesgaré a decir que el niño pequeño no está preparado para trabajar explícitamente con casi nada... Me explico, pienso (y mi experiencia es la que me ha hecho sostener esta afirmación) que el niño trabaja mejor de forma simbólica. De esta manera, conseguimos los efectos deseados y no hemos interferido en su natural y particular manera de ir aprendiendo a afrontar los acontecimientos. En realidad, esta manera de trabajar encaja a las mil maravillas con el paradigma teórico de EMDR que, como recordarán, decíamos que se basa en la afirmación de la existencia de un sistema de procesamiento de la información que se bloquea y genera síntomas. Nuestra tarea debería ser, principalmente, **desbloquear** ese sistema y permitir que su natural manera de procesar sea posible. Sin más. Es lo que hacemos en una sesión clásica de EMDR con un adulto cuando hemos construido un ICES y confiamos en que el cerebro del paciente vaya haciendo su trabajo y procuramos interferir lo menos posible.

Esto no implica que no consideremos trabajar con algunas de esas cogniciones, pero de forma limitada, restringiendo a solo algunas muy básicas. Hablaremos de ello más adelante y veremos algunos casos en los que quedará ejemplificada esta forma de proceder.

Así pues, entre el material con el que sugerimos trabajar para hacer posible ese desarrollo simbólico está la caja de arena.

- **La caja de arena**

«En mi juventud, recolecté primero una miscelánea de material, crayones de colores, pequeños juguetes de todas las clases, hojas de papel y pequeñas cajas de fósforos y guardé todo en lo que vendría a ser llamado por mis niños *La Caja Mágica*». (Lowenfeld, 1979)

Margaret Lowenfeld es la primera persona que viene a la mente cuando se trata de explicar la historia de una técnica tan interesante como la caja de arena. De hecho, el uso terapéutico de figuras en miniatura y otros materiales dentro de una caja se le adjudica a ella. Comenzó por los años 20 y, al ir trabajando con los niños en su clínica, estos llamaban al mueble donde la pediatra inglesa solía guardar todo este material «el mundo». Así fue como la técnica fue bautizada originariamente como **la técnica del mundo**.

La base de todo el concepto teórico que alberga el trabajo con la caja de arena es que, si a los niños se les dan los materiales apropiados, ellos encontrarán la manera de comunicar su experiencia interior.

Por eso nos gusta tanto…

Los elementos básicos son la arena y los objetos que vamos a poder poner en ella (aunque la protagonista es la arena), en un espacio determinado y en presencia del terapeuta. Veremos por qué esto es tan importante...

La siguiente mujer que está detrás de la historia de la técnica es Dora Kalff, discípula de Carl Jung y que estudió esto de la construcción de mundos tras escuchar a Lowenfeld en un congreso en 1937 en París. Contribuyó al desarrollo de la técnica con la ayuda y el asesoramiento de Jung y la bautizó *Sandplay.* Aunque Dora Kalff es la autora que más contribuyó a la difusión de la técnica, siempre reconoció su deuda hacia Lowenfeld y declaró su gran intuición al generar una manera de permitir que el niño construya su propio mundo en una caja de arena. La base teórica jungiana sostiene que con la caja de arena se pierden las defensas propias del nivel consciente y se entra en el mundo de lo inconsciente.

Desde muchos frentes otros autores fueron contribuyendo al desarrollo de esta poderosa técnica. Por ejemplo, Erikson fue el primero que extendió su uso con adultos jóvenes.

- **Características de la caja, material e instrucciones**:

Este es un tema que no deja de ser polémico por la diferencia de opiniones entre los más puristas y los que no lo somos tanto.

Erikson demostró en dos grandes estudios llevados a cabo con jóvenes en la universidad de Harvard y con adolescentes estudiantes británicos la poca correspondencia entre las instrucciones y el comportamiento de quien construye. Se sostiene que son mínimas las instrucciones necesarias.

En relación con la forma de la caja, aunque suele ser rectangular, hay autores que han llegado a trabajar incluso con cajas circulares. Erikson solía trabajar con una caja cuadrada.

Así mismo, el común de los terapeutas que trabajan con la caja de arena sostiene que los materiales deben colocarse por categorías y, en general, se sugieren concretamente ocho: edificios; árboles y arbustos; cercas y portones; animales salvajes; animales domésticos; transporte; personas; y materiales multiusos tales como cordeles, plastilinas y papel. Aunque la lista suele ampliarse con categorías como la de animales fantásticos y figuras humanas de fantasía y de folklore, o elementos del espacio sideral. Pero, así como la mayoría defiende esta categorización, también hay terapeutas que sostienen la importancia de presentar al paciente los materiales en desorden para mantener el valor de hacer hincapié en el estudio de la necesidad de crear orden.

En fin, como ven, posiblemente podemos decir que hay tantas formas de utilizar la caja de arena como terapeutas. Y como pacientes y sus necesidades particulares... En mi opinión, lo importante es que uno tenga claro ese concepto básico de lugar cerrado y contenedor donde se puede trasladar la experiencia interna en la segura compañía de la figura del terapeuta. **Y no perder de vista nunca por qué y para qué estamos haciendo lo que estamos haciendo**. Parece sencillo o incluso rarísimo, pero ya saben que no siempre el sentido común es el más común de los sentidos... Y por eso hemos estado insistiendo tanto en ello en este manual.

Otra cuestión importante es la de la **intervención activa del terapeuta**. Originariamente se consideraba casi una aberración interpretar, preguntar o interferir de cualquier otra manera. Se recomendaba tomar fotografías de las cajas que se iban configurando y presentar luego la evolución al paciente.

En la actualidad, los más puristas siguen trabajando así. Pero nuestro enfoque trata de abreviar las intervenciones y estamos convencidos de que se puede ayudar al niño a recuperar la total capacidad para el funcionamiento adaptativo en el mundo con la intervención empática adecuada.

De hecho, me van a permitir, queridos colegas, que les confiese que no creo en otra manera de hacerlo. Y les voy a explicar por qué. Una vez más, les recuerdo que mis conclusiones son el producto de años de experiencia, estudio y reflexión. Ahí va mi hipótesis: hemos quedado en que el niño que viene a la consulta trae una importante cantidad de experiencia interna silenciada y que nuestro principal objetivo es que pueda hacer consciencia de esa experiencia y llegar a darle voz y narrativa. Cuando es colocado frente a la caja de arena, ya se le está dando la oportunidad de expresarse, sin duda. Pero necesita más. Necesita ayuda para más. Una parte de su experiencia interna que constituye memoria implícita y que no tiene palabras va a poder expresarse y simbolizarse maravillosamente con la manipulación de las figuras en la arena. Pero el desarrollo de la conciencia del niño le pide **traducción** de sus sensaciones **y una narrativa** que explique y dé significado (como ya hemos ido comentando antes). Si no le servimos de ayuda en este proceso, seguiremos siendo, en cierto sentido, cómplices de ese desamparo a la hora de encontrar en el vínculo con un adulto la seguridad y el apoyo imprescindibles para superar los distintos retos vitales con que se ve obligado a enfrentarse. Como ya decíamos en los primeros capítulos, cuando un niño está en nuestra consulta, suele significar que, de alguna manera, se han producido fallos en el proceso de reconocer, legitimar, traducir y regular su experiencia interna y que, posiblemente, seremos las primeras personas que consiguen VER. Como ya les decía, **VEAMOS, VEÁMOSLO Y AYUDÉMOSLO A TRADUCIRSE**.

Ese es el empujoncito que yo propongo en la intervención con la caja de arena. Empujón que, traducido a cuestiones concretas de intervención, se reduce a colaborar en la construcción de una narrativa completa y coherente de la que se desprendan las creencias adecuadas.

Permítanme que les deje aquí un párrafo de la analista jungiana Eva Pattis, quien tanto lleva analizado, estudiado y publicado sobre este tema:

> «Es solamente de esta manera que la terapia con caja de arena revela todo su potencial como un instrumento psicoterapéutico diferenciado. Lo inexpresable o lo que nunca ha existido y todos han experimentado encuentra una manifestación inicial como formas crípticas en la arena. Estas formas están acompañadas por emociones. Estas emociones poco a poco asumen la forma de imágenes visuales cargadas con contenido simbólico. Este contenido simbólico o significado adicional conduce a través de la asociación a nuevas imágenes relevantes, –tal vez de la biografía del paciente, tal vez de imágenes colectivas de la humanidad– y éstas, a su vez, se convierten en episodios de una narrativa. El descubrimiento de palabras conduce a la formación de pensamientos y conceptos. Ejercitando la paciencia y omitiendo pasajes innecesarios, nos reembarcamos con la caja de arena en el largo camino del desarrollo de la conciencia. Si logramos hacerlo con éxito, espacios vacíos y traumáticos en la historia personal del paciente serán sanados».

No podría estar más de acuerdo. Descripción perfecta. La única diferencia que nuestro enfoque pretende está en relación con la participación activa del terapeuta en todo este proceso.

¿Cómo? Con mucho cuidado, por supuesto. Veámoslo despacio:

- Lo primero es permitir la **espontaneidad** del niño. Con los más pequeños suele ser más fácil porque dicha espontaneidad está casi garantizada nada más entrar en la sala y ver la caja de arena y el material del que disponen para jugar. Los más pequeños tienen menos restricciones y van a desarrollar un mundo, un juego o lo que sea que les propongamos (o lo que no les propongamos) con pocos problemas, pero a medida que el niño es un poco más mayor, hay más limitaciones conscientes que le van a obligar a mostrarse más cauteloso. También es más fácil observar cautela cuanto más dañado está el niño. Nosotros aquí sugerimos buscar el equilibrio entre proponerle alguna actividad y guiarlo de alguna manera, y permitir su espontaneidad.

Hay **una sugerencia** que yo me atrevo a hacer en la mayor parte de los casos y que me ha dado muy buenos resultados. Como el niño tiene más dificultades para conectar con aquello que molesta y que de alguna manera considera (o es considerado por su entorno) como malo, es lo primero a lo que yo doy representación. Y lo hago sugiriendo un juego en el que un héroe debe enfrentarse a los malos, que están representados por un castillo que introduzco en la caja de arena cuyo propietario es un brujo que está elaborando una poción mágica con muy malas intenciones… Cuáles pueden ser dichas intenciones y cómo hacer para impedirle que lleve a cabo sus planes y venza es ya tarea del chiquitín (o del no tan pequeño). Como ya estarán pensando, hay un montón de posibilidades en esta intervención. Las hay, y nos proporcionan mucha información sobre las construcciones imaginarias del niño, sus estilos de afrontamiento, sus defensas inconscientes, su estilo atributivo, etc.

Lo importante aquí es estar muy atento a la manera simbólica de representar todo esto. A veces los niños se muestran más literales que simbólicos porque se imponen muchas restricciones y no pueden terminar de dejarse mostrar… Es tarea nuestra ayudarlos a poder hacerlo. La caja puede ser el espacio donde exteriorizar y expresarse.

A veces ayuda distanciar los materiales de lo más estrictamente humano. Es decir, por ejemplo, trabajar exclusivamente con animales puede ser una manera de dar más distancia y colaborar a la externalización.

- En un segundo momento habremos de captar el **significado simbólico** de lo que el niño está representando y las posibilidades que nos ofrece para la intervención. Si conseguimos descifrar el significado de lo que el niño está expresando, es decir, la relación con el síntoma que manifiesta y que es el que le ha traído hasta nuestra consulta, podremos, poco a poco, ir transformando ese modo de expresión en palabras que le ayuden a organizar su experiencia. Es decir, utilizaremos la arena como ese **espacio transicional** del que hablaba Winnicott para establecer esa conexión temida y evitada entre las representaciones carentes de sentido que ha construido el niño en relación con lo traumáticamente experimentado (y simbolizadas ahora a través del juego que ha inventado) y lo que realmente teme y que se ve incapaz de nombrar.

Lo haremos **traduciendo** las emociones asociadas, legitimándolas y actuándolas a través de la historia, los personajes y la arena. Y continuaremos desarrollando un hilo conductor narrativo que le explique y le dé significado.

Siempre marcharemos al ritmo que el niño vaya necesitando. Esta tarea puede requerir tres sesiones o doce. O las que sean. Debemos respetar los ritmos de cada uno.

- En un tercer momento, hay un elemento crucial que me parece ineludible considerar: el trabajo con **las creencias**. Como comentábamos más arriba, este es un tema complejo con los niños. ¿Cómo lo haríamos? Hemos dicho que nos gusta ser restrictivos y trabajar solo con algunas, las imprescindibles. Algunas de ellas están asociadas a la tarea de proceder a empoderar al niño después de haber trabajado con la experiencia pasada. Es decir, cuando el trabajo de simbolización, traducción y conexión está hecho y es bien tolerado por el niño, para mí es importante centrarse en el **empoderamiento**. En términos de la teoría del trauma (y de EMDR), habríamos desensibilizado y procederíamos a instalar una creencia positiva. Es algo que corresponde con la secuencia habitual de trabajo con trauma y que se enfoca en el futuro, donde es imprescindible trabajar lo que llamamos ansiedad anticipatoria. Detrás de esta, encontramos la creencia no soy capaz o no puedo.

Desde nuestro modelo, consideramos que dicha creencia puede (y, en muchos casos debe) ser sugerida por el terapeuta. Suele ser imprescindible hacerlo con los más pequeños. También depende de las circunstancias de lo trabajado. Así, nosotros condicionamos la creencia empoderante universal: **«Yo puedo»**.

Empoderar a un paciente, hacerle conectar con sus recursos e inducirle a manejarse desde un estilo atributivo que albergue una sensación de equilibrio entre «lo poco que puedo influir en lo que ocurre fuera y lo suficientemente fuerte que me siento para manejarme con eso», supone ir inoculando lo que llamábamos con Seligman y Salk «inmunización psicológica» y que está muy emparentado con eso que perseguimos y que llamamos resiliencia.

5. CASOS CLÍNICOS

Presento a continuación tres casos. Los dos primeros los he escogido a propósito porque las circunstancias particulares que entrañaban me llevaron a decidir no hacer una evaluación tal y como la hemos propuesto en los primeros capítulos. Suponían la existencia de experiencias traumáticas que implicaban una intervención urgente. En ese sentido, sí queda ejemplificada la particular manera de intervenir con EMDR en trauma de la que hemos venido hablando.

A mi juicio, queda demostrada claramente con ellos la eficacia de EMDR en trauma simple, la variación que hay que organizar respecto al protocolo básico y la eficacia de los protocolos considerados de intervención en trauma reciente (protocolos de E.M.D. fundamentalmente).

Son los casos de Dani y Sara, como ejemplo de niños más pequeños (5 y 9 años respectivamente).

Después hablaremos de María…

DANI

Dani tenía 5 años cuando le conocí unos pocos días antes de Nochebuena. Su padre había venido a contarme su historia la semana anterior. Papá vino solo a la primera sesión porque mamá estaba en estado vegetativo desde hacía ya casi dos años, coincidiendo con el nacimiento de su segundo hijo. Un problema con la anestesia durante el parto había sido el causante de la tragedia.

Desde que mamá salió del hospital, estaba en casa atendida por papá y por otros cuidadores especializados, así que Dani estaba acostumbrado a ver a su mamá con algunos tubos que le ayudaban a alimentarse y respirar. Alguna vez presenció un susto con algún episodio de broncoaspiración, pero, en general, el estado de su mamá y su especial manera de acompañarles, formaban parte de su día a día y él jugaba a su alrededor, hablaba con ella y la acariciaba y besaba tan a menudo como deseaba.

Pero, un día, Dani se atragantó con un caramelo y pasó muy mal rato. Todo el que se ha atragantado alguna vez sabe a lo que me refiero... Uno siente que se muere. Probablemente, en el caso de Dani, él incluso tenía asociado ese episodio al estado de su mamá (por los mencionados episodios de broncoaspiración), con lo que la experiencia resultó doblemente difícil de manejar. Cuando papá vino a verme, Dani llevaba unas semanas sin poder comer más que purés y zumos. Además de su preocupación por que Dani volviera a comer con normalidad, papá quería que yo ayudase al niño en relación con la pérdida de su mamá.

Como ya he comentado, en este caso, dada la urgencia por intervenir para que Dani volviese a comer cuanto antes, trabajé con el niño sin hacer una evaluación previa. Trabajamos durante cinco sesiones hasta que Dani pudo volver a comer con normalidad.

Descripción de las sesiones

- **Primera sesión**: como ya se imaginan por lo que hemos comentado en los primeros capítulos, el primer día que veo a Dani voy a buscarle a la sala de espera donde está con papá. Me encuentro con un niño rubio de ojos azules, no solo guapísimo, sino simpático y colaborador. Se viene de mi mano a mi despacho sin problemas.

Como ya he comentado también, en el despacho, yo he preparado la caja de arena en el centro de la sala y los materiales con los que vamos a abordar la tarea de crear un mundo, o una aventura, en dicha caja. También, sobre la mesa, tengo papeles y lápices para pintar. Le pregunto qué prefiere hacer y se acerca a la caja con entusiasmo evidente. Hunde las manos en la arena, tras pedir permiso para hacerlo, y yo le explico que todos los materiales que tiene dentro de las cajas que le rodean son para jugar en la caja grande de arena. Entre incrédulo y entusiasmado comienza a coger animales y a meterlos en la caja mientras me mira buscando aprobación para hundirlos en la arena sin ser amonestado... Yo le animo a hacerlo y vuelvo a insistirle que puede utilizar todo lo que tiene a su alrededor. Ve el castillo, el del brujo malo. Con la mirada me pregunta que si eso también puede meterlo en la arena. Yo cojo el castillo y le digo que a mí me encanta poner el castillo en la arena y jugar a un juego con el brujo malo que vive en él. Quiere jugar a eso, así que introduzco el castillo en la caja, lo coloco en una esquina y le explico que el brujo tiene en lo alto de la torre, escondida, la piedra mágica de poder, que ha robado a los habitantes de un pueblo cercano y que, ahora que él tiene la piedra, todos tienen que obedecerle. Dani escucha interesado. Le digo: «¿Qué se te ocurre que podrías hacer para quitarle la piedra al brujo y devolvérsela a sus dueños?».

Entonces comienza un ritual de juego en el que diferentes animales inician un asalto al castillo que termina sin éxito, porque acaban siendo tragados por la arena que les rodea. Observando su proceder, yo comienzo a dar voz al brujo que se jacta de su poder al observar que todos los intentos de éxito son infructuosos. Entonces, Dani, ante la manifiesta desfachatez del brujo, se envalentona y acepta el reto. Comienza a utilizar el poder de la arena contra el castillo y el brujo. Tanto es así, que acabamos hundiendo el castillo entero bajo la arena no sin antes rescatar la piedra para devolvérsela a los habitantes del pueblo, quienes se muestran felices y agradecidos. Ahí termina el juego. Recogemos y él es solícito y organizado a la hora de volver a colocar las cosas en su sitio.

Tras recoger, nos vamos a la mesa a pintar. Le digo que pinte lo que quiera, pero él insiste en que le diga yo lo que tiene que dibujar, así que le pido que me dibuje a su familia. Hace un dibujo en el que hay una cama en primer término en la que aparece su mamá. Es de noche y hay estrellas en el cielo. A su mamá le gustan las estrellas. Alrededor de mamá están papá, Dani, Nacho (su hermano pequeño) y Laura (la nueva pareja de su papá). Cuando está pintando a Laura, verbaliza: «Esta es mi nueva mamá; menos mal que papá nos ha encontrado una mamá nueva pronto, porque los niños no pueden estar sin mamá y como la mía ahora no puede cuidarnos, papá ha buscado a otra que es muy buena y nos quiere mucho».

Aprovecho para empezar a hacer EMDR con él. Le digo que conozco una magia que ayuda a niños y mayores cuando están tristes o cuando tienen miedo. Cojo una varita que suelo utilizar con los niños para contribuir a crear el efecto de estar haciendo magia... Según vamos hablando de cómo está mamá y de la pena que nos da que no pueda levantarse de la cama, yo le voy pidiendo, de vez en cuando, que siga los movimientos de mi varita con los ojos sin mover la cabeza. Lo hace muy bien.

Debo hacer un inciso aquí. En la primera entrevista con papá, cuando me comenta que quiere que trabaje con Dani el duelo por la pérdida de mamá, me explica que teme, que, además de todo lo que ya ha vivido, Dani pueda vivir, en cualquier momento, la pérdida definitiva de su madre, pues nadie puede asegurar lo que ella va a vivir en las condiciones en las que está. Me pregunta si hay alguna manera de prepararle para una separación definitiva y para que esta sea lo menos traumática posible. Yo le pregunto (como hago siempre en estos casos) si son creyentes y qué le han explicado ya sobre la muerte.

Cuando no hay una explicación que esté asociada a creencias religiosas, a mí me gusta ofrecer a los papás una que suponga, en todo caso, una narrativa explicativa que contemple: una aclaración acerca de dónde vamos cuando morimos y alguna opción de contacto futuro. Así que una bastante buena es esa que se parece a la de la película de *El Rey León*, la de que nos convertimos en estrellas y, desde el cielo, podemos seguir en contacto con nuestros seres queridos en la tierra siempre que ellos miren al cielo y busquen la estrella.

Papá estuvo encantado de asumir esa narrativa para su hijo y de comenzar a hablarle de ello cuando Dani preguntase. Yo obtengo su permiso para hacerlo también en sesión, si fuese necesario.

Así pues, cuando estamos con el dibujo y hablamos sobre mamá, Dani me cuenta que, cuando nos morimos, vamos al cielo y nos convertimos en estrellas. Dice entusiasmado: «¡a mi mamá le gustan mucho las estrellas!» Yo le digo que entonces seguro que será una estrella más grande todavía que las demás y que luego le resultará muy fácil distinguirla en el cielo cuando la busque. Eso le encanta. Pinta una estrella enorme en su dibujo. Para que pueda pintar y contarme mientras dibuja y no interrumpir su relato, saco el aparato de estimulación bilateral que reproduce sonidos y vibración, y le pongo los auriculares y le explico que va a escuchar un pitido suave y que es otra manera diferente de hacer la misma magia que estábamos haciendo.

Cuando terminamos de charlar sobre mamá y sus miedos, me dice que ya le puedo quitar los cascos. «¿No tienes ningún otro miedo?, le pregunto. No, ninguno. ¿Seguro? ¿No te da un poco de miedo comer? Bueno, sí, un poco. Pero ahora quiero jugar a otra cosa…».

Le digo que no nos queda tiempo, que si quiere venir otro día. «Sí, pero, ¿tú vives aquí?», me pregunta. «No», le digo, «aquí es donde trabajo». «¿Y dónde tienes tu casa?». «Cerquita». «¿Y tienes hijos?...». Mientras me bombardea a preguntas, estamos recogiendo y levantándonos para salir a buscar a papá. Ve un cuenco con caramelos encima de una mesita. «¿Qué es eso?». «Caramelos, ¿quieres uno?».

Me mira con cara de susto diciendo que no con la cabeza y apresurándose a insistir en que quiere ir con su papá. Salimos a buscarle y nos despedimos hasta la semana que viene.

- **Siguientes tres sesiones**: las siguientes tres sesiones son todas muy parecidas. En ellas, Dani entra en la sala y va derecho a la caja de arena y a por el castillo. Reproduce el juego del primer día, pero yo voy introduciendo variaciones. La primera es que le he pedido a papá que pase con nosotros. Voy a empezar a conflictuar al niño durante el juego y quiero que la presencia de papá sea un lugar seguro para él por si lo necesitara. Además, que papá me ayude con el relato de lo que le ocurre a Dani cuando se enfrenta a la situación de comer me viene muy bien.

Así, papá está sentado con nosotros, obediente a mi petición de intervenir, solo si yo se lo pido.

Aprovechando que el juego de Dani tiene como protagonista a la arena tragándoselo todo con mucho poderío, empiezo a incordiarle creando una analogía con su garganta. «¡Hala, mira! La arena se lo puede tragar todo como si fuera una garganta. ¡Como la garganta de Dani».

Como es lógico, no solo no me hace ni caso, sino que no acepta la analogía, y me mira con cara de tú estás majareta, y de ya te he dicho que de esto no quiero hablar… Le pongo lo que yo llamo las almendras (los dispositivos que pueden conectarse al aparato de estimulación bilateral para producir vibración alternante). Coloco cada una de las almendras en un bolsillo para que el niño pueda jugar tranquilamente y que, a la vez, esté estimulado cuando yo lo considere oportuno, que será cuando yo comience a hablar de comida y de su garganta y él empiece a sentir claramente una incomodidad notoria asociada al recuerdo del suceso traumático.

Las sesiones transcurren muy parecidas. Él inicia el juego, yo lo provoco con mis alusiones a la garganta y la comida e, incluso, en la tercera sesión, traigo una caja de juguetes llena de comidas de plástico para poder hacer más real la dramatización de la garganta tragándose un filete, patatas fritas, huevo, pollo o manzanas… (los dos primeros días, la garganta iba tragándose animales). Él intenta zafarse, pero con poca intensidad, interesado y deseoso también de jugar a lo que le propongo, porque, de alguna manera, advierte que le sienta bien. Papá está en todo momento con nosotros contándome cuál es la comida favorita de Dani, escogiendo de la caja lo que le parece más oportuno ofrecerle, ayudándome con la arena para que se lo pueda tragar todo y repitiendo conmigo en voz alta y solemne la frase que resulta clave como creencia empoderante: «**¡La garganta de Dani puede con todo!**».

Después de repetir incesantemente varias veces el mismo ritual (se nota que le sienta bien y lo necesita, pues siempre pide jugar a lo mismo y parece no cansarse de hacerlo, lo cual es lógico y es lo que resulta clave a la hora de ver que es justo lo que está necesitando), jugamos a otro juego con pequeños bloques de madera que es algo que me gusta mucho invitar a hacer, pues es otra fantástica forma de empoderar a un niño y de contribuir a instalar en él creencias positivas sobre sí mismo y sus capacidades. Se trata de hacer torres con los bloques cada vez más altas y empleando tantos bloques como sea posible y sin que se derrumben. La mayoría de los niños es muy hábil en este juego, se engancha rápido al reto, se divierte y se entusiasma enseguida a poco que tú les alabes y tu torre se caiga mucho antes que la suya (lo que es fácil que suceda sin que haga falta hacer demasiadas trampas..., al menos en mi caso). En el caso de Dani, además, era fácil halagar su capacidad creativa para mezclar distintos bloques de diferentes formas, tamaños y colores haciendo composiciones verdaderamente difíciles, complejas y llamativas. En este juego siempre terminábamos llamando a mamá (su nueva mamá que esperaba paciente en la sala de espera) para que viese la impresionante obra de arquitectura que Dani había diseñado y conseguido levantar, aplaudiendo su genialidad y declarándole indiscutible ganador del concurso en el que participábamos papá y yo y del que ni un solo día resultamos vencedores.

La tarde de la cuarta sesión terminábamos solos los tres. Ese día no había pedido a mamá que viniese. El juego con la arena se había alargado y nuestro concurso con los bloques había sido algo más corto, aunque igual de intenso. Al terminar de recoger, Dani se había acercado al cuenco de caramelos a coger uno y con gesto resuelto me estaba pidiendo que se lo pelara. Papá y yo procuramos no mirarnos mucho y no ponernos muy nerviosos, pero los dos estábamos sorprendidos y expectantes. Le pelé el caramelo y se lo metió resuelto en la boca. «¿De qué es?». «Creo que de cereza». «Pues no me gusta mucho, ¿puedo tirarlo? ¿Me das otro que sea de fresa?». Escogimos uno de fresa, lo pelé y se lo metió en la boca. Para seguir aparentando normalidad mientras él comía su caramelo, yo le ofrecí llevarse otro para dárselo a su hermano. Lo cogió encantado. «Pero voy a coger dos más para darle otro a mamá y otro para mí para luego». Papá iba ayudándole a ponerse el abrigo sin dar demasiado crédito a lo que estaba pasando y evidentemente feliz por ver a su hijo comiendo nuevamente caramelos con la naturalidad obvia en un niño de 5 años.

Fuimos hacia la sala de espera a buscar a mamá y nos dirigimos todos a la puerta. Allí, mientras eran papá y mamá los que se ponían al abrigo, Dani le pidió a papá que se agachase para decirle algo al oído. Papá se resistía indicándole que no era de buena educación hacer eso, pero yo le invité a no preocuparse por ello y busqué en mamá una aliada para el permiso. Como lo obtuvo de inmediato, papá se agachó y pudimos escuchar perfectamente lo que el crío le decía al oído: la garganta de Dani puede con todo. Los tres aplaudimos e hicimos las fiestas propias del momento. Ni una sola vez había yo conseguido que Dani dijese esa frase mágica durante el juego. Papá y yo la repetíamos solemnemente cada vez que la arena se tragaba lo que le dábamos de comida, pero, aunque le invitábamos constantemente a repetirlo con nosotros, no hubo manera jamás. Se zafaba de la tarea diciendo otras frases claramente burlonas o mandándonos callar.

Pero allí estábamos los cuatro, felices y contentos con el chiquitín, repitiendo a coro la dichosa frase mientras el niño terminaba de comerse el caramelo.

Era un 22 de diciembre. Esa misma noche, recibí un *e-mail* de papá con una foto preciosa de Dani comiendo roscón.

La última sesión fue de consolidación y despedida. No quiso jugar con la caja de arena ni los bloques. Estuvimos pintando y jugando con plastilina. Elaboramos un cuento sobre un niño que no podía comer y lo ilustramos. Papá no estuvo con nosotros. Pasó solo un rato al final para que Dani pudiese contarle todo y le ayudase a llevárselo todo también. No quiso nunca que nada de lo que hizo se quedase allí…

Los Reyes Magos le habían dejado en la consulta un regalo: un gorro y unos guantes de su personaje de dibujos favorito, Bob Esponja. Se fue feliz con ellos puestos.

Tuvimos una sesión más, pero ya con los papás. En ella hicimos recuento de lo que habíamos trabajado, de lo que había pasado y de lo que convenía hacer para seguir facilitando a Dani una relación normal, no solo con la comida, sino con sus particulares circunstancias.

Hemos ido haciendo sesiones de seguimiento y el niño sigue creciendo feliz y comiendo estupendamente.

SARA

A Sara la vi solo en tres sesiones. Me avisaron de uno de los centros con los que mantenemos convenio de prácticas. Esto significa que nuestros alumnos hacen allí su practicum supervisados por mí y así ofrecemos a los usuarios de estos centros atención psicoterapéutica gratuita. Yo siempre llevo algún caso también.

Sara tenía 9 años y un hermano de 7 en aquel momento. Llevaba un mes acudiendo todas las noches a La Paz con ataques de ansiedad. El primero aconteció después de un suceso traumático que vivió un mes atrás. Los padres de Sara son de origen marroquí y su situación en España no es fácil. Sobre todo, para la mamá. Se habían divorciado un par de años atrás y la mamá había vuelto a su país. Los niños habían estado yendo a visitarla en las vacaciones, cuando les correspondía. Pero mamá acababa de volver a España hacía un mes, para intentar encontrar trabajo e instalarse. Quería ver a los niños, aunque, según parecía, sin respetar el convenio establecido para hacerlo, queriendo llevárselos con ella a la casa donde se alojaba por el momento sin que eso le estuviera todavía permitido hasta que las condiciones del alojamiento que podía ofrecer a los niños fueran las apropiadas. Mamá, enfadada, se presentó una tarde en el parque situado frente a la vivienda de los niños sabiendo que era la rutina que tenían tras la salida del colegio, y, en un momento de alejamiento del padre para acudir a buscar algo a la casa, aprovechó para acercarse y cogerles intentando que se fueran con ella. Ante la negativa de los niños, mamá les agarró fuerte para llevárselos. Sara estaba especialmente preocupada por su hermano. Le ayudó a soltarse y le pidió que se alejara corriendo. Fueron solo unos pocos minutos, pues papá llegó enseguida, pero ya estaba mamá tratando de llevarse a Sara de cualquier manera. En el momento en que llegó papá, mamá arrastraba a la niña por el camino cogida del pelo. En cuanto llegó papá, la escena terminó y se los llevó enseguida para casa.

Esa noche Sara ya no pudo dormir. Es más, cuando se acercó el momento de ir a la cama, comenzó a angustiarse hasta llegar a ser tal su malestar que, sintiendo que no podía respirar y presa del pánico, la llevaron a urgencias. Desde esa noche, no había habido ninguna en la que Sara no hubiera terminado en La Paz a pesar de tener la medicación pautada para actuar cuando se produjeran los síntomas. Al final, cada noche debían acudir allí para que la sedaran convenientemente hasta que la niña se dormía y se la podían volver llevar a casa. La preocupación de la familia era grande, obviamente. Y no solo por la salud de la niña, sino por las consecuencias que los hechos estaban teniendo en el desarrollo de sus rutinas diarias y en el desempeño escolar. Prácticamente no había podido acudir al colegio ni un solo día en su horario habitual por encontrase dormida o muy somnolienta después de la jarana nocturna. Además, cuando estaba en el colegio, su capacidad de atención y concentración no eran las de siempre y se habian visto ya afectados su rendimiento y su modo de relacionarse con los otros niños.

Nuevamente, dada la urgencia del caso, no tomé ni un solo día para evaluar y decidí, tras la sesión con los padres, intervenir directamente con Sara. Mi propósito era que no tuviera que volver ni una noche más a La Paz. Y lo conseguí.

Vi a Sara en las instalaciones del centro con el que mantenemos convenio. Vino acompañada por su padre y su hermano, pero la invité a pasar al despacho sola conmigo y accedió. Le pedí que se sentara en un sillón frente al mío y le expliqué que íbamos a realizar un tratamiento que iba a ayudarla con lo que le había pasado (que sabía porque me lo habían contado sus padres) y que iba a conseguir que no tuviera que volver ni una noche más a La Paz. Accedió sin rechistar. Reconozco que, aunque fui todo lo dulce, cariñosa y solícita que me sé, no le di opción a negarse. Me aproveché de la autoridad de la que me habían investido sus mayores de confianza y de la necesidad que tenía la niña de ser ayudada con este tema, para que pudiéramos llevar a cabo el tratamiento sin prolegómenos. Así pues, la invité a narrarme lo que había ocurrido y le fui pidiendo, cuando yo lo consideraba oportuno, que detuviese su narración, para seguir con sus ojos el movimiento de mis dedos procurando no mover su cabecita. Enseguida conectó emocionalmente. La intensidad con la que revivía los hechos era muy evidente.

Aquí es necesario hacer un inciso de nuevo. Quizá ustedes estén pensando que debía haberlo hecho de otro modo… Es un tema muy complicado. Con los niños, resulta especialmente difícil llevar a cabo la labor de hacerles sufrir reviviendo los acontecimientos que resultaron traumáticos. Puede uno llegar a sentirse francamente mal, culpable, inhumano incluso… Yo he tenido que hacer, en numerosas ocasiones, esfuerzos grandes para llevar a cabo mi labor como psicoterapeuta con los críos. Me ayuda pensar en los cirujanos, en las urgencias de los hospitales, en las plantas infantiles de estos últimos, donde, cada, día, a los niños se les hace daño para curarles. A nosotros también nos toca asumir ese papel durante los procesos psicoterapéuticos y, a veces, la intervención es tan amenazante y dolorosa para ellos como la que debe llevarse a cabo cuando se interviene quirúrgicamente sobre una herida en la piel. No en vano, existe, en trauma, el concepto de fobia a la reexperimentación que, en los niños, es un importante enemigo de la intervención psicoterapéutica y que obliga a los terapeutas infantiles a hacer verdaderos encajes de bolillos para poder intervenir adecuadamente. Con los niños, en estas ocasiones, yo he llegado a la conclusión de que es mejor no andarse con rodeos para no dar pábulo a dicha fobia y actuar cuanto antes. Si se rearman al sospechar nuestras intenciones, habremos perdido una oportunidad de oro y después será mucho más difícil resultar eficaz. Yo insisto siempre a mis alumnos, cuando me preguntan, que nuestro miedo es nuestro peor enemigo. Los niños lo ven y confirman el suyo. Eso no les ayuda. Les ayudan nuestra seguridad y nuestra confianza en lo que hacemos. Yo les explico que es solo unos segundos, que confíen, que se pasa enseguida y que luego se van a ir sintiéndose muy bien.

Aun así, cuesta…

En un momento del proceso, Sara estaba francamente asustada. Me dijo que iba a ponerse igual que cuando se la tenían que llevar a La Paz y que no quería ir. Con todo mi cariño y mi capacidad de convicción, le pedí que confiara en mí y le aseguré que, si seguíamos un poquito más, se le iba a pasar enseguida y no tendríamos que ir a La Paz nunca más. Le pedí que siguiera moviendo sus ojitos al ritmo que le marcaban mis dedos un poco más y que, enseguida, se encontraría mejor. Así lo hizo, y así fue. En muy pocos segundos, la respiración de Sara comenzó a normalizarse y su gesto se fue, poco apoco, relajando, cambiando la expresión de susto por una sonrisa. Hicimos unas cuantas tandas más de movimientos oculares. Ya se ha pasado, me dijo, ya estoy bien. Los niños son así, ya lo saben ustedes. Su capacidad de recuperación es sorprendentemente rápida.

Estuvimos charlando entonces y me contó muchas cosas sobre lo que había vivido en el último mes en relación con el episodio y con sus visitas a La Paz. Me contó que, pocos días atrás, su abuela había hecho un ritual curativo que le garantizaba que pronto iba a estar muy bien.

Nos despedimos hasta la semana siguiente. Le pedí a papá que me llamase ante cualquier duda o complicación. Previamente, ya le había comentado que la sesión había ido muy bien y que confiaba en que no tuvieran que volver a La Paz.

Cuando la via a la semana siguiente, me confirmaron que esa noche ya no tuvo su ataque de pánico, que no había vuelto a tomar la medicación que le dieron en el hospital y que solo habían acudido allí un día durante la semana para su visita rutinaria con la psiquiatra como parte del tratamiento que le estaban administrando.

Ese día le pregunté si había alguna otra cosa que quisiera contarme porque le preocupase y quisiera que trabajásemos y me habló de sus pesadillas. Tenía dos que eran recurrentes desde hacía años. Las trabajamos durante esa sesión con estimulación auditiva y táctil.

En la tercera sesión, a la semana siguiente, me aseguró que no había vuelto a tener las pesadillas y que, pensar en ello, ya no le producía malestar. Se encontraba muy bien. Estaba feliz. Había podido recuperar por completo su rutina en casa y en el cole. Volvía a ser la que era.

Yo ya lo sabía. Había hablado por teléfono con papá antes de la sesión. Le pedí permiso para grabar un vídeo con Sara. Le hablé de ello a Sara y se mostró de acuerdo.

No sé si fue EMDR o el ritual sanador de la abuela lo que la curó, pero, por fortuna, la niña, como les decía, volvía a estar feliz y contenta.

Les dejo transcrita la grabación que hice con ella. Juzguen ustedes.

Primero le pregunté si le importaría que grabásemos un vídeo en el que me contase cómo había vivido las sesiones de tratamiento que habíamos realizado.

Le comento que a mí me ayuda mucho que los niños que han trabajado conmigo me cuenten cómo ha sido la experiencia que han vivido, y que eso también ayuda a otros niños. Me contesta que sí encantada. Pongo la cámara en funcionamiento.

- Yo: ¿Qué le dirías a otra niña a la que le pase algo, por ejemplo, que tiene pesadillas también y necesitase este tratamiento, pero le diese un poco de susto hacerlo?

- Sara: Pues que no pasa nada, que eso pasa y que, si necesita algo, que puedo estar con ella…

- Yo: ¡Qué bien!

- Sara: Y que eso pasa muy rápido con solo cosas que no son tan… tan difíciles.

Yo: O sea, que la primera impresión, cuando vienes, es de «no quiero, no quiero», porque te parece que va a ser horrible, pero que, aunque lo pasas mal, porque lo pasaste mal, ¿verdad?, que luego se pasa enseguida.

Sara hace gestos afirmativos con la cabeza.

Yo: Vale, y, dime, ¿cuántas sesiones hemos tenido tú y yo?

Sara: Muchas

Yo: ¿Sí? ¿Muchas? ¿Cuántos días has venido a verme?

Sara: Creo que tres o cuatro. Tres o cuatro… Con este creo que… Tres, he venido tres.

Yo: Exacto, con este son tres. O sea que solo hemos trabajado dos tardes. ¿Eso son muchas sesiones?

Sara: Pero ¿me estás hablando de sesiones o de lo que hemos trabajado? Solo he venido dos días, eso no es mucho.

Yo: Y ¿qué es lo que te parece mucho?

Sara: Lo que hemos estado haciendo para que se me pase esto rápido en dos días.

Yo: Y, ¿en qué sentido es mucho?

Sara: En que hemos hecho muchas cosas.

Yo: A ver, pues vamos a resumir, tú tenías pesadillas que te hacían despertarte por las noches, gritar y pasarlo mal. Te asustaba recordarlas, pero las trabajamos aquí y, aunque pasaste un mal ratillo, ahora estás bien, no has vuelto a soñar con eso y ya no te asusta recordarlo.

Sara: No.

Yo: También has estado teniendo que ir a La Paz...

Sara: Si.

Yo: Y ya no has tenido que volver a ir...

Sara: No.

Yo: Ya no has tenido que volver a tomar la medicación que te dieron...

Sara: No. Y, también, las pastillas que me dieron estaban asquerosas. Me las tenía que poner debajo de la lengua y luego me lo tenía que tragar todo y estaba asqueroso...

Yo: Vale. ¿Y a mí que me recomendarías que hiciera cuando tenga que aplicar este tratamiento con otro niño? Imagina que mañana yo tengo que ver a una niña que ha tenido una mala experiencia como tú…

Sara: ¿Te refieres a lo que le deberías decir a esa niña?

Yo: Sí, por ejemplo, que me digas: «A mí me habría gustado que…».

Sara: Pues a mí me habría gustado que primero me hicieras lo de tocar (los toques alternantes en las manos, o *tapping*, que hicimos para trabajar las pesadillas) que relaja mucho. Y vas despacito, poquito a poco, preguntándole las cosas, para que te lo vaya contando tranquila…

Yo: Tú te vas a venir conmigo a la consulta a ayudarme ¿eh?

Sara: (Se ríe y sigue)… y cuando ya haya pensado eso dile que no se asuste que esto pasa, que no sé qué…, que no es la única…

Yo: Cómo me gusta ese consejo.

Sara: Y luego ya puedes ponerle lo de los oídos o seguir con las manos, lo que tú quieras…

Yo: ¡O sea que lo de los ojos ni te lo planteas!

Sara: No, no.

Yo: Lo de los ojos nada.

Sara: No.

Yo: Eso no me lo recomiendas…

Sara: No porque es que despista, te saltas cosas, no lo recuerdas bien…

Yo: Pero fue muy eficaz…

Sara: Sí. También fue muy eficaz.

Yo: Y estuviste bien enseguida.

Sara: Sí.

Yo: O sea que es como cuando tienes que ir al dentista o al médico porque te has torcido una mano. Tienes que pasarlo mal un ratillo para luego estar bien… ¿Es algo así?

Sara: Sí.

Yo: Vale, entonces, si te encuentras otra vez mal ¿qué vas a hacer?

Sara: Tranquilizarme y hacer lo que me has dicho tú.

Yo: ¿Y qué te he dicho yo?

Sara: No, perdón, hacer lo que me has hecho tú.

Yo: Ah, ¿sí? ¿Y cómo vas a hacerlo? Cuéntame.

Sara: Pues cojo lo que me pusiste tú en los oídos, se lo pido a mi tía (su tía es una cuidadora primaria, hermana de su padre y que convive con ellos), me lo pongo y voy pensándolo…, pero no, no creo que vaya a poder hacerlo sola…

Yo: Entonces, ¿qué es mejor que hagas?

Sara: Venir otra vez.

Yo: Eso me parece más eficaz de momento. Al menos hasta que aprendas a ser una buena psicóloga… Hasta entonces creo que será mejor que le digas a papá: «Necesito que me lleves a ver a Begoña… ¿Te parece?».

Sara: Sí.

Yo: ¿Trato hecho entonces?

Sara: Sí

Yo: Vamos, ¿que de momento ya no me necesitas?

Sara: No, de momento, no.

Yo: Perfecto, así me gusta, que me pierdas de vista enseguida. Eso es lo mejor.

Chocamos palmas y apago la cámara.

Como les decía, estos casos son ejemplo de experiencias de lo que llamamos trauma simple, que suponen acontecimientos aislados, pero con un fuerte impacto emocional y que, aunque producen consecuencias graves que podrían cronificarse, trabajados tempranamente con EMDR van a responder de maravilla en muy pocas sesiones (de tres a seis, dicen los manuales).

Así hemos ayudado, durante muchos años, a niños y adolescentes con experiencias con petardos, payasos, atracadores, caídas, atragantamientos, atropellos, sustos vividos en intervenciones quirúrgicas, incendios, robos en casa, etc. Para estos casos, la evaluación exhaustiva que proponemos puede estar de más.

Mas estas situaciones son lo de menos en el día a día de nuestra consulta. A la consulta, diariamente, vienen esos niños y adolescentes que padecen migrañas y, que, aunque les han hecho todo tipo de pruebas médicas, todo apunta a que es emocional, o estrés, o de los nervios…, o los que tienen una historia parecida, pero con el dolor de tripa, o los sarpullidos o incluso la febrícula inexplicable. Los que tienen mutismo selectivo o alopecia o tricotilomanía, enuresis o ataques de pánico. También los que no atienden o no rinden en el colegio. O los que se portan mal y molestan una barbaridad a compañeros y profesores. O esos que parecen no saber relacionarse y vagabundean solos por el patio a la hora del recreo. O los que retan a sus mayores o les insultan y agreden. Los que no quieren ir al colegio o no pueden separarse de mamá o levantarse de la cama siquiera. Aquellos a los que les aterrorizan sus sueños o no son capaces de conciliarlo. Los que parece que en un momento dado hacen un clic y de pronto se han convertido en Mr. Hide, pues su rabia y su agresividad no parecen humanas ni propias de un chaval de su edad, o aquellos a los que nadie les ha escuchado una palabra jamás. Los que persiguen y acosan y bulean y los perseguidos, acosados y buleados. Los que se pegan atracones y vomitan y se autolesionan o no comen apenas y su peso es tan escaso que sorprende que puedan tenerse en pie siquiera. O los que beben hasta el coma o se drogan o se exponen de continuo, con conductas arriesgadas, al grito de carpe diem. Los que se escapan y no se dejan coger, y no responden cuando les hablas, y no te miran a los ojos ni parecen entenderte siquiera. Los que sacaban buenas notas y de pronto suspenden todo. Los que juegan con sus heces y se las llevan a la boca y las guardan como tesoros. Los que enseñan y tocan y provocan y proponen e imponen sexo. Los que callan infinitamente secretos infinitos...

Estos, y muchos más, son los que vienen diariamente a la consulta, solos, por iniciativa propia o de la mano de sus padres, contentos y esperanzados u obligados, arrastrando los pies, contrariados. Niños y adolescentes a los que solo les ocurre una cosa: su profundo deseo de amar y ser amado por aquellos que les concibieron les obliga a silenciar y silenciarse, a ocultarse, a romperse, a sabotearse y traicionarse detrás de un miedo insoportable a perderlos y perderse.

A todos ellos les debemos el seguir trabajando cada día en procurar que se comprenda el poder que, como padres, tenemos sobre nuestros hijos. Creo profundamente en el poder genuino del vínculo de apego para generar la mayor de las fortunas y la peor de las desdichas. Parafraseando al político, un gran poder conlleva una gran responsabilidad. Nosotros, como psicoterapeutas, debemos elegir no negarla, asumámosla.

MARÍA

María tenía 15 años la primera vez que la vi. Fue unos días antes de Navidad. Acababa de salir de un ingreso de casi 40 días en un hospital madrileño. ¿El motivo? Trastorno de la conducta alimentaria (bulimia fundamentalmente) y autolesiones. Esta fue la razón del ingreso, ¿La de que yo la viera?, su petición reiterada de tener a alguien con quien hablar en un encuentro individual. Estaba acostumbrada a las terapias de grupo en los hospitales y aseguraba que no solo no le habían servido para nada bueno, sino que, en ellas, así como en los ingresos (este que he comentado era el segundo), lo que fundamentalmente había aprendido eran trucos (compartidos por las otras crías ingresadas) para aguantar sin comer, vomitar con menos dificultades y sin que te pillen, cómo y dónde cortarse para eludir vigilancia, los laxantes más eficaces, qué ejercicios consumen más calorías, etc.

En la primera sesión con ella, tras tener una con sus padres, María y yo vamos esbozando su línea de vida juntas mientras me cuenta también en qué consiste el malestar que siente en esos momentos. Su discurso rebosa disociación: al hablar del momento en que se vio cabeza abajo en el wáter, vomitando, sin saber cómo había llegado hasta allí; de su urgencia y su bien hacer al cortarse, mirando fijamente la sangre fluir con alivio y latidos renovados; de su necesidad de acostarse y dormir, y solo dormir y no volver a levantarse; de su pericia al esconder pastillas, cuchillas, o comida; de sus despistes, olvidos y pérdidas; de sus ataques de ira o de llanto, repentinos, donde se inicia un ciclo de rutinas autolesivas que no parece tener fin, aunque sí mucho sentido…

Al terminar la sesión, tras haberle explicado el concepto de disociación, María quería saber si, entonces, era o no bulímica... Es lo que tienen algunos diagnósticos, que están hechos solo para etiquetar; pero ¿y para ayudar?

Nos llevó un número pequeño de sesiones que pudiera entender eso que yo le definía como apego y las consecuencias de desarrollarlo de forma insegura, o traumática o ¡ni llegar apenas a tenerlo! Que me perdonen los teóricos del apego por hablar tan poco ortodoxamente del concepto...

Vimos a unos monitos desplegando un comportamiento extraño y desconcertante al sentir el miedo de enfrentar el peligro sin una base segura a la que asirse. Lo vimos en los monitos y lo extrapolamos a los humanos y, ya puestos, a ella, víctima de su historia de apego y su dificultad para encontrar la paz sin la solidez del vínculo.

Y fue contando y pudiendo mirar, y entendiendo y siendo capaz de asimilar.

Y vinculándose. El vínculo con el terapeuta es clave en la experiencia de transformación que supone la psicoterapia. EMDR fue fundamental para ayudar a María y a tantas otras y otros que he tenido el privilegio de acompañar en su camino hacia el bienestar. Pero nada habría sido posible sin el vínculo. No tengo la menor duda.

Paso a describirles someramente lo que supuso el tratamiento con María:

Empezamos utilizando la estimulación bilateral para abrir **ventana de tolerancia**. Este es un concepto clave en la teoría del trauma. Supone el umbral en el que nuestro paciente va a poder sostener la experiencia interna que provoca el recuerdo, o mejor, la reexperimentación de los hechos traumáticos del pasado. Ese marco dentro del cual se puede viajar al pasado sin sentir que este te invade, o te arrastra o te secuestra. Sin perder la conexión con el presente. Manteniendo lo que en EMDR llamamos **atención dual**. Para ello, a mí me gusta emplear la estimulación bilateral auditiva. Con los cascos puestos y un pitido alternante, María fue recordando y narrando retazos de su historia sobre los que íbamos dando luz a medida que la tensión emocional que provocaba su recuerdo iba pudiendo ser, cada vez, mejor sostenida. De ahí pasó a ser reconocida, legitimada, etiquetada y, poco a poco, comprendida e integrada en los hechos y en la narrativa de vida que íbamos construyendo. Todas sus vivencias se iban resignificando y ese significado nuevo que iban adquiriendo le permitía mirarse y entenderse desde una perspectiva tan diferente que asustaba…

Y no solo a ella. Todo su sistema recogía con ambivalencia los cambios que se iban produciendo en María. Siempre ocurre así. Es por lo que vamos experimentando picos de clara mejoría y bienestar, y de evidente empeoramiento y consiguiente impresión de no haber avanzado nada. Crecer, madurar, avanzar hacia la autonomía, supone arriesgar vinculación y pertenencia al sistema. Ya lo hemos comentado.

Además, soltar antiguos patrones de funcionamiento supone afrontar un mundo nuevo de opciones que es algo así como asomarse a un abismo y verse obligado a saltar sin distinguir ni la más ligera sombra de existencia de red ni camino ni huellas de pisadas ni lo que aguarda al final, nada. ¿Quién les asegura que podrán volar? ¿Quién, que tienen alas siquiera? ¿Quién, que disponen de permiso porque solo a ellos han de preguntar? ¿Quién dijo que está bien que sea así? ¿Quién, que no se estrellarán y volverán a verse aún peor de lo que estaban? ¿O quién, que será mejor y merecerá la pena?

Por eso tensan también el vínculo con el terapeuta. Necesitan chequear que estás ahí y que vas a seguir estando. Que crees en lo que afirmas y que lo sostienes contra viento y marea. Que eres testigo de que valió la pena intentarlo y de que es real lo que está sucediendo.

En medio, hemos utilizado, a menudo, los muñecos, en la caja y fuera de ella; hemos construido I.C.E.S. para adentrarnos en momentos clave que nos han abierto no cajas, sino ¡arcones de Pandora!; hemos reído y llorado mucho; hemos traído a mamá, a papá y a los abuelos para contarles, rogarles y regañarles; hemos recaído y vomitado y nos hemos cortado y hemos pasado meses sin hacerlo; hemos salido con gente muy poco conveniente creyendo que era lo que nos convenía o nos merecíamos; hemos querido morir y lo hemos intentado hasta casi conseguirlo; hemos bailado, nos hemos tatuado, hemos besado, nos hemos enamorado; hemos vuelto a ingresar; hemos suspendido y también aprobado; encontrado trabajo; nos hemos escapado y nos hemos mudado; hemos abortado y hemos dado a luz; hemos confesado nuestra inconfesable orientación sexual; hemos hablado y gritado y reprochado y enmudecido... Hemos vivido, y seguimos haciéndolo, con la certeza del reto diario, del dolor de la caída y el picor de las cicatrices.

Porque hay una María en todos nosotros que siente las huellas de la calidad de las relaciones tempranas con mayor o menor profundidad en la piel, que trata de reponerse de los estragos que esto produce con mayor o menor fortuna, y que utiliza la magia, negra y poderosa, para envolver su temido y recóndito dolor en un celofán absurdo, pero socialmente tolerado...

Una de estas Marías me dijo una vez al terminar una sesión de EMDR: «es que tengo que estar mal para estar bien». Su cara era un poema de amor y una canción desesperada...

¡Cuánto cuesta permitirse estar bien para estar mejor!

Estos pequeños descubrimientos son todo un mundo, piezas clave de un puzle a medias que se va completando a medida que vamos consiguiendo esa traducción que quedó incompleta, que nunca llegó a hacerse y que obligó al uso de esa útil pero nefasta magia negra…

Dice Edith Eger en su libro *La bailarina de Auschwitz*: «… me opongo a calificar de patología el estrés postraumático denominándolo trastorno. No se trata de una reacción patológica a un trauma, es una reacción normal y natural. Pero aquella mañana de noviembre en Baltimore, no sabía qué me estaba pasando; daba por sentado que mi colapso significaba que era una persona profundamente deficiente. Ojalá hubiera sabido que no era una persona dañada, sino que estaba sufriendo las secuelas de una vida interrumpida… al huir de mi pasado, de mi miedo, no encontré la libertad. Construí una celda con mi terror y corrí el cerrojo con el silencio».

Edith Eger, una mujer húngara superviviente del holocausto que emigró a los Estados Unidos poco después de la segunda guerra mundial, escribe este libro a sus 87 años. Doctora en psicología y experta en trauma, cuenta su propia historia y cómo se salvó de su pasado. Todo lo que narra en su libro confirma lo que venimos diciendo. Me gusta la expresión que utiliza para referirse a la experiencia traumática, la de estar **sufriendo las secuelas de una vida interrumpida**. De hecho, me encanta. Cada uno de nosotros, con su particular historia de trauma, a partir de un momento, siente esa interrupción en el orden de sus días. Y si no lo recuerda conscientemente, lo recuerdan su cuerpo y sus pesadillas.

La interrupción del adecuado flujo de comunicación entre padres e hijos y su particular manera de convertir el mundo interno de cada uno en el lugar donde se instalan los demonios es, en mi opinión, la principal fuente de sufrimiento de la humanidad. Verlo, sentirlo, llorarlo y narrarlo, los pasos del camino para vencerlo.

Solo queda narrar o renarrarse. Y eso lo trabajaremos en el próximo capítulo. Nos quedamos aquí, conectados a la tristeza, emoción de la que solemos huir, pero que tanto nos repara. Imposible crecer sin ella, aprender sin los mensajes que nos deja tras visitarnos e instalarse y provocarnos y darnos la vuelta como a un calcetín. No hay avance sin duelos y no hay duelo sin dolor. Por muy mágico que sea EMDR, afortunadamente, no nos evita llorar las pérdidas, sino que nos abre las puertas, y el corazón, y nos permite el contacto con el dolor de las verdades sin maquillar.

Aunque veremos, en el próximo capítulo, alguno de los trucos de maquillaje que nos gusta emplear para contarles algunas verdades a los niños y a los que ya no lo son tanto…

Termino con otra frase de Edith Eger: «Si no nos permitimos afligirnos por nuestras pérdidas, heridas y decepciones, estamos condenados a revivirlas». «La libertad reside en aceptar lo sucedido. La libertad significa armarnos de valor para desmantelar la prisión pieza a pieza».

CAPÍTULO VII: LAS TERAPIAS NARRATIVAS EN LA PSICOTERAPIA BREVE CON NIÑOS Y ADOLESCENTES

«La infancia nos es dada como un caos ardiente, y no nos sobra el resto de nuestra vida para intentar poner orden y explicárnoslo». M. Tournier

«Escribir puede ser una avenida hacia un lugar interior donde podemos confrontar traumas y ponerlos a descansar, y sanar cuerpo y mente». James W. Pennebaker, 1990

«Y si no hay palabras para expresar todo eso, ¿cómo lo hacemos? En muchas ocasiones, la posesión de ese lenguaje común como el que perseguían Berne o Harris, así como tantos otros autores, va a resultar no solo útil, sino fructífera, pero ¿qué hacer con la alexitimia?, ¿qué, con los niños pequeños?, ¿qué, con esos días en los que parece que la última opción que consideramos válida para comunicarnos con los otros es precisamente aquella que resulta ser la que nos define como seres humanos? ¿Y si, en esas ocasiones, contáramos o nos contaran un cuento...?» Begoña Aznárez, 1996

«Un día, un amigo le preguntó a Nasrudín qué era más importante, el sol o la luna, a lo que sin titubear contestó:

—La luna.

Estupefacto, el amigo le preguntó por qué.

—Porque la luz es más necesaria de noche que de día». *Cuentos de Nasrudín*

Un niño siempre necesita a un adulto a su lado que le proporcione luz. Que ilumine a través de su mirada. Que le mire, le vea, le escuche, le entienda, le legitime y le traduzca. Que le ayude en esa tarea de poner orden en su caos interno, en ese confrontar traumas y sanar. Y esta tarea solo es posible a través del lenguaje. Parafraseando al maestro: solo cuando el arte consigue vestir de la palabra a los extravagantes hijos de nuestra fantasía, podemos presentarlos decentes ante el mundo… Con sentido, con significado.

Un niño siempre necesita a un adulto para que le ayude a conocerse, a entenderse, a narrarse…

1. LAS HISTORIAS

Organizamos la realidad mediante historias, pues la experiencia debe relatarse para adquirir significado. Jerome Bruner sostenía que la necesidad de contar y, consecuentemente, de compartir, precede al lenguaje. De hecho, defendía que la motivación de los niños por comenzar a hablar está relacionada con la cantidad de historias que sienten dentro de sí mismos que tienen necesidad de compartir. Parece que el ser humano sabe que solo podrá obtener una traducción de toda su experiencia interna en la interacción con los demás. Y se lanza con entusiasmo a la tarea prácticamente desde el primer día.

Bruner observó con atención a los más pequeños y advirtió que los niños, antes de aprender a hablar, ya son capaces de organizar su mundo y comunicarse mediante historias sencillas. Piensen en esas historias que él llamó de finalización: el niño expresa, mediante gestos, que se acabó cuando el biberón ya está vacío... Podemos encontrar toda una historia detrás de un solo gesto como el de llevarse las manos a la boca y abrir los ojos mucho después de que se haya caído la torre de bloques de madera que estábamos construyendo... Son historias cortas, pero completas. Son esos primeros indicios de expresión, de ese deseo de organización y comunicación. De encontrar eco en la reacción del otro.

Las historias son pues una manera de expresar, de comunicar, de compartir, de traducir y de encontrar significado. Las historias son el vehículo necesario para entendernos y entender a los otros y al mundo que nos rodea. Son claves para nuestra adaptación. No en vano Maxwell y Dickman las definen como «un hecho envuelto en una emoción que nos impulsa a tomar una iniciativa que transforme nuestro mundo». Nos gusta esta definición.

◆ El poder de las historias

Una historia puede llegar a transformarnos. Una historia conmueve, inspira, seduce, provoca, renueva, induce...

George Burns alude a la conocida anécdota sobre Jacob Grimm para ejemplificar este poder: «en el año 1794 un niño de nueve años se sometió a una intervención quirúrgica para que le extirparan un tumor. Todavía no se habían descubierto los antibióticos, Louis Pasteur aún no había ilustrado a la comunidad médica sobre la necesidad de la esterilización y las anestesias químicas para controlar el dolor tardarían un siglo y medio en aparecer en la escena médica. Estremece pensar el poco consuelo que cabía ofrecer a ese niño. Todo lo que se le ofreció fue un cuento. Para distraer su atención, le explicaron una historia tan fascinante que posteriormente juró no haber sentido ningún tipo de molestia.

¿Será verdad que un relato puede llegar a ser tan poderoso? Para ese niño ciertamente así fue. Dieciocho años más tarde, ese mismo niño le entregó a un editor uno de sus propios cuentos. Ese muchacho se llamaba Jacob Grimm. ¿Cuál era la historia? Blancanieves».

Y nos sirven tanto las historias inventadas como las reales. Burns continúa ejemplificando el poder inspirador de las historias narrando la del capitán Falcon Scott, explorador de la Antártida. «En 1900 fue escogido para dirigir la primera expedición oficial británica a la Antártida. Años más tarde, en 1909 entró en la carrera por la conquista del Polo Sur. Se trataba de una lucha de exaltación del orgullo nacional y de supremacía colonial… Después de navegar por medio mundo surcando algunos de los mares más peligrosos a bordo de un barco ballenero de madera reformado, el capitán Scott se dispuso a cruzar el continente blanco utilizando como medio de transporte ponies siberianos… El 18 de enero de 1912, Scott y cuatro compañeros alcanzaron el Polo Sur… Scott se vio privado del honor de ser el primero en llegar a los 90 grados de latitud sur por una diferencia de solo un mes, al anticipársele una expedición liderada por Ronald Amundsen. Lamentablemente esta no fue la única tragedia a la que tuvieron que enfrentarse, pues tuvieron que soportar la fatiga física y las inclemencias del clima polar a lo largo de todo el trayecto de regreso a través del continente helado. Murieron todos. … Más de un año después una expedición de rescate encontró sus cuerpos con todos los documentos y diarios intactos.

Scott fue rápidamente ascendido al rango de héroe nacional que había ofrecido su vida al servicio de su país. Esta historia inspiró después a miles de soldados y a sus oficiales en las trincheras europeas durante la Gran Guerra. Las tropas se sentían identificadas con aquellas penurias, el patriotismo de los expedicionarios les servía de motivación y encontraban consolador su autosacrificio final. Desde el frente se enviaron docenas de cartas a la viuda de Scott en las que se aseguraba que la historia de su marido les había fortalecido frente a las penalidades de la guerra».

Pero no hace falta que nos vayamos a viejas historias y sus efectos en anteriores generaciones. Aunque todas ellas pueden estar vigentes en la actualidad, y, de hecho, muchas lo siguen estando (los cuentos de hadas son buen ejemplo de ello), el ser humano va cambiando las plataformas que sostienen la posibilidad de expresar un relato, pero sigue, desde ahí, relatándose, inspirando, seduciendo, provocando, comunicándose, entendiéndose... Ahora las historias se cuentan en Instagram o en YouTube, en Snapchat o en Twitter, en la televisión o en el cine, pero se siguen contando. Más o menos largas, más o menos acompañadas de otros elementos de sugestión (como imágenes o música) los seres humanos seguimos recurriendo a ellas para compartir nuestras experiencias, escuchar las que los demás tienen para contarnos y dejar que unas enriquezcan a las otras.

Si las historias que ya están narradas pueden ser utilizadas como instrumento para el cambio, entonces deberemos aprovecharlas también en el trabajo psicoterapéutico.

Es decir, que en la tarea de construcción de narrativas con nuestros pacientes en psicoterapia, disponemos de dos grandes opciones perfectamente compatibles y complementarias: la construcción de narrativas específicas para o con el paciente según sus propias necesidades y la utilización de las ya existentes. Como decimos, no son excluyentes. Lo ideal es poder combinarlas para obtener los mejores resultados.

2. NARRATIVA Y PSICOTERAPIA

Si asumimos que la experiencia y su narración son fenómenos inseparables, tanto la psicopatología como **la psicoterapia** pueden ser vistos como fenómenos narrativos. O así debería suceder. En todo caso, ayudar a nuestros pacientes en la tarea de transformación de sus experiencias en narrativas completas, coherentes y llenas de significado, en nuestra opinión, debe ser un objetivo fundamental en nuestro trabajo como profesionales de la psicoterapia.

Esto de incluir el ejercicio de la narración en el trabajo psicoterapéutico no tiene mucha historia (podríamos situarla allá por la década de 1980) y sus raíces las encontramos en el constructivismo, con gran influencia de la filosofía. Kant sostiene que construimos nuestro conocimiento a partir de los datos de nuestra experiencia. La mente ordena los datos de dicha experiencia elaborando esquemas y reglas que pretenderán ser universales y que, sin embargo, pertenecen a dicha concreta experiencia y no a la realidad en sí misma. Es decir, que habrá tantas realidades como mentes construyéndolas. Imposible hablar de una verdad universal.

Es algo muy parecido a lo que pretendía explicar Platón con el mito de La Caverna. En el mito, Platón relata la existencia de unos hombres cautivos desde su nacimiento en el interior de una oscura caverna. Los encadenados no pueden considerar otra cosa verdadera que las sombras de los objetos. Debido a la obnubilación de los sentidos y la ofuscación mental se hallan condenados a tomar por verdaderas todas y cada una de las cosas falsas. Los cautivos, con las cabezas inmóviles, no han visto nada más que las sombras proyectadas por el fuego al fondo de la caverna (como una pantalla de cine en la cual transitan sombras chinas) y llegan a creer, faltos de una educación diferente, que aquello que ven no son sombras, sino objetos reales, la misma realidad.

Así construimos nuestras historias. Con los escasos datos de los que disponemos en cada momento de nuestra evolución como seres humanos. Solo el que consigue liberarse de las cadenas y salir al exterior de la caverna tendrá la oportunidad de acceder a una nueva información que le permitirá iluminar su historia, ampliarla, completarla, llenarla de significado... Este trabajo de iluminación es siempre un trabajo duro y costoso. **Abandonar los esquemas que nos han sostenido durante años no es tarea fácil**. Según Platón, es asunto del filósofo acompañar a los demás para poder llevar a cabo esta difícil tarea. Es el que ayudaría en el camino de la liberación del sufrimiento. Bonita metáfora que bien podríamos aplicarnos los psicoterapeutas implicándonos en el proceso de transformación de los obsoletos esquemas de nuestros pacientes y de la construcción de unos nuevos más flexibles, coherentes y adaptativos.

Permítanme señalarles otra aportación importante. Es la que proviene de Lev Vigotsky. Según el psicólogo ruso, todas las adquisiciones de un sujeto tienen lugar dos veces, una en el plano social y otra en el plano individual interiorizado. En este aprendizaje, y especialmente en la internalización de las adquisiciones, la **acción mediacional del adulto** es muy importante, en tanto que supone un referente y soporte a las acciones cognitivas y emocionales del niño al ayudarlo en su proceso de aprender. Mediante esta ayuda el niño es capaz de obtener mayores logros que trabajando él solo.

Me gusta comparar al psicoterapeuta con la figura *vigotskyana* del mediador que ayuda al sujeto en el proceso que está realizando de volver a narrar su experiencia con la esperanza de adquirir un significado nuevo, no solo liberado de la carga de angustia con la que viene asociado, sino lleno de nuevas opciones de futuro hasta ese momento no contempladas.

Tenemos, pues, lo que necesitamos: una narrativa pobre y no adaptativa que causa problemas y que necesita ser renarrada en relación. Tenemos un niño presentando síntomas y unos padres ya implicados en el proceso. Emprendamos la tarea de reescribir con esos padres la historia de ese niño y así, de contribuir a **resignificarla**.

Aunque, pensándolo bien… dejen que comente algo más antes de pasar a describir con todo el detalle que me sea posible el proceso. Consideremos una influencia más. O incluso situar los orígenes de la inclusión de las narraciones en psicoterapia unos cuantos cientos de años más atrás… Hablemos de *Las mil y una noches* y de Scherezade. ¿No podría ser considerada esta como la primera terapeuta de la historia que utiliza el poder transformador de las historias para conseguir el cambio en su carcelero, el rey Schariar? Seguro que sí. Después de una terapia de casi tres años de duración (y con dos hijos por medio…) el rey le conmuta la pena. Nunca un terapeuta se había jugado tanto con un proceso terapéutico…

- **Dos grandes enfoques**:

Partimos de la idea de que el ser humano necesita narrar su experiencia (interna y externa) para construir una representación de la realidad que le permita dar significado a lo que le ocurre. El carácter más cognitivo o más simbólico de esa representación que construimos en base a la cual el mundo nos va pareciendo un poco más manejable, comprensible y predecible es lo que diferencia y define a los dos grandes enfoques de trabajo que se han ido desarrollando en la psicoterapia que hace énfasis en las narrativas: el enfoque cognitivo y el psicodinámico.

En un primer acercamiento pudieran parecer incompatibles, pero, a nuestro juicio, son perfectamente miscibles y, de hecho, nos parece que una combinación de ambas perspectivas puede ser la que nos proporcione mejores resultados clínicos.

Veámoslos por separado para después intentar la integración:

Enfoque cognitivo:

Este enfoque fue desarrollado fundamentalmente a partir de los modelos de terapia familiar y los autores más destacados en este campo son Michael White y David Epston sostendría que, el ser humano, tras la exposición constante a las experiencias del día a día, elabora una representación para cada uno de los hechos que contenga patrones similares en estructura relacional y contenido. Se definen esas representaciones como esquemáticas. Un **esquema** es una representación organizada sobre un conjunto de acontecimientos, en la cual las partes están significativamente relacionadas. Estos esquemas también contendrían un resumen e integración de toda la información previa sobre el tema e indicarían qué sucesos tienden a ocurrir juntos y cómo se relacionan. En el esquema se contemplarían los siguientes tipos de información:

1. El curso de los acontecimientos

2. Las características de la situación

3. Las funciones que desempeñan las personas implicadas

4. Las emociones y los sentimientos de la persona en relación con el acontecimiento

Un esquema muy completo de información como puede verse... **Pero poco operativo con los más pequeños**, pues los esquemas que los niños pueden llegar a elaborar no van a ser tan completos. Por ejemplo, los niños no suelen dar tanta importancia a emociones y otros estados internos en general y son más propensos que los adultos a omitir cierta información relevante y a dejarse influir por información distorsionada o proveniente de fuentes no demasiado fiables. Los niños, además, tienen muy poca experiencia previa que les permita contrastar o sobre la que hacer nuevas valoraciones.

En resumen, que se nos hace necesario enriquecer los esquemas que construyen los más pequeños. En este sentido, estamos de acuerdo con los autores que proponen la identificación de las narrativas con las que vienen los niños a la consulta y su **sustitución** por otras más coherentes con su experiencia interna (afortunadamente, de la identificación, traducción y legitimación de esta, de la experiencia interna, ya hemos venido hablando todo este tiempo, pues es necesario este trabajo previo para proceder a incluir toda esta información en la narrativa de sustitución)

A la narrativa que se trae a la consulta se le llama **narrativa problema** (o narrativa cargada o saturada de problema) y a la narrativa resultarte de un trabajo de cocreación entre el terapeuta y el paciente se le llama **narrativa rival, alternativa o adaptativa**.

Las principales técnicas para alcanzar esa nueva narrativa adaptativa serían:

1. Comunicación lúdica

2. Descripción saturada del problema

3. Conversación exteriorizadora

4. Conocer al niño al margen del problema

5. Construcción de desenlaces inesperados

También se contemplan como elementos útiles para el buen desarrollo del proceso los llamados documentos terapéuticos. Estos documentos resumen los descubrimientos del paciente y le permiten describir su propio progreso. Pueden ser cartas, memorandos, declaraciones, listas, ensayos o certificados. Se utilizan para consolidar el progreso porque la palabra escrita es más permanente que la hablada (M. Payne, 2000).

También se da valor a los testigos externos y a la celebración final.

Las **características** de la nueva historia resultante serían:

- Habrá de ser suficientemente próxima para ser aceptada, pero suficientemente lejana para hacer innecesario el síntoma o permitir el afrontamiento del problema.

- Deberá integrar elementos del mundo del niño suficientes para permitir prever, plantear y resolver los problemas que van a suscitar las exigencias del mundo que le rodea.

- Habrá de ser creíble por el niño y por el terapeuta y compatible con los valores prevalentes en el entorno en que el niño convive.

- No puede ser preparada por el terapeuta y aceptada pasivamente por el niño.

Enfoque psicodinámico:

Desde este enfoque el cambio se estructura sobre las **representaciones simbólicas** del paciente. Hay una íntima conexión entre la historia de sufrimiento de un paciente y los síntomas de su enfermedad (Freud, 1981).

El sustrato teórico que recoge este enfoque se basa en la constatación de que los niños, hasta la edad de 10 años (la de las operaciones formales de Piaget), no pueden diferenciar conscientemente entre un símbolo y la entidad que simboliza. El cambio terapéutico con niños menores de esa edad debería plantearse, pues, **a nivel simbólico**.

Se emplearía entonces un **cuento alegórico o metafórico** para conseguir ese cambio. Los mejores representantes de este tipo de narraciones son los **cuentos de hadas**. Dado que los cuentos tienen un poder especial de transmisión, entre narrador y oyente se crea una relación única y una afinidad especial que se aprovecha también para generar el cambio deseado.

La metáfora no crea la experiencia pero nos permite aprovecharnos del mecanismo que conecta un concepto nuevo con la experiencia previa del sujeto (L. V. Williams).

Veamos qué dice el diccionario de la palabra **alegoría**: «ficción en virtud de la cual un relato o una imagen representan o significan otra cosa diferente». De hecho, la palabra procede de dos palabras griegas: *allos* 'otro' y *agorein* 'hablar'. Su significado, por tanto, sería algo así como utilizar términos diferentes a los propios, hablar con otro lenguaje, como otro… O al otro… ¿Ese otro que sabemos que está escuchando pero no quizá mostrándose…?

A través de una alegoría, como de una metáfora, se está explicitando una cosa, pero implícitamente estamos hablando de otra.

La alegoría es un juego mental y literario, consciente y con un propósito. Consiste en expresar en un relato, una historia en la que se sobreentienda una analogía o una comparación con una situación de la vida real. La alegoría se convierte, de este modo, en un valioso instrumento que pone en palabras lo que de otro modo podría quedarse enterrado en el silencio: miedos, angustias, deseos, culpas, rivalidades… «En los cuentos de hadas los procesos internos se externalizan y se hacen comprensibles al ser representados por los personajes de una historia y sus hazañas» (B. Bettelheim, 1977).

En ocasiones, la alegoría puede actuar muy rápidamente y, en otras, es necesario esperar días y quizá semanas para observar cambios en la conducta. Como si el efecto de la alegoría fuera permitir una lenta reorganización de la mente del oyente o del lector.

«Más allá de las escenas de persecución y de los salvamentos del último minuto, los cuentos de hadas son verdaderos dramas que reflejan los acontecimientos que ocurren en el mundo interior del niño... Su valor perdurable descansa en el poder de ayudar a los niños a enfrentar los conflictos internos con los que se encuentran durante su crecimiento» (S. Cashdan).

Características de la historia:

- Externalizadora.

- Debe contener un héroe que permita la identificación.

- Así mismo, una bruja o personaje malvado se ocupará de representar lo malo.

- El héroe habrá de realizar un viaje. Este tendría cuatro partes fundamentales: 1. Travesía, que llevará al héroe a alguna tierra lejana donde reina la magia, 2. Encuentro con el mal encarnado por alguna figura como una bruja, un dragón o un hechicero, 3. Conquista en la que el héroe se las ve con la bruja y la derrota y 4. Celebración del éxito del héroe que debe siempre compartirse y rememorarse.

◆ Aportaciones de Milton H. Erickson

«Tú sabes algo que no sabes que sabes. Tan pronto descubras eso que ya sabes, sin saber que lo sabes, podrás empezar a cambiar» (M. Erickson).

Permítanme que no deje pasar la oportunidad de hablar mínimamente de un genio de la utilización de la alegoría en el escenario psicoterapéutico...

Para el doctor Milton Ericsson las personas somos complejas y contradictorias por naturaleza. En el encuadre psicoterapéutico él reparaba tanto en el nivel consciente de comunicación como en el inconsciente, y respondía adecuadamente a cada uno de ellos. Prestaba gran atención a las palabras que empleaba eligiendo aquellas que él sentía que producirían las asociaciones oportunas para sus propósitos. Variaba su postura, el ritmo, el volumen y el timbre de su voz, y todo con el propósito de comunicarse de manera eficaz a través de los distintos canales a la vez.

Erickson presuponía que las personas ya poseemos todos los recursos necesarios que necesitamos para vivir vidas suficientemente satisfactorias y plenas de significado. «Todas nuestras estrategias terapéuticas deben orientarse hacia la cocreación, junto con nuestros pacientes, de una realidad en la que puedan desarrollar por sí mismos el nivel de confianza necesario para la utilización de sus recursos personales en la consecución de metas apropiadas».

¡Cuánto nos gustan estas palabras!

La utilización de metáforas facilita el uso de estrategias terapéuticas dentro de una consideración multidimensional y flexible. Debido a que la metáfora encierra múltiples dimensiones e incluso elementos azarosos, los pacientes a menudo van a encontrar significados diferentes a los propuestos por el terapeuta, y estos siempre serán relevantes.

El problema de la propuesta Ericksoniana es que él era un genio empleando las metáforas y no todos tenemos esa capacidad. Eso nos lleva a pensar en alternativas a la co-creación y a revisar todo el panorama que nos ofrecen los diferentes modelos para ver cómo integrar tanta sabiduría.

3. NUESTRA PROPUESTA

La anterior es una descripción muy somera de los dos grandes enfoques (probablemente el enfoque Ericksoniano lo podemos incluir dentro del psicodinámico) en terapias narrativas. Una vez más, nos remitimos a la cantidad de bibliografía existente para profundizar en ambos y nos vamos a detener algo más en tratar de explicar nuestra particular manera de manejarnos con las narrativas en psicoterapia.

Para empezar, debo decir que dichos enfoques no nos parecen excluyentes en absoluto. Ambos tienen mucho que ofrecer a un psicoterapeuta en el ejercicio de su profesión. Habrá que ver en cada momento y con cada paciente lo que pueda parecer más oportuno recoger de cada uno.

Además, si nos detenemos un momento, veremos que hay algunas cosas que tienen en común y que son aspectos centrales de lo que significa utilizar las narraciones en psicoterapia. Por ejemplo, no se cuestiona la necesidad de la **externalización**, que está en la base de lo que significa utilizar la historia para ofrecer la distancia necesaria al niño para depositar, contener o vislumbrar los conflictos. Ambos enfoques buscan el **final exitoso** del héroe/niño y ambos enfoques abogan por una buena **celebración**. Son, como digo, aspectos centrales del uso de las historias para el cambio psicoterapéutico.

En lo que no parece caber ninguna duda y ninguna contradicción es en la necesidad de contar una historia, de narrar un cuento…

«A las puertas del cielo llegaron un día cinco viajeras.

—¿Quiénes son ustedes? —les preguntó el guardián del cielo.

—Somos —contestó la primera, La Religión.

—La Juventud —dijo la segunda.

—La Comprensión —dijo la tercera.

—La Inteligencia —dijo la siguiente.

—Y la Sabiduría —dijo la última.

—¡Demuéstrenlo! —ordenó el cancerbero.

Y entonces...

La Religión se arrodilló y oró.

La Juventud se rió y cantó.

La Comprensión se sentó y escuchó.

La Inteligencia analizó y opinó.

Y la Sabiduría... la Sabiduría contó un cuento» (Anthony de Mello).

Dos son las diferentes maneras que proponemos en nuestro modelo de emplear los cuentos en la Psicoterapia Breve con Niños y Adolescentes: utilizar los que ya están hechos o crear un cuento específico para cada paciente.

1. **Utilizar los que ya están hechos**:

Afortunadamente, un montón de autores geniales han elaborado a lo largo de cientos de años y siguen elaborando cada día maravillosas historias que son susceptibles de ser usadas en el contexto psicoterapéutico.

En ese sentido, los cuentos de hadas son, como ya hemos comentado, un material valiosísimo. Pero hay otros muchos que a lo mejor no podemos incluir dentro de esa categoría y que, sin embargo, pueden ayudarnos igualmente. Los cuentos de hadas vamos a recomendarlos casi todos. No obstante, veremos qué cuestiones son las que merece la pena detenerse a analizar para saber escoger el oportuno en cada caso y, lo que es más importante, saber cuáles no vamos a utilizar nunca. Pues lo que sí nos parece imprescindible siempre es saber qué estamos haciendo y con qué objetivo.

◆ Características de los cuentos que nos parecen incuestionables

Partiendo de la base de que hay que sostener la polarización que protege al niño (como ya hemos venido repitiendo a lo largo de las páginas de este manual), hay algo que es fundamental:

I. Debe haber **un héroe** con el que el niño pueda identificarse: es imprescindible que haya una figura suficientemente cercana sobre la que el niño pueda depositar sus inquietudes. Un niño de cuyos conflictos y triunfos pueda apropiarse. Un valiente a quien imitar y con el que emprender una aventura. Un semejante que le permita dejar de sentirse el único ante un peligro como el que se está viviendo.

II. **Un viaje** que permita significar el que ya se ha emprendido en relación con el proceso psicoterapéutico y que aporta el contexto donde se va a poner uno a prueba. Una aventura donde se va a bucear por recónditos parajes para iluminar todos los rincones oscuros. Que se teme tanto como se hace imposible de evitar. Como todo eso que se está experimentando y que se impone a pesar de los esfuerzos por no hacerlo frente.

III. **Ayuda** que puede ser tanto mágica como no mágica. Acudir en busca de ayuda y no renunciar a poder contar con ella aunque sea deseando de forma mágica que esto ocurra es absolutamente fundamental. Nos parece que el sentimiento de pertenencia está aquí profundamente involucrado: si no pertenecemos a un mundo, puede que pertenezcamos a otro y es desde ese otro desde el que vendrá la cooperación, la fuerza, el valor y el significado. Mundo mágico que ofrece buenos consejos, sabiduría y ayuda incondicional a través de un hada, un sabio, unos objetos mágicos o una compañía tan inesperada como valiosa.

IV. **Un acontecimiento externo** que marca un antes y un después y que provoca la necesidad de emprender el viaje. La vida y sus avatares nos igualan a todos: grandes y pequeños, ricos y pobres, hombres y mujeres, listos y tontos. Los acontecimientos traumáticos son parte de la existencia y debe uno asumirlos como tales y no como algo que se ha merecido específicamente.

V. **Un malo** que será representado por una bruja, un dragón u otro personaje claramente maligno y que al final deberá ser del todo vencido. «Cada vez que muere la bruja, se restaura mágicamente la confianza del niño en su propia habilidad para vencer las dudas y los sentimientos indeseados» (Sheldon Cashdan). La garantía de preservar la polaridad y de que con la muerte de la bruja desaparezcan los «oscuros» aspectos intolerables en los progenitores y, por ende, en uno mismo, es lo que estamos consiguiendo dando muerte a la bruja. Sí, el mal debe perder y el bien debe ganar. Siempre.

VI. **Un final feliz**. El héroe debe vencer. Debe atravesar todas las dificultades, enfrentarse a todas las pruebas y luchar todas las batallas contra el mal hasta vencer.

VII. **Una celebración**. Y la victoria debe celebrarse adecuadamente: con una buena fiesta y con la compañía adecuada. Ya hemos insistido en la necesidad de testigos de nuestro vivir. Esos que deben estar ahí al menos para que lo vivido alcance la categoría de realidad que necesita. Sufrí, luché y vencí, y una parte de mi mundo debe saberlo.

Como decía, prácticamente todos los cuentos de hadas siguen de una u otra forma este **guion básico**, pues es su destino servir al propósito que dicho guion encierra. En palabras de Bettleheim: «En los cuentos de hadas, los procesos internos se externalizan y se hacen comprensibles al ser representados por los personajes de una historia y sus hazañas... El niño podrá empezar a ordenar sus tendencias contradictorias cuando sus pensamientos llenos de deseos se expresen a través de un hada buena; sus impulsos destructivos a través de una bruja malvada; sus temores a través de un lobo hambriento; las exigencias de su conciencia a través de un sabio hallado mediante las peripecias del protagonista... Cuando este proceso comience, el niño irá controlando cada vez más el caos incontrolable en el que antes se encontraba sumergido».

No podemos dejar de recomendar, pues, los cuentos clásicos y de recelar de los políticamente correctos o de esos exclusivamente moralizadores... Como dice Bettleheim: «Si le explicamos a un niño lo que debe hacer, lo único que conseguimos es sustituir su inmadurez por la servidumbre que implicaría seguir las órdenes de los adultos.»

«Los cuentos de hadas son esencialmente dramas maternales en los que brujas, madrinas y otras figuras femeninas funcionan como derivados fantásticos de las escisiones de la niñez temprana... Mucho antes de que los niños sean capaces de asignar etiquetas verbales a lo que es bueno o malo, una primitiva inteligencia sensorial les permite reconocer que el mundo (o lo que está ahí fuera) se divide en bueno y malo...» (S. Cashdan).

Como decíamos, las alegorías van a permitir al niño trabajar con sus conflictos internos, sin poner en riesgo la polaridad que lo mantiene vinculado. Son un gran aliado.

Con respecto al uso de cuentos ya escritos, los hay muy recomendables. El **Apéndice 9** es una lista de los que nos parecen muy oportunos. Es una lista muy reducida. Hay muchos más muy valiosos, pero no queremos hacer un listado interminable. Nuevamente, que me disculpen todos los que merecen estar y no están…

Otra propuesta que nos parece interesante es la que desarrolla **Ricky Greenwald** en 2005. Elabora un cuento arquetípico titulado: *Cuento del Reino, el Dragón, el Héroe y la Princesa.* La traducción la tienen en el **Apéndice 10**. Dicha traducción es mía pues me pareció muy útil como cuento-patrón para desarrollar los relatos específicos de los niños en la consulta. Tiene todos los elementos necesarios y algunos más. Veamos:

Greenwald hace mucho hincapié en algunos de ellos y coincidimos en la importancia que les da. Por ejemplo, comienza siempre normalizando la situación inicial y con la llegada de un acontecimiento externo que dispara el malestar. Como ya veníamos comentando esto nos parece muy oportuno para que el niño pueda desculpabilizarse y distanciarse. El héroe es bastante normal también y permite una rápida identificación. La recompensa es un elemento de gran valor para Greenwald. En este caso está representada por la princesa. La ayuda es, así mismo, muy valorada, así como el entrenamiento y la puesta a prueba gradual. El héroe vence al dragón y recibe su recompensa pero ahí no acaba todo y esto es algo que nos gusta mucho. Por supuesto que hay una celebración, pero también dos cuestiones muy útiles: una investigación de por qué ese reino recibió la visita del dragón y, por lo tanto, si hay alguna posibilidad de aprender de errores pasados y prevenir para el futuro. Primer punto como ven muy interesante y que en nuestro contexto propondríamos como trabajo con los padres. Y como segundo punto novedoso la propuesta de una conmemoración anual. Es una idea fantástica. Nosotros siempre recomendamos a los padres que hablen de lo que pasó. Que lo vivido no quede en el olvido. Que hablar y recordar sigue produciendo aprendizaje y sigue sirviendo para prevenir y corregir.

Con los ajustes necesarios para aplicarlo en cada caso nos parece una historia muy válida para utilizarla de plantilla. Sobre todo con los adolescentes, pues tiene elementos de mayor elaboración cognitiva que sí se pueden desarrollar más ampliamente con los niños de mayor edad y con los padres, por supuesto.

2. Crear una alegoría con el niño, para el niño:

Nos encanta el reto que supone inventar una alegoría para y con el niño. Llevamos años trabajando en ello. Desde la experiencia de estos años proponemos una serie de elementos que esa historia debe reunir y algunas pautas para ir desarrollando ese proceso de co-creación.

Elementos.

De la mayoría de estos elementos ya hemos hablado, pero vamos a volver sobre ello y a incluir algún detalle más de los que nos parece oportuno introducir:

- Todos los **personajes** son típicos, normales, **comunes pero también únicos**. No olvidemos que van a ser los miembros del sistema con el que el niño va a identificarse e identificar a su familia. Así pues, proponemos **un reino cercano** con unos Reyes y Príncipes que asemejarán claramente los del niño con el que estemos trabajando.

- Debe haber un **héroe** claro que será el protagonista y que permitirá fácilmente la identificación del niño. Para ello, siguiendo con lo expuesto en el párrafo anterior, los rasgos y circunstancias de dicho héroe deben coincidir suficientemente con los del niño.

- Debe haber **un personaje malvado** que será representado por una bruja, un brujo o cualquier otra figura maligna. Estos personajes deben resultar **muy atractivos** a los niños. Recordemos que el niño va poder utilizarlos para depositar elementos que, de alguna manera, sabe que le pertenecen y que están detrás también de sus figuras de apego. Y son elementos en muchos momentos aparentemente muy útiles y poderosos. Debe ser muy evidente la lucha interna entre el bien y el mal.

- En las características de los personajes **no puede haber ambivalencias ni ambigüedades**. Los que han de ser buenos serán claramente buenos y los que han de ser malos lo serán también sin ninguna duda.

- Todo debe haber estado transcurriendo con **normalidad hasta que un día...** Un día algo ocurre que lo cambia todo. Este factor es clave. Como ya hemos venido comentando, el enfocar las cosas así permite que el niño pueda distanciar el problema. Dejar de sentirlo como suyo en exclusiva y dejar de culpabilizarse por ello. Sentirlo como algo que viene de afuera es crucial.

- Ese acontecimiento obliga al héroe a emprender **un viaje** en el que se producirá la transformación. Como también hemos comentado ya, ese viaje viene a representar parte del camino que ya está recorriendo con nosotros desde que comenzó el proceso terapéutico. Un viaje difícil e incluso tortuoso que se ha pretendido evitar pues, lógicamente, se teme. Recordemos que los síntomas de los niños sirven a un fin mayor y que ese fin es la vinculación. Ellos saben que detrás de ese viaje hay peligros muy muy grandes.

Como decía Pogo el historietista: «Hemos conocido al enemigo... y somos nosotros...» O peor aún mamá y papá... No estamos preparados todavía para asumir eso. Así pues...

- **El mal debe ser vencido por el bien**. Siempre. Esto implica que el malvado siempre debe morir. «Puede que los cuentos de hadas sean unas aventuras encantadoras, pero también se ocupan de un conflicto universal: la lucha interna entre las fuerzas del bien y las fuerzas del mal. Para que un cuento de hadas tenga éxito, para que lleve a cabo su propósito psicológico, la bruja debe morir, porque es ella quien encarna la parte pecaminosa del yo» (S. Cashdan).

- El héroe debe contar con **ayuda** y esta puede y debe ser **mágica**. Como decíamos páginas atrás, este punto nos parece muy importante, pues su conexión con la pertenencia es clave. Dirimir los conflictos en un mundo mágico, con personajes mágicos y con ayuda de la magia favorece recrear una situación y un contexto que pueden explicar por qué lo siento como algo que me separa a la vez que verme integrado con tanta facilidad en ese mundo me tranquiliza y da sentido a mi necesidad de sentirme parte de algún contexto.

En relación con el **esquema de la magia** que presentamos en el capítulo IV, la situación sería un "como si" estuviéramos en la realidad, pero sin estarlo y como si estuviéramos en la magia, pero sin estarlo... Dejen que me explique: ni terminamos de alcanzar con plena consciencia el cuadrante 2 ni nos quedamos en el 4, el de la magia negra (del que estamos saliendo gracias al proceso psicoterapéutico que estamos realizando). Al adquirir cierta consciencia y traducción, conseguimos el paso necesario hacia el cuadrante 2 y, al hacer los duelos correspondientes (ayudados de la reparación parental), podremos alcanzar a generar el polvo de hadas suficiente para sentir que es magia blanca la que nos rodea. Y además, con la sensación de empoderamiento que el paso a ese cuadrante 3 nos produce. Esa es la idea o el objetivo final: **generar el polvo de hadas necesario para que, sintiéndome suficientemente traducido, legitimado y capaz de regular mis emociones** (o de pedir la ayuda necesaria para poder hacerlo, auto y hetero-regulación, por tanto) **pueda explicarme y dar sentido a lo ocurrido con una narrativa completa y coherente que además me hace sentir capaz de enfrentar los nuevos retos que la vida siga trayendo**.

En relación con la ayuda, a nosotros nos gusta incluir siempre a unos cuantos personajes fijos: el duende Skype, que acompaña en todas sus aventuras al protagonista; el hada Serendip, que proporciona la ayuda mágica que hace falta, y el Sabio Sabino, que aconseja sabiamente. Nos gusta a su vez que el instrumento ejecutor de los maléficos planes del malvado brujo o la pérfida bruja sea un dragón.

Skype es un duende que una vez ya tuvo que correr una suerte parecida a la del protagonista y que, debido a eso, ahora es de color violeta. Ya ha sufrido, por tanto, los avatares de la lucha contra el mal. Es pequeño y no muy poderoso, aunque tiene una varita mágica y es valiente y astuto (por cierto, al duende lo bauticé antes de que apareciera la plataforma para la comunicación vía Internet… No sé si debería cuestionarme el cambio o si lo que simbólicamente pueda representar hasta se podría decir que aporta…). Nos parece un magnífico compañero de viaje. La idea de un compañero la fuimos generando a partir de las constantes referencias de los niños a la necesidad de no sentirse solos en esta aventura, de no sentir que eres el único al que le pasan estas cosas… Por eso dimos vida a Skype y desde hace años es fiel compañero de nuestros pequeños. Siempre es él la primera criatura del mundo mágico que se pone en contacto con el héroe y quien lo anima a realizar el viaje tras contarle su historia y garantizarle su compañía. No es un Pepito Grillo, es más bien esa parte audaz y curiosa que todos llevamos dentro y que tan silenciada se halla en estos casos…

Todos conocen el concepto de *serendipity*. Significa algo así como encontrar algo que no se estaba buscando y que resulta ser un gran hallazgo. Se encuentra fortuitamente, como por accidente. El término fue acuñado por Horace Walpole en 1754 quien lo asociaba a un cuento de hadas que había leído titulado *Las tres princesas de Serendip*. Este lugar parece ser un derivado del antiguo nombre de la isla de Sri Lanka: Serendib (la isla de los mil nombres, por cierto, o lágrima de la India…). Actualmente Ceilán.

Quise bautizar al hada de mis relatos de esta manera, **Serendip**, para tener la oportunidad de explicar este concepto a los niños que me parece que introduce un elemento mágico fantástico al pensar que siempre cabe esperar encontrar una solución cuando menos lo espera uno o de donde menos piensa que llegará. En un momento del relato, la intervención del hada y la relación que establece esta con el protagonista dará un giro definitivo al la aventura.

El sabio Sabino es un homenaje personal a un personaje cuya sabiduría me ha acompañado durante años. Sí, me van a permitir que confiese que hablo de Joaquín Sabina. El conocimiento que encierran las letras de sus canciones (que, como dice Marwan, escuecen) me han permitido no solo crecer personalmente sino utilizarlas para ofrecer explicación y sostén a muchas de las cuestiones que mis pacientes han estado trayendo durante años a mi consulta. Creo que una de las frases más repetidas por mí en dicho espacio es eso de: como dice Sabina, no hay nostalgia peor que añorar lo que nunca jamás sucedió…

Así pues, Sabino es el sabio al que nuestros protagonistas consultan… Su retrato no lo he copiado. No me atrevo con los derechos de imagen… Además, creo que es más oportuno asociarlo a un viejito de largas barbas y pelo canoso…

Otro elemento del que no suelo prescindir es del bosque de Tilos. Se dice que el tilo es el árbol favorito de las hadas que lo habitan desde tiempos inmemoriales con un fin: dejar impresa en cada una de sus hojas la fómula mágica que impedirá que se acaben los cuentos en el mundo. Y es que el niño que toque alguna de sus hojas recibirá el don de escribir cuentos sobre las cosas sagradas de este planeta. Y es más, aunque no quiera escribirlos, los contará tarde o temprano, pues la savia del tilo lo empujará a imaginar historias que tendrá que compartir irremediablemente si no quiere morir de la tristeza, por estar tan lleno de cuentos y de leyendas y no contarlos y compartirlos…

¿Comprenden ahora por qué debe aparecer un bosque de tilos en el cuento hogar de las hadas buenas?

Para terminar con los elementos de ayuda, a mí me gusta introducir en el cuento **la ayuda de los papás**. Suelo colocar al niño en un momento en el viaje en el que, a pesar de la mucha y valiosa ayuda recibida por parte de los diferentes personajes que vamos encontrando, es necesario que el héroe dé el paso final gracias al empujón de confianza y respaldo que le proporcionan los padres. Sobre todo incluyo esto si los padres han estado muy involucrados en el proceso psicoterapéutico tal y como hemos visto que recomendamos que sea. No solo estamos dando cabida a la explicitación de algo que ha ocurrido, que el niño ha podido disfrutar y agradecer, sino que también les estamos recompensando e incitando a trabajar de esta manera en el futuro.

- Por último, hay un elemento que, según la idiosincrasia del caso con el que estemos trabajando, suelo considerar introducir. Se trata de una **característica particular y especial del héroe** que lo convierte en el único capaz de vencer al mal. Es la clave para derrotar a la bruja. Esa característica, además, en el mundo real suele crearle dificultades o desventajas mientras que, durante el viaje, descubrirá que, en el mundo mágico, es un bien preciado y admirado que le convierte en un verdadero héroe casi sin saberlo y, según las circunstancias, a veces casi hasta por casualidad (como le ocurre a Dorothy al comienzo del cuento cuando su casa aterrriza sobre la Malvada Bruja del Este y la aplasta salvando con ello a los Munchkins y liberándolos de la esclavitud a los que la bruja los tenía sometidos). Cualquier enfermedad, deficiencia, discapacidad o desventaja de la que pueda partir un niño por diferentes circunstancias vitales encontrará en el reino mágico un protagonismo excepcional y maravilloso que ayudará a darle sentido y a integrarlo.

- **Esquema de construcción del relato**.

Como ya comentaba más atrás, el relato solemos comenzarlo con una frase clásica, pero normalizante:

Érase una vez en un reino muy, muy cercano…

De ahí pasamos a describir ese reino y a sus habitantes que, como decíamos, representarán unas circunstancias muy semejantes a las de la vida real de nuestro paciente. Con frecuencia, los niños y sus papás son los reyes y príncipes de esos reinos. Pero, en otras ocasiones, la normalidad es total y el niño es uno más dentro de un entorno totalmente común. Depende. A veces es necesario hacerle al niño sentirse especial y a veces urge normalizar su situación…

También le doy mucha importancia al nombre del protagonista. Es algo en lo que suelo determe mucho y pensar despacio, pues suele dar título al cuento y ya es una inaugural manera de hacer un guiño al niño para permitirle identificarse. No siempre lo captan a la primera. Yo nunca les hago pensar en ello, el momento del descubrimiento suele ser para disfrutar... Me gusta ponerle algún nombre que describa alguna característica que me parece destacable del temperamento, los gustos o las motivaciones del niño. Así, llamé a una heroína «Alma Bella» y a un héroe «Fitipaldi». Pero también frecuento la fórmula de darle la vuelta al nombre o jugar con las letras que lo componen. Y de esta manera, he tenido héroes con los nombres siguientes: Arash, Tórvic o Élica.

Veamos un ejemplo:

◆ TÓRVIC, EL DUENDE Y EL DRAGÓN

Érase una vez un reino muy muy cercano en el que vivía un niño llamado Tórvic. Tenía 9 años y vivía en una casa como otra cualquiera, en un pueblecito como otro cualquiera, dentro de ese reino cercano que, además, era hermoso y tranquilo como otro cualquiera. Tenía una mamá, un papá y dos hermanas mayores que él, de 10 y 16 años, que no eran como otros cualesquiera, sino que eran muy especiales, porque eran su mamá, su papá y sus hermanas.

Torvic hacía todas las cosas que hacen los niños de 9 años: iba al colegio, jugaba al fútbol en los recreos y siempre que podía, porque era un deporte que le gustaba mucho y con el que disfrutaba un montón; le encantaban las vacaciones; esperaba con impaciencia y algo de nervios la llegada del Papá Noel y los Reyes Magos; jugaba y se peleaba de vez en cuando con sus hermanas y se lo pasaba pipa cuando toda la familia iba a ver una peli al cine...

También había algunas cosas que no eran tan buenas en la vida de Tórvic, como le pasa a cualquier niño de 9 años. Por ejemplo: tenía una manía tremenda a los deberes, a veces le costaba mucho obedecer a papá y a mamá, algunas noches tenía pesadillas... En fin, como ya os decía, lo normal…

Y así era como transcurría la vida de nuestro protagonista hasta que un día...

Entonces es cuando se deja sentir la presencia del malvado o malvada…

Un día apareció en el reino donde vivía Tórvic un gigantesco, aterrador y nauseabundo dragón de un deslumbrante e intenso color azul. Todo el mundo tuvo miedo. Mayores y pequeños corrían aterrorizados sin saber qué hacer mientras el dragón sobrevolaba el inmenso cielo azul clarito de aquel pequeño pueblo y lo iba convirtiendo en una masa oscura y espesa llena de nubarrones negruzcos y salpicada de enormes reflejos dorados provenientes del fuego que salía de su boca. ¿Quién no iba a tener miedo ante semejante visión?

El dragón comenzó a hacer de las suyas: un día se comió una vaca de un granjero; otro día fueron un par de ovejas las que desaparecieron; una noche, el caballo de unos vecinos dio un relincho muy fuerte y después de eso no volvieron a verlo nunca más...

La gente empezó a estar cada vez más asustada. Los padres dijeron a sus hijos que les quedaba terminantemente prohibido salir a jugar fuera. El problema es que los niños no son muy buenos cumpliendo eso de no poder salir a jugar fuera y entonces los padres tuvieron que quedarse en casa para vigilar que los niños no salieran, para protegerlos y mantenerlos a salvo del dragón. Incluso la gente que no tenía niños tenía miedo de salir a la calle.

Pronto ocurrió que ningún niño pudo volver al cole y que muchos padres tuvieron que dejar de ir a trabajar también. Todo el mundo estaba tan asustado por culpa del dragón que la mayoría permanecía todo el día encerrada en sus casas. Y todo el mundo empezó a preguntarse: ¿Pero cómo es posible que nuestro reino tan maravilloso pueda tener un dragón? Los otros reinos no tienen ninguno. No sabían cómo explicarse esto, pero, como querían tener alguna explicación, pues empezaron a dar algunas razones. Un grupo de gente empezó a echarle la culpa a otro grupo y ese otro grupo les echaba la culpa a otros, y así, todo el mundo empezó a culpar a todo el mundo y todos estaban medio enfadados entre sí.

No pasó mucho tiempo antes de que todo esto se fuera conociendo entre los otros reinos y que el pequeño reino donde estaba el dragón comenzase a tener muy mala fama. La gente no sabía realmente lo que estaba pasando con el dragón, pero veían que en aquel pequeño reino todo era un lío enorme, que los niños no iban al cole, que la gente no iba a trabajar y que allí todo el mundo estaba enfadado con todo el mundo y nadie salía de sus casas, que nada funcionaba y todo allí era un enorme lío.

Y así es como eran las cosas hasta que un día....

> Como ven, en este caso tomé elementos del cuento de Greenwald para ayudarme a describir las consecuencias de la acción del mal y la reacción de los habitantes del pueblo de nuestro protagonista y los pueblos vecinos. Las circunstancias del caso hacían conveniente incorporar los elementos de juicio y reprobación de otros.
>
> Y como también pueden ver, vuelve a haber una constatación de que todos sufren los avatares de la influencia malvada hasta que un día algo vuelve a dar un giro nuevo al curso de los acontecimientos. En este caso, como en la mayoría de los relatos que escribo con y para los niños, este giro lo determina la aparición de Skype, el duende violeta. Veamos:

Un día apareció por allí un extraño ser. Tórvic fue el primero en verlo pues apareció por sorpresa en su habitación una tarde que estaba intentando concentrarse en hacer deberes. Era pequeño y de color violeta. ¿Sería un gnomo o un enanito? ¿Pero los gnomos son violetas? ¿Y los enanos? ¿Pero existen siquiera los enanos y los gnomos? ¿Qué era realmente ese ser extraño que lo miraba con sus enormes ojos oscuros muy abiertos y con un finísimo y alargado dedo sobre su boca con gesto de no digas nada por favor, no grites, no muevas ni un músculo siquiera? La otra mano la tenía apoyada en su diminuta cadera y con un pie desmesuradamente grande daba golpecitos al suelo expresando, sin duda, algún cierto temor por que ese niño que lo miraba con expresión de susto no gritara y le delatara.

—¿Puedes prometerme que no vas a gritar niño? No voy a hacerte nada. Solo he venido a ayudaros —dijo aquel extraño ser, de aquel aún más extraño color—. Verás, soy un duende, me llamo Skype y he venido por lo del dragón, yo sé cómo podéis deshaceros de él, pero tendrás que ayudarme...

El primer conflicto que se le plantea al niño es el de decidir si dirá que sí a Skype y lo acompañará o no en un viaje que parece que será tan peligroso como atractivo.

Afortunadamente, los niños suelen decir que sí aunque a algunos les cueste hacerlo o lo hagan con reservas. Es en ese punto donde yo dejo que sea el niño el que decida y me relate qué cree él que responderá el protagonista y cómo reaccionará ante la propuesta del duende. Ese ejercicio podemos hacerlo con ellos en la consulta ayudándoles a escribir y a ir avanzando, o podemos encargárselo para que lo hagan ellos en casa. Una vez más, todo dependerá del caso, de las circunstancias y de lo que sepamos que al niño le va a motivar o a apetecer escribir en casa. En este caso, con un niño al que le gustaba bastante poco hacer deberes y muy poco escribir, lo que hicimos fue ir desarrollando juntos las ideas y tomando decisiones ante los diferentes conflictos que iban surgiendo en el espacio terapéutico. Después, yo, a solas, iba dando vida y poniendo palabras a los diferentes personajes para que esas ideas y decisiones quedasen plasmadas.

Yo suelo ir aprovechando los diferentes capítulos para ir introduciendo nuevos retos que, según lo trabajado en consulta, me permiten ir chequeando cómo se han ido incorporando los diferentes elementos tratados. Las respuestas del niño y sus decisiones me van guiando porque me permiten ver si vamos hacia donde creo que deberíamos ir.

La primera parte hasta que el niño debe responder a la propuesta de Skype la traigo siempre escrita de casa y se la leo en voz alta y despacio. Después de decidir cómo continuará, me gusta pedirle al niño que me dibuje al protagonista.

Tórvic apenas podía articular una palabra. Tenía la boca abierta, pero ningún sonido salía de ella. Sentía una mezcla de miedo y sorpresa que le tenía paralizado. ¿Era verdad aquello que estaba viendo o solo era un sueño? ¿Se habría quedado dormido? No sería de extrañar, porque los deberes de Cono eran tan aburridos que podían tumbar a cualquiera. Se frotó muy fuerte los ojos y volvió a intentar hablar. Aquel extraño personaje que decía ser un duende le miraba con una cara de guasa... Sin duda, estaba acostumbrado a que la gente reaccionara de esa manera cuando se encontraban con él. Por fin, Tórvic pudo decir algo.

—¿Estoy soñando? —Fue todo lo que alcanzó a decirle a Skype, con la voz un poco temblorosa.

—No —contestó Skype divertido—. Soy real, ya te he dicho que soy un duende y que vengo a ayudaros.

—Pero como... ¿qué..? ¿Y yo....? —A Tórvic no le salían las palabras y a Skype le dio la risa. Soltó una carcajada un poco estridente mientras movía todo su diminuto cuerpecillo atrás y adelante.

—¡Vamos hombre reacciona! —le dijo a Tórvic—, no te creías que los duendes existíamos de verdad ¿eh? Claro que después de haber vista al dragón supongo que te creerás cualquier cosa, ¿verdad? Pues lo que te decía, que he venido por el dragón pero necesito tu ayuda para acabar con él.

—¿Mi ayuda? ¡Pero si yo solo soy un niño de 9 años! —contestó Tórvic, un poco asustado.

—Bueno, según mis informes, estás a punto de cumplir 10 —le dijo Skype—. Pero eso no tiene ninguna importancia. Eres tú el único que puede acompañarme en esta misión, el único que puede hacer que el dragón se convierta en algo tan delicado e inofensivo como una mariposa».

—¿Yo? Pero si yo solo soy un niño normal como todos los demás, ¿por qué voy a ser yo el único que pueda acabar con ese dichoso dragón? —gritó Tórvic, ahora sí, bastante asustado.

—Mira —dijo Skype, con tono tranquilizador—. Entiendo perfectamente que tengas miedo. Yo también estoy bastante asustado. No es la primera vez que me enfrento con ese repugnante dragón, ¿quién crees que me convirtió en un duende de color violeta? Yo era antes un hermoso duende verde como todos los de mi reino, con un verde precioso y fresco como la hierba en primavera. Hasta que en un duelo con él, uno de los rayos de fuego que salen de su boca me rozó y me convirtió en violeta. ¡Qué rabia siento desde entonces! Ninguno de los magos de mi reino ha sabido solucionarlo. Tampoco las hadas, que conocen tantos secretos y cuya magia es tan antigua y poderosa, han sabido devolverme mi color. Nada, y ahora tengo que vivir así, con este colorcito que hace que el bosque sea más peligroso para mí porque ahora no puedo camuflarme. Pero no te lo voy a contar todo ahora, que tenemos un largo viaje por hacer. ¿Vas a venir conmigo sí o no? ¿Vas a ayudarme a luchar contra el dragón?

Tórvic se quedó pensativo un rato. No sabía qué hacer. Le apetecía un montón ayudar a ese duende y correr aventuras pero también sentía un nudo de agobio en el estómago que le decía «no vayas, no vayas, que eso es muy peligroso...». Quería ir y quería no ir… ¿qué debía hacer? Tras unos cuantos segundos que a Skype se le hicieron larguísimos Tórvic contestó:

—De acuerdo, iré. Pero con una condición.

—Muy bien, dispara —dijo Skype emocionado.

—Me contarás con todo detalle por qué solo yo puedo acabar con el dragón, no me mentirás acerca de los peligros que vamos a correr y me explicarás despacio cuáles son los poderes de ese dragón, por qué ha venido aquí y qué quiere de nosotros —dijo Tórvic, muy serio.

—Perfecto. Acepto tus condiciones, porque son más de una, ¿eh, pillín? Te lo iré contando todo por el camino. Pero tú tienes que prometerme que siempre siempre, y pase lo que pase vas a confiar en mí —contestó Skype.

—Prometido —dijo Tórvic.

—Mete entonces algunas cosas en tu mochila y vámonos. Nuestra primera misión será averiguar dónde se esconde el dragón. ¿Preparado? —Y, sacando una diminuta varita mágica de su bolsillo, el duende tocó a Tórvic ligeramente en un pie y lo convirtió en alguien tan pequeño como él—. Esto nos facilitará las cosas para salir de aquí sin ser vistos —le dijo Skype a Tórvic mientras observaba, divertido, la cara de sorpresa del niño.

Tórvic tenía miedo, pero también estaba contento de empezar una aventura que prometía ser tan emocionante...

Durante el relato procuro hacer hincapié en el mundo emocional del niño. Legitimo las emociones, busco nombrarlas y observar el correlato de sensaciones y hago explícita la agobiante contradicción que supone sentir un deseo y su contrario simultáneamente. Esto debe ser una característica siempre: explorar, explicitar, nombrar y legitimar la experiencia emocional; localizar sensaciones y aprender un lenguaje amplio que me permita expresarlas para compartirlas; detenerme a mirar a los otros y hacer conjeturas sobre lo que deben estar sintiendo o notando; empatizar, etc.

Busco escenas que reflejen los conflictos habituales del niño en las interacciones y, aunque dije que Skype no pretendía ser un Pepito Grillo, sí que aprovecho para que sea él quien le haga ir viendo al protagonista el efecto negativo de alguna de sus intervenciones y, o bien le ofrezca soluciones, o bien le haga, como mínimo, pensar y buscar alternativas.

El niño decide qué personajes puede ir encontrándose por el camino y qué le aportarán o a qué lo retarán. Algunos otros y sus intervenciones, son decisión exclusivamente mía (como los encuentros con el Sabio Sabino o el hada Serendip).

Lo primero que hizo Skype fue hablarle a Tórvic del Reino de la Fantasía. Hacia ese lejano lugar dirigían sus pasos. El dragón era un viejo conocido allí. La reina de las hadas ya había tenido que librar algunas batallas con él. Lo que no podían explicarse es por qué había ido el dragón hasta el reino de Tórvic. Nadie sabía exactamente lo que estaba buscando allí.

—Bueno —le dijo Tórvic a Skype—, no te olvides de que habías prometido que me contarías exactamente cuáles son los poderes del dragón. Necesito conocer todos los peligros a los que tendré que enfrentarme.

—Claro, claro, descuida, chaval, que voy a contarte lo que yo sé. Y te lo contaré con todo detalle aunque se me vayan poniendo de punta todos los pocos pelos de mi escaso cuerpo como si fueran alfileres. Porque no creas que no me da un poco de miedo hablarte del dichoso dragón... —contestó Skype.

—Y los pelos de tu escaso cuerpo, como tú dices, son también de color violeta? —preguntó Tórvic, con un evidente tonito de guasa en su voz y una sonrisa burlona en su cara.

—¿Te estás burlando de mí? —dijo Skype bastante ofendido—. Pues que sepas que yo no le veo la gracia. No sabes la cantidad de problemas que me ha traído este maldito color violeta. Le tengo mucha manía a ese dragón. No te digo que lo odio porque me dirás que está mal decir eso, pero tengo que confesar... ¡que sí, que le tengo mucha rabia, que hace mucho daño y que hay que pararle los pies! Y aunque tengo mucho miedo, estoy dispuesto a luchar.

—No te enfades Skype, era solo una broma... —dijo Tórvic un poco avergonzado.

—Ya, pero es que hay bromas con las que hay que tener mucho cuidado... Pero sé que no tenías mala intención. Te perdono y lo olvido si me prometes que pensarás un poco en el daño que puedes hacer a los demás antes de hablar o actuar —le dijo Skype, con un cierto tono de reproche aunque muy cariñoso.

—Lo prometo. —Reconoció Tórvic—. A veces no puedo controlarme, y hago y digo algunas cosas que molestan mucho, sobre todo a mis padres y a mis hermanas. ¡Pero no puedo evitarlo! ¿Sabes?

—Ya, ya sé de lo que hablas, a todo el mundo le pasa a veces… —le dijo Skype, comprensivo.

—A mí me ha pasado nada más verte —dijo Tórvic, casi en un susurro—. Al poco rato de que me empezaras a hablar, lo que más me apetecía era hacerte burla, sacarte la lengua y eso... Me fastidió mucho tu tono cuando llegaste a mi habitación y tu gesto de burla y como de fastidio porque yo no podía reaccionar. No sabía qué hacer ni qué decir. ¡Es que era la primera vez que veía un duende en mi vida! Un duende que además es violeta y habla!

Hago un alto aquí porque es el momento de contarles que, cuando a mi paciente le pedí que dibujara a Tórvic, lo pintó así:

Me dijo que Tórvic le sacaba la lengua al miedo…

Dejen que les cuente algunos detalles del caso:

- Tórvic es un niño de 9 años y 9 meses. El menor de tres hermanos (dos hermanas mayores de 10 y 16).

- Desde los 9 meses, problemas por reacciones alérgicas. Historia muy traumática de pruebas, hospitalizaciones, riesgo de muerte (*shock* anafiláctico), tratamientos agresivos, progresos y retrocesos, etc.

- En el colegio socialmente bien adaptado pero presenta desatención y falta de compromiso con sus tareas. «A veces parece ausente», dice su tutor.

Motivo de consulta:

- Desde hace cuatro o cinco meses atrás, accesos de rabia descontrolados en los que insulta, agrede, tira cosas… No es consciente de lo que hace hasta pasado un rato, cuando han conseguido calmarlo. Entonces pide perdón. La agresividad solo la muestra en casa, nunca en el cole o en otros contextos.

- Falta de interés en las tareas del colegio. Negativas constantes a hacer los deberes. Este suele ser el detonante de las reacciones violentas descritas arriba.

- Distancia emocional. Nunca habla ni ha hablado de lo que le pasa o de lo que siente. Su respuesta ante todo lo que tiene que ver con su problema alérgico es: «fenomenal, como siempre».

¿Pueden ver cómo le saca la lengua al miedo?

Aspectos más destacados de la narración de los papás:

- Es un niño muy alérgico: fundamentalmente a las proteínas de la leche y el huevo. Pero también a gramíneas, ácaros, animales…

- En palabras del pediatra: «Su hijo es una bomba de relojería… y si un día estalla, lo van a pasar todos muy mal…»

- Equipo médico: «Es un caso muy especial»

- Departamento de alergia: «No podemos seguir tirando de él…».

Tórvic al margen del problema:

- Le gusta mucho el fútbol. Es su deporte favorito.

- Suele ir todos los fines de semana al polideportivo porque, en general, es muy bueno en deporte y lo disfruta mucho.

- Es un niño muy sociable, amigo de todo el mundo.

- De mayor quiere dedicarse a «ayudar a los que tienen problemas».

Continuamos así:

—Es interesante eso que dices... Perdóname tú también por haber sido algo burlón contigo —respondió enseguida Skype—. Me parece que los dos hacemos una cosa igual: SACARLE LA LENGUA AL MIEDO.

—¡Sí! Creo que tienes razón. ¡Qué guay! ¿Crees que podría ser nuestro lema? Yo lo veo muy bien. Hagamos este viaje y vivamos esta aventura con este lema siempre presente: SOMOS DOS AMIGOS QUE LE SACAN LA LENGUA AL MIEDO. ¿Qué te parece? —Tórvic estaba emocionado cuando terminó de decir estas palabras.

—No sé... Tengo que reconocer que suena bien pero no estoy seguro de que eso sea lo mejor que se puede hacer con el miedo. Creo que tendríamos que consultarlo con alguien más sabio, como el Sabio Sabino que vive en el Reino de las Hadas y es el consejero de la Reina Serendyp. Él podrá explicarnos mejor... —contestó Skype, en tono prudente.

—¡Venga ya, aguafiestas! ¿No ves que es perfecto? No hay nada mejor que hacer contra el miedo que sacarle la lengua. Me parece que eres demasiado cobardica —le soltó, así sin más, Tórvic.

—Has vuelto a hacerlo, Tórvic, has vuelto a insultarme solo porque no estoy de acuerdo contigo —le dijo Skype un poco triste—. Te diré una cosa, ya sé que soy un cobardica, pero el Sabio Sabino siempre nos dice que no es más valiente el que no tiene miedo, sino el que, aun teniéndolo, le hace frente. Y eso es lo que quiero aprender a hacer yo. ¿Tú crees que sacarle la lengua es de verdad hacer frente al miedo? Yo tengo mis dudas... porque por fuera sí que le saco la lengua y eso, pero por dentro... por dentro yo sigo muerto de miedo y claro... No sé, no sé, estoy hecho un lío.... ¿Y tú?

Tórvic hizo un gesto un poco raro: subió los hombros como si no le importara mucho, pero en sus ojos había una mirada que indicaba que estaba reflexionando sobre lo que Skype acababa de decir. De todos modos, seguro que a lo largo del viaje iba a haber un montón de ocasiones en las que iban a pasar miedo, podrían ir viendo si de verdad se le puede sacar la lengua o no. Ya verían.

***

El número de capítulos dependerá de las necesidades de cada caso, así que va a ser muy variable. Es importante tener claros y concretos objetivos además de ese global que asumimos que tiene el elaborar una narración. Estos objetivos nos guiarán en la aventura, la condicionarán. En este caso, de partida, yo me había planteado los siguientes:

OBJETIVOS:

- Asumir, integrar su enfermedad alérgica y que esto no le defina. Como me gusta expresarlo, legitimar el deseo, pero dejar de convertirlo en necesidad.

- Que, en la medida de lo posible, eso podamos transformarlo en ventaja.

- Conectar con su mundo emocional.

- Ver su miedo y el de sus papás: en algunos momentos deberá elegir entre afrontar el reto o cuidarlos.

- Consciencia de la rabia y legitimación de esta. La rabia que expresa el niño es claramente disociada. Debe ir haciendo consciencia. Después, aprender a manejarla. En el relato, en algún momento, su rabia le juega una mala pasada y es la colaboración de todos lo que les hacer salir airosos. Pero también en un momento determinado es la que le da el coraje suficiente para enfrentarse a solas con el dragón.

- Aprender nuevos recursos de afrontamiento adaptativos, esencialmente: heterorregulación, petición de ayuda, legitimación del miedo y trabajo en equipo. Supone todo un reto para él pedir ayuda y trabajar en equipo. En el relato lo vamos manejando a través de las interacciones con diferentes personajes: Skype, la rana Mipel, los robots del reino de Cybertron (personajes incorporados por decisión del niño), las hadas, la mariposa Plácida (sí, la del cuento de Michael Ende…), etc.

- Conectado con lo anterior: la necesidad de prevenir (es decir, ir sentando las bases del desarrollo de un mecanismo de defensa tan valioso como el de la anticipación, el cual solo puede ir desarrollándose cuando la experiencia interna va siendo adecuadamente traducida), de conocerse, de conocer al enemigo, de calcular opciones, de analizar consecuencias, de actuar, en definitiva, menos impulsivamente.

- Saber que esto no es incompatible con reconocer y legitimar necesidades propias. Durante el relato esto lo vamos incorporando de manera que en determinados momentos seguir su instinto es definitivo para el desarrollo del plan.

- Conexión y reconocimiento, a través de la experiencia. En el relato permanentemente se va haciendo necesaria la reflexión después de la actuación para transformar las experiencias vividas en aprendizaje.

Como ya habrán imaginado, la particularidad que utilicé para ser lo que le hace único e irremplazable en la lucha contra el enemigo es lo que le hace alérgico. Su sangre es especial y eso supone una ventaja: es imprescindible para elaborar el antídoto con el que derrotar al dragón.

Por supuesto, página tras página va permitiéndose conectar y legitimar sus emociones y empatizar con las de los demás. Va aprendiendo a regularse, pues su desregulación va teniendo consecuencias de las que va aprendiendo. Va adquiriendo valentía a medida que deja de sacarle la lengua al miedo y lo puede mirar de frente. Por ejemplo, es secuestrado por no dar importancia a algunas señales y el resto del equipo tiene que arriesgarse innecesariamente. Este suceso lo marca y le provoca una reflexión y un cambio importante.

Hay un elemento del que no he hablado hasta ahora y que a mí me gusta introducir en un momento dado en el relato. Voy a explicarlo: me gusta construir algún fetiche (por llamarlo de alguna manera), un objeto que sirva como objeto transicional en relación con lo vivido y aprendido en la consulta, que de alguna manera mantenga el recuerdo y la vinculación, que, además, contenga algunos poderes mágicos y que, en consecuencia, ayude al niño una vez terminada la terapia. Con cada niño escojo algo diferente y procuro que, de alguna manera, esté relacionado con lo que hemos trabajado. Aparece en el relato y después lo hacemos real de diferentes maneras que casi siempre pasan por fabricarlo nosotros con plastilina, barro, lana, metal, algodón, tela, madera o lo que sea que veamos que nos puede hacer falta. Así, he fabricado, gusanos, collares, atrapapesadillas, robots, geodas, unicornios... ¡yo qué sé! ¡De todo! Siempre con el poder de hacerle recordar al niño que es más capaz de lo que piensa, que no está solo y que siempre puede contar conmigo para que le ayude. En este caso, cuando Tórvic y Skype llegan a Cybertron, el planeta de los robots, y conocen la historia de esos robots, viven allí su aventura, El jefe, Hotshot, le explica una historia importante a Tórvic de cómo ha llegado a liderar a todos los robots de ese planeta y cómo eso es lo que representa el collar que lleva. Ese mismo collar lo fabricamos juntos y se lo llevó el niño al terminar como objeto fetiche o transicional oportunamente cargado de magia y con una breve frase asociada que encerraba una importante enseñanza.

Les dejo el párrafo en el que esa escena ocurre entre Hotshot y Tórvic:

Subidos en la mano de Hotshot, recorrieron el planeta Cybertron. Vieron a cientos de robots, todos muy parecidos a él, pero ninguno con su majestuosidad. Parecía el jefe. Todos leosaludaban con cariño y con respeto.

Hotshot contó la historia de los robots de Cybertron a Tórvic. Hubo un tiempo en el que habían estado enfrentados entre ellos, pero un enemigo común que quería apoderarse del planeta hizo que unieran sus fuerzas contra él. Había habido muchas bajas entre los robots de ambos bandos, pero también de esa manera comprendieron que era mejor permanecer unidos. Desde entonces no habían vuelto a pelear y seguían entrenando y utilizando su poder solo para defender a la gente de otros planetas.

—Sobre todo a los humanos —dijo el robot—, porque se os da muy bien eso de pelearos. No habéis comprendido que las guerras no conducen a nada bueno y que es mejor dialogar que pelear. ¿Tú sueles pelearte mucho, Tórvic?

Tórvic tardó en contestar. Le daba vergüenza confesar que él era bastante peleón y que se daba cuenta de que, muy a menudo, provocaba peleas con sus padres y sus hermanas por cosas sin demasiada importancia que podían perfectamente arreglarse hablando y no gritando o discutiendo.

—Bueno, a veces... —dijo Tórvic en voz muy bajita.

—Pues te aseguro que un buen guerrero es aquel que sabe distinguir cuándo hay que pelear y cuándo no. Y te diré aún más: lo que convierte a un gran guerrero en el mejor de los guerreros es su capacidad para evitar todo tipo de peleas. Eso es lo que le hace el más grande y el más respetado. Puedes creerme —dijo Hotshot con voz firme y mirando fijamente a los ojos de Tórvic.

—¿Eso es lo que tú haces? ¿Por eso eres aquí el jefe? —preguntó Tórvic, sorprendido. Siempre había pensado que el jefe de unos seres tan poderosos y temibles tendría que ser alguien más poderoso y temible que ninguno, y ahora Hotshot le estaba diciendo que todos le seguían y lo respetaban por lo contrario, por ser pacífico y dialogante. ¡Qué lío!

—Soy el jefe, sí. Pero porque me han pedido que lo sea, no porque yo se lo haya impuesto. Ellos saben que conmigo están a salvo de caer en la tentación de entrar en guerra. Saben que yo siempre voy a intentar el diálogo. Y tengo unas buenas dotes de convicción, créeme... —contestó Hotshot, guiñando un ojo a Tórvic—. Saber convencer a otros cuando crees que tienes razón es mucho más eficaz que pelear, te lo digo yo que de eso sé mucho. Ponlo en práctica y verás qué buenos resultados obtienes... ¿Me prometes que lo pensarás?

—Hecho —dijo Tórvic muy convencido—. Ya lo intento, intento hablar antes de pelear, pero a partir de ahora lo voy a intentar más, te lo prometo. Pensaré en ti, imaginaré tu fuerza y me acordaré de tus palabras antes de enfadarme. Así, creo que me resultará más fácil controlarlo.

—¡Estupendo, chaval! Veo que eres un gran tipo. Me parece muy buena idea. Para que te sea más fácil acordarte de mí, voy a entregarte esto. Es una moneda que puedes llevar en tu bolsillo o colgarte del cuello. Es un símbolo para nosotros en Cybertron. Cuando nuestros enemigos pretendieron conquistarnos, primero lo intentaron comprando a los robots y prometiéndoles toda clase de lujos y tesoros. Parecían los del cuento de Alí Babá y los cuarenta ladrones. ¿Lo conoces? Ese en el que diciendo «Ábrete, Sésamo» se abría la entrada a una cueva llena de tesoros maravillosos. Fue horrible. Pero aprendimos mucho de aquella época. Hemos guardado algunas monedas de aquellas para no olvidarnos de lo que nos pasó. Todos llevamos una. Y yo ahora te hago entrega de la tuya. Así te acordarás de tu promesa. — Y, diciendo esto, Hotshot colocó una moneda (con un agujero en el centro y colgada de una cadena) en la mano de Tórvic.

Tórvic la cogió emocionado y enseguida se la colgó. Pero casi no había terminado el gesto de colgarse la moneda al cuello cuando se oyó un zumbido brutal. Todos miraron hacia donde venía aquel espantoso ruido. El cielo se iba tiñendo de negro a medida que el ruido se acercaba. Todos sabían lo que aquello significaba. ¡Era el dragón! Con un rápido y hábil movimiento, Hotshot voló hasta la entrada de un gran búnker de acero. Justo antes de alcanzar la entrada, hizo su aparición la enorme cabeza del dragón entre las nubes negras más cercanas a aquel escondite. Hotshot le lanzó varios disparos certeros. El dragón retrocedió. La entrada al búnker estaba muy cerca, pero las llamas que había provocado el dragón y el humo les hacía casi imposible acercarse. Hotshot soltó a Skype y a Tórvic para poderlos proteger mejor y acudió a encontrarse con el dragón.

> Los diferentes personajes van otorgando dones, consejos o poderes que el protagonista va recogiendo y aprendiendo a manejar, y con ello va creciendo y empoderándose antes de llegar al reto final: enfrentarse cara a cara con el dragón.
>
> Hotshot le regala un pequeño robot que le será muy útil en su enfrentamiento final, pero todos le han ido dando o le darán algún valioso presente:

Un par de horas después, el enorme y singular barco turquesa que les había traído hasta Cybertron volvía a surcar el cielo del reino de la Fantasía rumbo a Serendypity. Skype en el timón iba serio y pensativo. En la gran tripa del barco, acostado en una cama, dormía un sueño profundo y tranquilo nuestro querido Tórvic. Allí lo habían acostado sus amigos tras decidir juntos el plan que llevarían a cabo para ayudar a Tórvic y derrotar al dragón. Habían decidido que lo más urgente era que el Sabio Sabino pudiera reconocer a Tórvic y diagnosticar lo que estaba pasando y qué podía hacerse. Hotshot no podía acompañarles de momento, debía resolver algunos asuntos urgentes y que requerían su presencia en Cybertron. Se uniría a ellos más tarde en Serendypity No obstante, Hotshot había querido que Skype se llevase, para dárselo a Tórvic, un regalo muy interesante: un Optimus Mind.

Os estaréis preguntando: ¿Y qué demonios es un Optimus Mind? Bueno, pues un Optimus Mind es una máquina muy muy sofisticada que otorga a su poseedor unos beneficios nada despreciables. Pero no son beneficios económicos, no; no es que te convierta en millonario así de la noche a la mañana porque fabrica monedas que escupe por esos tubos que tiene en su parte frontal y que parecen los cañones de una ametralladora. No, ni tampoco son beneficios físicos. O sea que no te conviertes así de pronto en el tío más musculoso del planeta al que ni Rambo puede hacer ni pizca de daño aunque ponga toda su musculatura junta en el puñetazo más potente de la historia. No, tampoco. Los beneficios que te otorga Optimus Mind son mentales. Como lo oyes. ¿Que qué son beneficios mentales? Pues, por ejemplo, tener una memoria capaz de almacenar la información de tres enciclopedias y una rapidez de cálculo tal que ni la calculadora más potente podría hacerte sombra. A lo mejor estás pensando que de qué pueden servirle esas cosas a Tórvic para luchar contra un dragón. Es cierto, en principio suena un poco raro que poder acordarse de cómo se llaman todos los pueblos que hay en la provincia más occidental al sur de Mongolia o poder calcular cuántos son 325 689 por 432 788 en una millonésima de milésima de micro segundo pueda servirle para algo a un niño de 9 años a la hora de tener que luchar contra un dragón, sobre todo si piensa en derrotarle. Pero nunca se puede despreciar ninguna ayuda de ningún conocimiento. El saber no ocupa lugar, dijo una vez un tío muy listo, y eso quiere decir que, cuantas más cosas sepas, mejor para ti, porque nunca sabes cuándo vas a necesitar utilizar todos esos conocimientos.

Y en alguna utilidad debía, estar pensando Hotshot cuando insistió a Skype en que cargara en el barco su Optimus Mind, de alguna manera debía de prever que seguramente Tórvic podría necesitarlo. En cualquier caso, seguro que Tórvic iba a estar encantado cuando despertara y viera a su lado un minirobot capaz de mantener una conversación en más de 55 idiomas (yo nunca habría imaginado que existieran tantos, ¿y tú?) y que además pudiera transmitirte, en cuestión de segundos, una gran cantidad de la información que almacena, con solo dirigir los rayos que salen de esos famosos cañones que nos parecían ametralladoras, a tu cabeza. Al hacerlo, un gran chorro de luz amarilla y brillante inunda tu cerebro, y durante unos minutos eres el tío más listo del planeta, ¿a que mola?

Así que, junto a Tórvic, en el camarote de aquel hermoso, aunque rarito, barco turquesa, estaba aquel extraño ser con aspecto de minirobot velando el sueño de su nuevo amo…

Y así, aventura tras aventura, vamos llegando al final. Y cerca de este conocemos a un nuevo personaje, el señor Rabioso que es el que está detrás de todo. Él ha enviado al dragón. No podía ser otro. Recuerden que una de las principales preocupaciones de los papás y lo que más distorsiona actualmente la relación es la rabia disociada del niño. El gran malísimo tenía que ser el señor Rabioso.

Ahí es donde se incorporan también los padres al relato. Su intervención es definitiva. Veamos el encuentro:

Skype y Serendyp ya habían llegado a la entrada de la cueva y el dragón estaba muy furioso, pues ya se había dado cuenta de que sus prisioneros se habían escapado. El encuentro de Tórvic con sus padres fue breve, pero muy emotivo. Estaban todos tan contentos de abrazarse de nuevo... Pero cada uno tenía un papel muy importante que jugar en esta misión, no había mucho tiempo para nada más. Serendyp y Skype trataban de hacer que el dragón perdiera su fuerza para que Tórvic pudiese acercarse. Optimus también hacía lo que podía. Tórvic y sus padres esperaban la señal. Tórvic no sabía bien de qué manera aproximarse al dragón. Este volaba con tanta rapidez que le parecía imposible poder acercarse. Además, resultaba tan imponente así, enfurecido, luchando contra sus enemigos, rugiendo, expulsando fuego. Por un momento Tórvic pensó que iba a marearse. Estaban entrándole náuseas y la visión parecía que se le nublaba. Y justo ahí, la voz de su padre sonó muy cerca.

—Ánimo, hijo mío, sé fuerte —dijo mientras lo sujetaba con los brazos—. Nosotros estamos aquí contigo y confiamos en ti.

Notó entonces el contacto de los labios de su madre en su mejilla. Después del beso se sintió mucho más reconfortado. Miró a sus padres ya sin sentir mareo y vio una gran sonrisa llena de amor y confianza. Él también sonrió. Fue justo entonces cuando escucharon una voz aguda que a Tórvic enseguida le resultó familiar. Era Hotshot. Les gritó que se preparasen, iba a cargarlos sobre él para poder acercar a Tórvic al dragón. Un par de segundos después los tres estaban sobre Hotshot sobrevolando el campo de batalla.

—Acércate al extremo y dame la mano —le dijo su padre a Tórvic—. Agárrate fuerte, yo te sujeto.

Tórvic no lo dudó un instante. Se agarró fuerte a su padre y se inclinó dejando sobresalir medio cuerpo fuera del robot para poder estar lo más cerca del dragón. Sintió una punzada de miedo y nuevamente volvió a encontrarse con las miradas y las sonrisas de sus padres. Esta vez, fue su madre la que habló.

—Será solo un momento. Míralo a los ojos y encuentra su punto débil mientras tú sientes tu fortaleza. —Tórvic asintió con un gesto de cabeza y le gritó a Hotshot que se acercara lo máximo posible.

—¿Estás preparado? —le gritó el robot.

—Sí —respondió un Tórvic muy seguro de sí mismo.

¿Y queréis saber lo que pasó después? Pues que cuando Tórvic y sus padres volvieron a su reino, todo el mundo se había enterado de la gran noticia y estaban esperándolos para recibirlos con una gran celebración. Salieron en la tele y en los periódicos porque todo el mundo quería entrevistar a Tórvic para conocer su gran hazaña.

Había sido difícil, pero al final lo había conseguido. No era tan malo después de todo tener la sangre diferente. Así que seres Amarillos... Bueno, da igual el color, todos tenemos algo muy valioso en nuestro interior, lo importante es descubrirlo y utilizarlo bien.

¿Que no les he hablado de los seres amarillos? Les cuento:

—Es un hada —dijo Optimus, con una voz robótica que sorprendió muchísimo a Tórvic, y adivinando su pensamiento—. Lleva cientos de años ahí atrapada. De ella obtiene el Señor Rabioso el poder.

—Y no hay forma de liberarla? —preguntó Tórvic.

—Se dice que solo una gota de sangre de un ser muy especial de la especie de "los Amarillos" puede salvarla —contestó Optimus.

—¿Los Amarillos? ¿Quiénes son los Amarillos? — preguntó Tórvic, muy extrañado.

—¿No has oído hablar de los seres Amarillos? Son seres especiales, luminosos frágiles y fuertes a la vez, sabios y generosos. Pero, qué digo, ¡si tú eres uno de ellos! —gritó Optimus.

—No grites que nos va a oír —dijo Tórvic, llevándose un dedo a los labios—. Se nota que todavía no controlas esa voz de robot tan rara que tienes. ¿Cómo que yo soy uno de ellos?

—Sí, por eso tu sangre es tan valiosa. Una gota de tu sangre puede quitar todo el poder al señor Rabioso y devolverle la vida al hada Liberty, la reina de todas las reinas, el hada más poderosa de todo nuestro universo —terminó la frase Optimus, con el tono más solemne que pudo imprimirle a su extraña voz.

—Pues debemos hacer todo lo posible para que mi sangre llegue a donde tiene que llegar. En mi mundo este tipo de sangre me trae algunos problemas... así que me alegra mucho saber que puede salvarle la vida a alguien —dijo Tórvic, completamente convencido, a pesar del peligro que entrañaba.

Ahí lo tienen. Era algo importante, como ya les había dicho, que lo que suponía un hándicap en el mundo real en este mágico fuera una excepcional ventaja. Y además, enlaza y hace posible ya su deseo de ayudar a otras personas relacionado con su experiencia particular de niño con unas limitaciones congénitas.

¡Y colorín colorado, este cuento se ha acabado!

Y este capítulo también.

Les dejo en el **Apéndice 11** un ejemplo de alegoría elaborado con una adolescente para que puedan comparar las diferentes formas de abordar el trabajo psicoterapéutico con las terapias narrativas. En este caso, elaboré la alegoría al principio el proceso, tras la evaluación, para poder recoger la historia en tono simbólico (para la niña que quería que estuviese escuchando) y acompañar a una devolución expresada en términos más de corteza y que fue sostenida por una adulta en ciernes de 17 años.

En este caso, la disociación es la protagonista, como seguro que adivinarán en cuanto lean la alegoría…

Como decíamos, no se puede rechazar la aportación de los diferentes enfoques y, en cada caso, habrá que valorar la oportunidad de utilizar unos u otros o un mix de ambos.

Espero que les haya gustado mi narración y también que vivan felices y coman muchas perdices.

Ah, les dejo también, en el **Apéndice 12**, un pequeño cuentecito dedicado a mis alumnos que escribí con ocasión de una sesión clínica en el Colegio de Psicólogos de Madrid en la que compartí un caso trabajado desde el enfoque de las terapias narrativas. Va también por ustedes.

APÉNDICE 11

LISTADO DE LIBROS RECOMENDADOS PARA LEER CON NIÑOS Y PAPÁS

- ***Elmer***, David McKee, Editorial Beascoa

- ***El Cazo de Lorenzo***, Isabelle Carrier. Editorial Juventud

- ***Un poco de mal humor***, Isabelle Carrier. Editorial Juventud

- ***Mi mamá es verde; mi vecino, naranja***, Carmen Sara Floriano y otros. Editorial Ciencias de la Educación Preescolar Especial, colección Cuento contigo

- ***Emocionario,*** Varios autores. Editorial Palabras Aladas

- ***Celos***, Violeta Monreal. Editorial Everest

- ***Felicidad***, Violeta Monreal. Editorial Everest

- ***El dragón y la mariposa***, Michael Ende. Editorial Alfaguara Infantil

- ***¿A qué sabe la luna?***, Grejniec. Editorial Kalandraka

- ***Adiós, cacas, adiós***, Sergi Cámara. Editorial Parramon, colección Tris Tras

- ***Así era mi abuelito***, Joan de Déu Prats. Editorial Parramon, colección Tris Tras

- ***Por cuatro esquinitas de nada***, Jerome Ruiller. (Libro digital para descargar) Editorial Juventud

- ***Aquí es mi casa***, Jerome Ruillier. Editorial Juventud

- ***Hombre de color***, Jerome Ruillier. Editorial Juventud

- ***Papá, Mamá, Anita y yo***, Jerome Ruillier. Editorial Juventud

- ***Donde viven los monstruos***, Maurice Sendak. Editorial Rayo

- ***El libro de los héroes para niños. Relatos de hoy y de siempre***, W. Bennet. Editorial Ediciones B

- ***Energías y relaciones para crecer***, María Mercé. Editorial Parramón

- ***Exploradores emocionales***, María Mercé. Editorial Parragón

- ***Mi primer libro de terapia***, Marc A. Nemiroff. TEA Ediciones

- ***Será un bebé***, J. Burningham. Fundación Intermón Oxfam

- ***Debajo del sillón***, M. Mahy. Fundación Intermón Oxfam

- ***Mi madre***, Mamá adoptiva. Fundación Intermón Oxfam

- ***Mamá, de qué color son los besos,*** E. Queralt. Editorial Imaginarum

- **Vacío,** Anna Llenas. Editorial Bárbara Fiore Editora

APÉNDICE 12

MODELO DE CUENTO DE HADAS PARA UNA PSICOTERAPIA BASADA EN EL TRAUMA

R. Greenwald (2005)

Traducido y adaptado por Begoña Aznárez Urbieta

EL MURO TRAUMÁTICO

Un dicho popular dice que lo que no te mata te hace más fuerte o, menos coloquialmente, que crecemos ante la adversidad. Aunque es cierto que esto puede ser así; a veces, lo que no te mata puede estar doliéndote o produciéndote algún daño durante mucho tiempo. Así pues, ¿qué es lo que hace que sea de una u otra manera?

◆ El cuento del reino y el dragón

Había una vez un pequeño reino del tamaño de una ciudad pequeña. Era un sitio bastante normal: los mayores iban a trabajar, los niños iban al colegio. Unos iban a la iglesia los domingos y otros no. A algunos les gustaba quedar con sus amigos para pasar juntos el fin de semana y compartir juegos, comidas o excursiones; mientras que otros preferían estar solos, tranquilos, en sus casas...

Y así es cómo eran las cosas hasta que un día...

Vino el dragón. Y los dragones no se instalan tranquilamente en una casa en medio del reino, no, los dragones suelen esconderse en lugares oscuros. Y además los dragones suelen estar siempre hambrientos.

Así que un día, el dragón se comió una vaca que estaba pastando en el prado de un granjero. Otro día, el dragón se comió a un perro que estaba justo delante de la puerta de la casa de su dueño. La gente empezó a estar cada vez más asustada. Los padres dijeron a sus hijos que les quedaba terminantemente prohibido salir a jugar fuera. El problema es que los niños no son muy buenos cumpliendo eso de no poder salir a jugar fuera y entonces los padres tuvieron que quedarse en casa para vigilar que los niños no salieran, para protegerlos y mantenerlos a salvo del dragón. Incluso la gente que no tenía niños tenía miedo de salir a la calle.

Pronto ocurrió que ningún niño pudo volver al cole y que muchos padres tuvieron que dejar de ir a trabajar también. Todo el mundo estaba tan asustado por culpa del dragón que la mayoría permanecía todo el día encerrada en sus casas. Y todo el mundo empezó a preguntarse: ¿Pero cómo es posible que nuestro reino tan maravilloso pueda tener un dragón? Los otros reinos no tienen ninguno. No sabían cómo explicarse esto, pero, como querían tener alguna explicación, pues empezaron a dar algunas razones. Un grupo de gente empezó a echarle la culpa a otro grupo y ese otro grupo les echaba la culpa a otros, y así todo el mundo empezó a culpar a todo el mundo y todos estaban medio enfadados entre sí.

No pasó mucho tiempo antes de que todo esto se fuera conociendo entre los otros reinos y que el pequeño reino donde estaba el dragón comenzase a tener muy mala fama. La gente no sabía realmente lo que estaba pasando con el dragón pero veían que en aquel pequeño reino todo era un lío enorme, que los niños no iban al cole, que la gente no iba a trabajar y que allí todo el mundo estaba enfadado con todo el mundo y nadie salía de sus casas, que nada funcionaba y todo allí era un enorme lío.

Y así es como eran las cosas hasta que un día….

Un caballero con una brillante armadura pasó por allí. Bueno, realmente no era un caballero ni llevaba una brillante armadura. En realidad era un chaval normal que pasaba por allí, pero la gente del reino vio algo en él.

—Tú —dijeron—. Tú puedes vencer al dragón, tú eres justo el que puede hacerlo.

—No, lo siento —dijo el chaval—, pero yo no soy ningún caza dragones. Os habéis equivocado de persona. Pero a lo mejor podéis ayudarme. He hecho un largo camino hasta aquí. Vengo buscando a una princesa de la que estoy enamorado, pero no sé en qué reino vive. —Sacó una foto y se la enseñó a todo el mundo—. ¿Habéis visto a esta princesa? ¿Sabéis dónde puedo encontrarla?

—Sí, es nuestra princesa —contestó la gente—. Vive aquí, en este reino. Y fíjate qué coincidencia, ella quiere casarse... ¡con quien consiga derrotar al dragón!

—Bien, en tal caso, soy vuestro hombre. ¡Llevadme hasta vuestro dragón.

Entonces ellos le llevaron hasta la entrada de la cueva oscura donde dormía el dragón. Al verlo, el chico se sorprendió.

—¡Guau, esto realmente no es una buena idea! Yo no puedo contra este dragón. No hay manera. ¡Es gigantesco! Y parece muy muy fuerte, todo cubierto de escamas y escupiendo fuego. Olvidémonos de todo el asunto.

—No, tú puedes hacerlo. —Le animó la gente—. ¡Sabemos que tú puedes! Puedes entrenarte, practicar, hacerte más fuerte. Nosotros te ayudaremos. Te conseguiremos un entrenador personal. Además, ¡no olvides a la princesa!

—Oh, sí, la princesa. —Recordó el chico. Estaba de verdad enamorado y, mas que nada en el mundo quería casarse con ella—-. De acuerdo, no sé nada de eso que me habláis de entrenador personal, pero le daré una oportunidad y veremos si funciona.

Así que le proporcionaron un entrenador personal y este le llevó directamente al patio del colegio para comenzar los ejercicios. ¡Pero no podía concentrarse! Cada vez que empezaba con algún nuevo ejercicio, tenía que pararse de repente y mirar con atención a su alrededor. Tenía miedo de que el dragón pudiera pillarle mientras él estaba ahí fuera, totalmente expuesto. Así no conseguía hacer ningún progreso. Todo aquello claramente no estaba funcionando.

Entonces le llevaron a un claro del bosque donde había grandes árboles por un lado. Y juntos comenzaron a trabajar para construir una valla alrededor del resto de aquel claro. Todo el mundo participó: cortando leña, acarreándola, martillando y asegurando bien la valla, ¡incluso cocinando para todos…! Hasta los niños pequeños contribuyeron repartiendo agua a todo el mundo, llevando y trayendo mensajes o haciendo cualquier cosa que se les pedía y podían hacer. No pasó mucho tiempo hasta que tuvieron construida una fuerte, ancha y alta vaya alrededor del resto del claro.

Así, el chaval pudo por fin concentrarse en su entrenamiento. Y el trabajo empezó a ir muy bien. Era costoso, pero mucho mejor después de todo. Cada día trabajaba duro con su entrenador personal: corrían, hacían abdominales, pesas, flexiones y un montón de ejercicios más. Cada día, el entrenador añadía algún kilo más a las pesas y alguna dificultad nueva a los ejercicios, por lo que nuestro héroe iba haciéndose poco a poco más y más fuerte, un poco más rápido, un poco más ágil. Después de un tiempo, su aspecto era francamente impresionante. Ese fue el momento en que escogieron a dos de los chavales más fuertes y atléticos de la comarca para que, disfrazados de dragón, hicieran su papel enfrentándose al chaval para que este pudiera practicar todos los ejercicios ensayados.

Al fin llegó el gran día: el chico estaba preparado. Fue hasta el oscuro lugar donde se escondía el dragón. Se le encaró, luchó contra él y le venció.

Se casó con la princesa, pero las cosas no volvieron a ser en aquel reino como antes de que apareciera el dragón.

Por una razón: ahora tenían un héroe entre ellos. La gente de otros reinos decía: «Ahora en ese reino tienen un caza-dragones. Cuánto desearíamos nosotros tener uno».

Así que, todo el mundo en el reino empezó a sentirse muy orgulloso y a presumir, caminando así como si fueran un poco más altos. Todos sabían que habían participado en aquella hazaña y se consideraban parte de ella.

Aún así, continuaban preguntándose unos a otros: «¿Cómo es que pudo aparecer un dragón en nuestro reino?. Otros reinos no tienen ni han tenido dragones. ¿Qué pasará si viene otro?».

No estaban muy seguros de la respuesta y deseaban conocerla, así que, consultaron a un sabio.

El sabio miró por todas partes y entrevistó a todo el mundo. Terminado su trabajó congregó a todo el mundo para exponerles sus conclusiones.

—Tenéis dos problemas aquí —les dijo—. El primero es que tiráis toda vuestra basura en el vertedero y toda esa gran cantidad de basura ahí acumulada huele fatal y atrae a los dragones.

Entonces se decidió que cada familia apilaría su basura en sus patios traseros de manera que, al no haber un único gran montón, no olería tanto y no atraería a los dragones. Además, una vez descompuesta esa basura, sería reutilizada como abono para los jardines.

Entonces el sabio habló de nuevo.

—Y aquí va vuestro segundo problema: en la zona del reino donde están las grandes granjas, hay gran cantidad de prados solo con hierba y pequeños matorrales. ¡Es todo llano durante kilómetros y kilómetros! Es de todo el mundo conocido que los dragones son muy vagos y, claro, ¡resulta tan fácil para un dragón atravesar estos lugares!

Todos empezaron a pensar en diferentes soluciones y llegaron a una sabia conclusión: plantarían manzanos en aquellas tierras. No sería realmente imposible para un dragón atravesarlas a pesar de todo, pero sí les supondrían bastantes dificultades aquellos arboles de denso ramaje. Al menos, no se lo iban a poner tan fácil nunca más.

Bien, no pasó mucho tiempo antes de que se encontraran con que tenían tantas manzanas en aquel reino que no sabían qué hacer con ellas. Así que cada año, durante el otoño, organizaban un festival, El festival de la manzana. Este se convirtió en un evento importante para todo el mundo y venían participantes de todos los reinos de un montón de kilómetros a la redonda. Había participantes para diferentes concursos: el de la manzana más sabrosa, el de la manzana más grande, el del mejor pastel… Las celebraciones incluían comida, juegos, música y todo lo que un festival que se precie debe tener.

El acontecimiento estrella del festival (o sea, ese al que todo el mundo quería acudir) era la contienda para matar al dragón. Por supuesto, no se trataba de un auténtico dragón sino que era el vencedor del año anterior el que figuraba como dragón. Durante todo el año, los jóvenes de todos los reinos vecinos practicaban y se entrenaban esperando ser el próximo vencedor de la contienda en el gran festival. Y esto no era bueno solo porque les divertía un montón, sino porque, si por alguna razón, algún día algún dragón se atreviera a aparecer por allí, todo el mundo estaría preparado, y ¡eso sí que era bueno!

Y todos vivieron felices después de todo (más o menos).

FIN

APÉNDICE 13

- **Arash, la princesa mitad veleta, mitad marioneta**

Había una vez un reino muy muy cercano en el que nació la hermosa princesita protagonista de nuestra historia. Ese reino irradiaba paz y prosperidad en los tiempos del nacimiento de la criatura, pero, en ese reino, se habían vivido anteriormente épocas muy difíciles de guerra prolongada y sus desdichadas secuelas: desesperación, caos, muerte, confusión, miedo y hambruna...

Todo comenzó cuando un poderoso mago oscuro había intentado usurpar el trono al enterarse de las riquezas que albergaba. El rey se vio obligado entonces a llevar a su pueblo a la guerra en defensa de su legítimo derecho a reinar y del de su pueblo a disfrutar de paz y libertad. Como decía, muchos años duró aquella contienda; muchas batallas perdidas; muchas ilusiones truncadas; muchas pérdidas lloradas... No faltó quien recomendó al rey claudicar, numerosas ocasiones hubo en que este se vio tentado a hacerlo, pero no, el rey era perseverante y tenaz, cabezota y testarudo incluso, y no quiso dar por perdida la guerra hasta haber librado el último minuto de la última batalla...

Y así fue como lo consiguió. Con perseverancia y mucha disciplina llevó a su pueblo a la victoria. El mago oscuro fue derrotado y en aquel pequeño reino comenzó a respirarse la paz y la tranquilidad. Entonces se vivieron años prósperos de alegrías y buenas nuevas. El rey se consolidó en su trono y estableció alianzas con reinos vecinos para reforzar, y garantizar, su poder y su seguridad. Se casó, trabajó mucho por la prosperidad de su reino y, no mucho tiempo después, nació su primogénita, la princesa Arash, niña de sus ojos...

Y así vivieron felices por un no muy dilatado espacio de tiempo... Hasta que un día, un hermoso y fatídico día, un día en el que el sol brillaba y nada malo podía presagiarse, un día aciago y fatal, el mago oscuro se presentó de improviso en el palacio de los reyes y, envidioso, iracundo y vengativo, lanzó una terrible maldición contra la pequeña princesita:

«El día que esta niña sea vista como es, auténtica, verdadera, tal cual ella es... Ese día, la niña morirá».

El mago escapó de palacio antes de poder ser apresado por la guardia real y los reyes quedaron absolutamente consternados ante aquel acontecimiento. No podían creer lo que había ocurrido. Desesperados por encontrar alguna solución, avisaron a las hadas buenas por si era posible contrarrestar con su magia aquel terrible y siniestro infortunio.

Hadas y reyes permanecieron encerrados durante horas cavilando la mejor manera de resolver la situación. Ya hemos dicho que el Rey jamás se daba por vencido, así que allí nadie paró ni descansó o durmió hasta que fue encontrada una solución. Las hadas ofrecieron una idea que, de momento, parecía ser la más oportuna:

«Crearemos una réplica de Arash, algo así como una marioneta a su imagen y semejanza. La auténtica princesa permanecerá encerrada a salvo, en la torre más alta del castillo, la de la veleta, donde solo el viento podrá verla, oírla, rozarla... nadie más lo hará. La marioneta será la que se presente en sociedad, la que conviva con el resto de los habitantes del palacio y del reino, la que aparentará una vida normal como la de cualquier otro niño. Solo así se podrá garantizar que la maldición no se cumpla».

Los reyes permanecieron atónitos, mudos, un buen rato. Rumiaban cada uno para sí aquella disparatada, aunque válida, propuesta. El rey fue el primero en romper el silencio. Había algunos puntos de ese plan que no lo dejaban suficientemente tranquilo. Las hadas, que podían leerle el pensamiento, no lo dejaron terminar y enseguida replicaron:

«La princesa Marioneta será movida por hilos mágicos invisibles que serán controlados por su padre el rey. Así se garantizará que parezca una auténtica persona y que pase desapercibida entre sus iguales».

El Rey pareció satisfecho. Daba vueltas por la habitación pensando. Quería creer que todo funcionaría. Saber que él controlaría los hilos le daba tranquilidad y seguridad. Su hija podía contar con él, jamás le fallaría. Hasta el último minuto de la última batalla...

La reina, en cambio, seguía desolada. No podía creer que aquello estuviera sucediendo de verdad. Su niña, su querida hijita, iba a ser separada de ella y encerrada en una torre, y ella jamás podría volver a abrazarla, a besarla, a sentirla cerca de sí. Por un momento creyó enloquecer. Ya iba a gritar que no iba a permitir aquella atrocidad cuando las hadas, advirtiendo lo que le sucedía, continuaron hablando:

«Esto solo será así por un tiempo. Solo mientras seguimos buscando la manera de revertir por completo el hechizo del mago oscuro. Viajaremos a todos los confines del reino y de reinos vecinos y consultaremos a todo el que pueda darnos una pista, un indicio, una señal. Así, encontraremos al mago oscuro y lo destruiremos y con él, su poder, su magia y sus maleficios. Además, mientras tanto y en prevención de que esto pudiera no llegar a suceder, por este extraordinario contrahechizo que hoy lanzamos aquí, se abrirá una esperanza de comunicación entre las dos desdichadas princesas que son una en realidad. Se encontrarán en una dimensión propicia, en un limbo creado con ese propósito que les permitirá una breve unión cuando alguna de ellas se halle en peligro, siempre y cuando la princesa sueñe o la marioneta juegue...».

Las hadas, al terminar de pronunciar estas palabras, abandonaron el castillo prestas a poder cumplir lo antes posible con la misión que ellas mismas se habían encomendado como protectoras de la princesa.

La reina pareció quedar tranquila. Confiaba en las hadas y quiso creer que aquel plan funcionaría. Una princesa veleta y una princesa marioneta. ¡Qué locura! Y sin embargo, no quedaba más remedio... ¿Qué sería eso del limbo? Quiso preguntar a las hadas si le sería posible a ella acceder a ese limbo, presenciar esa unión aunque fuera por segundos... Estar con su hija, verla auténtica, sentirla, tenerla... No, no podía ser, eso la mataría. No, debía esperar y confiar, confiar y esperar... Solo por un tiempo. Solo por poco tiempo...

Y así transcurrieron los años y las cosas se fueron desarrollando con aparente normalidad. Nadie más que hadas y reyes conocía el secreto de la princesa y todos tomaban por auténtica a la marioneta. Mama y papá se aseguraban de que esta pareciese una niña más, que comía, dormía, iba al cole, cantaba, bailaba, nadaba y jugaba con otras niñas y niños. Los amigos eran muy importantes para los papás. Si los niños no captaban la diferencia, su secreto permanecería a salvo, ya se sabe que es muy, muy difícil engañar a los niños... Así que vigilaban con especial precaución las interacciones de Marioneta con sus amiguitos y la conminaban continuamente a mezclarse entre ellos, unirse a sus juegos y parecer una más.

Y así siguieron las cosas hasta que un día... Un día, algo extraño ocurrió. Marioneta fue lanzada al lago por una nueva preceptora tan animosa como imprudente una tarde de primavera que se tornó calurosa. La preceptora pretendía ganarse el afecto y la admiración de sus majestades, pero lo que en realidad ocurrió estuvo muy lejos de aquel propósito. Nadie había sido informado de aquella imprevista actividad y el rey, ajeno a lo que estaba ocurriendo, permaneció ocupado en el salón de palacio atendiendo a sus deberes de Rey y descuidando, por unos segundos, esos hilos invisibles que eran su constante preocupación.

Marioneta cayó al lago y, en contra de lo que su preceptora esperaba, convencida de haberla enseñado bien, no movió los brazos, ni las piernas, no nadó y ni siquiera supo cómo flotar. Marioneta se hundía ante la mirada atónita de aquella insensata mujer y se dirigía, deprisa, hacia el fondo del lago. En ese momento, algo extraño y maravilloso ocurrió: las miradas de dos niñas-princesa se encontraron. Ese limbo del que hablaran en su día aquellas hadas protectoras se había abierto por primera vez ante el peligro de una de ellas mientras la otra dormía su siesta...

Aquel fue el primero de muchos encuentros que fueron ocurriendo con regularidad. El susto había encontrado espacio en la marioneta después de la desafortunada experiencia del lago y la princesa Veleta acudía presta a la llamada de aquella, su alma gemela... A su vez, esos momentos de contacto entre ambas suponían pequeños trances en que ambas princesas se sumían y no era posible en ellos ningún control desde los mágicos hilos. Aquello comenzó a desconcertar a los reyes pero también a todo aquel que se relacionaba con la princesa. Parecía ausente, desatenta, lejana... Y lo estaba. La relación con los demás se tornó más difícil y esto aumentaba el miedo en los reyes que atosigaban más a Marioneta moviendo contradictoriamente los hilos y creando mayor confusión y desasosiego. Marioneta escapaba a su habitación y se enfrascaba en sus juegos, y así fueron haciéndose cada día más y más frecuentes esos inesperados e inadvertidos encuentros...

Y así continuaron las cosas hasta que un día…

APÉNDICE 14

PSICOLANDIA Y EL DRAGÓN

Érase una vez un reino muy muy cercano llamado *Psicolandia* donde vivían unos reyes y sus súbditos. La paz reinaba entre ellos, pues los soberanos eran justos, sabios y honestos, y tanto su comportamiento como sus decisiones estaban siempre destinados a favorecer el bienestar y el mejor desempeño en las vidas de sus ciudadanos. Estos apreciaban el esfuerzo de los monarcas y crecían como comunidad desempeñando con energía y satisfacción las tareas cotidianas que el día a día les iba exigiendo. Todo era normal, visiblemente normal, gozosamente normal... hasta que un día, un curioso día, un día extraño, un aciago día, un día...

Un día apareció un Dragón en *Psicolandia*. Todo el mundo se asustó muchísimo pero enseguida se hizo lo que se solía hacer siempre que algo asustaba, intrigaba o dolía a algún súbdito: ir a palacio a consultar con los reyes.

«Majestades» dijeron los representantes de la comunidad, «necesitamos vuestra ayuda».

Esa frase funcionaba como magia para unos y otros: inmediatamente los reyes prometieron ponerse a la tarea de investigar sobre el dragón y la mejor y más rápida manera de deshacerse de él; mientras que los súbditos se iban a sus casas ya más tranquilos sabiendo que habían depositado el problema en buenas y eficaces manos.

Pero el dragón iba haciendo de las suyas, como corresp`onde a la tarea de ser dragón, y una mañana el reino amaneció temprano, despertado por el grito aterrador de una madre que no encuentra a su hijo cuando va a buscarle a su camita. Y es que el dragón, cual amargo imitador de un conocido flautista natural de un no menos conocido reino lejano, aprovechando la presencia de Morfeo acompañando a unos y otros en maravillosas excursiones lejos de la tiranía de la realidad, se había llevado, uno a uno, a todos los niños del reino y nadie sabía ni cómo lo había hecho ni dónde estaban él y los niños.

Los soberanos ya habían mandado venir a diferentes sabios de los distintos reinos circundantes y no tanto para asegurarse el empleo de la mejor manera de deshacerse de los dragones. Todos los días había debates en el castillo acerca de cómo identificar el tipo de dragón, cómo suele operar, qué motivo le ha traído hasta este reino, sus puntos más vulnerables... Unos querían acabar con él y punto, mientras otros argumentaban que lo mejor era entender por qué el dragón se comportaba de aquella manera, qué le había llevado a convertirse en lo que era y si era posible trocarlo en algo útil, no dañino. También los había que insistían en conocer en qué era frágil y vulnerable el reino para haber atraído la presencia de aquel dragón, pues prevenir nunca está de más.... En resumen, que las teorías, las exhortaciones y los consejos se prodigaban por doquier entre las paredes de aquel magnífico castillo consternadas también ellas por la envergadura que parecía ir alcanzando aquel problema del dragón.

Los reyes iban y venían de una reunión a otra tomando notas acerca de todas y cada una de las sugerencias de unos y otros, con aquella sabiduría que desprendían las ideas provenientes de tantas horas de estudio e investigación. También los príncipes estaban secuestrados y, como padres, los reyes tampoco podían alcanzar un minuto de sosiego.

Pronto, un ingenioso, estudiado, categórico e infalible plan quedó perfectamente diseñado. Los reyes esperanzados convocaron a sus súbditos para explicárselo; los súbditos, confiados, acudieron al castillo a escucharlo. Todo parecía ir bien, bastante bien, razonablemente bien, bien a secas, bien, hasta que de repente...

De repente, el cielo se nubló y como si Thor, subido en su mágico carro, hubiese decidido que aquellos iban a ser los últimos minutos de existencia de aquel pequeño, pero encantador, reino, toda *Psicolandia* se convirtió en un estruendo de rayos, truenos y granizo que impedía a cualquiera que lo intentaba no solo comunicarse entre sí, sino también poder permanecer juntos, organizados haciendo nada, tal era la fuerza del viento que igualmente se había desatado. Una inmensa laguna se había creado en cuestión de minutos entre el castillo y el resto del reino...

«¿Qué ha podido desatar la ira de los dioses?» se preguntaban asustados unos y otros, «¿qué hemos hecho para que todo esto nos pase a nosotros?». Y hubo miradas de desconcierto, desconfianza e incluso, desafío. «¿Qué haremos ahora si no podemos acceder a los planes de los Reyes? ¿Cómo resolverlo sin ellos?».

El miedo estuvo a punto de asolar las almas de aquellos padres y madres aterrorizados. Asemejaban niños antes de cerrar los ojos para abandonarse a la oscuridad de la noche. Tanto lo parecían que, al mirarse unos a otros, eso fue lo que debieron ver en ese hueco especial que brilla al final de los ojos de cada uno de nosotros, ahí donde se alcanza a ver la esencia de lo humano. Y entonces, se escuchó una voz que cantaba. ¡Ay! ¡Cuántas veces trovadores y poetas, señores de ese misterioso y recóndito brillo interior, acuden a la llamada del alma en su reconquista de lo esencial! ¿Qué era aquello que tarareaba uno de los padres absorto en rememorar la imagen de su niño perdido? ¿No es eso que cantaban los juglares que recientemente pasaron por el reino animando a jóvenes y viejos con sus baladas? Si, suena a aquella preciosa tonada que hablaba de *eso que te hace grande...*

Se escuchaban ahora las voces de los padres como una sola, convertidos ellos mismos en niños extraviados en busca de respuestas. Y también la sensación fue unánime: podemos hacerlo; con reyes o sin ellos, podemos ayudar y salvar a nuestros hijos; con reyes o sin ellos podemos conquistar inexpugnables fortalezas; con reyes o sin ellos podemos abordar las más oscuras batallas; con reyes o sin ellos, nosotros podemos hacerlo...

¡Y vaya si lo hicieron! Con reyes y sin ellos encontraron al dragón, pelearon hasta vencerlo, liberaron a sus niños y los trajeron sanos y salvos de vuelta al reino de *Psicolandia*...

Y fueron felices, muy felices, hasta que un día, un día cualquiera, un bonito día, un día cálido y claro que prometía venturas.... Un día...

FIN

CAPÍTULO VIII. LA ESTIMULACIÓN BILATERAL Y LAS TERAPIAS NARRATIVAS

1. INTRODUCCIÓN

En este último capítulo pretendo ofrecer la integración de todo lo trabajado hasta ahora, por eso repaso algunos conceptos, amplío otros e introduzco algunos más, hasta llegar a ofrecerles un protocolo integrativo de psicoterapia breve que combina la terapia narrativa con EMDR (*eye movement desensitization and reprocessing*) para el tratamiento de los recuerdos traumáticos disociados en niños con historia de trauma relacional temprano) y que he llamado: **NO ME ACUERDO O LA NARRATIVA DE UNA ADOPCIÓN**.

Como hemos visto ya, que creamos no recordar no significa que no recordemos. Que no tengamos una historia que contar sobre nosotros mismos, sobre lo que nos ocurrió, no limita, ni mucho menos anula, las posibilidades de que aquello ocurriese. En la adopción, el niño adoptado puede afirmar que no recuerda quién era o cómo era su vida antes de ser adoptado, quiénes eran sus padres biológicos o las personas que lO cuidaron sus primeros días, meses o incluso años; puede afirmarlo, puede incluso estar convencido, pero no por eso podemos dejar de dudar de la veracidad de sus palabras…

Que no pueda acceder conscientemente a la información almacenada en su memoria no significa que esta no exista. Es la memoria implícita (somatosensorial, esa que guarda el cuerpo) la clave en estos casos. Y que la información está ahí es innegable, incuestionable. Como lo es también que, de alguna manera, busca contarse, narrarse… Y debe hacerlo. Y ya hemos dicho que, nosotros, profesionales de la psicoterapia, debemos contribuir a que ese acto (el paso que transforma el self somático en self reflexivo, capaz de entenderse y entender a los demás) se lleve a cabo. Pero para ello, y en especial en estos casos (como en todos aquellos en los que se han vivenciado experiencias traumáticas), es necesario encontrar la vía de acceso a esas experiencias pasadas que el paciente no puede poner en palabras, la manera de transformar esa memoria implícita en memoria explícita, en una narrativa cargada de experiencia consciente. Porque, además, y como decía Frieda Fromm-Reichmann: «el paciente necesita una experiencia, no una explicación».

Basándonos en estas premisas, ofrezco un modelo de intervención sobre la memoria implícita traumática de estos niños que han sufrido una experiencia de trauma relacional temprano que combina enfoques basados en la óptica de las narrativas y los que consideran la necesidad de acceder al material traumático (la mayoría de las veces disociado, rechazado) a través de la experiencia emocional y corporal (enfoques llamados de procesamiento de abajo arriba), como lo es el basado en la técnica de desensibilización y reprocesamiento por los movimientos oculares (DRMO en español, EMDR en inglés).

Presento uno de los varios casos que he tratado ya desde esta perspectiva breve e integradora con unos resultados muy satisfactorios en un número reducido de sesiones. Es el caso de Manuel (nombre ficticio que emplearemos a lo largo de la exposición), un niño de 10 años, adoptado a los 6 después de ser abandonado a los casi 3 años por su mamá biológica y habiendo vivido desde entonces en dos instituciones.

2. REVISIÓN DE ALGUNOS CONCEPTOS IMPRESCINDIBLES

Asistimos, en las últimas décadas sobre todo, a un diálogo muy productivo entre la psicología y las neurociencias. Y para describir el interés común que nos lleva a ese diálogo podemos recurrir a las palabras de A. Schore: «...el intento de crear una psicología que debe ser una ciencia natural al enfocarse de forma específica en el papel psicobiológico esencial del inconsciente en todos los afectos, cogniciones y conductas humanas» (Schore 1997).

Así, un modelo explicativo completo del desarrollo del ser humano solo puede ser psicobiológico. Y, en este sentido, dicho modelo solo podrá ser el resultado de la integración de los aportes provenientes de diferentes disciplinas biológicas y psicológicas.

Se hace necesario, pues, a la luz de los nuevos descubrimientos, un cambio de paradigma hacia uno que ofrezca una comprensión más completa, profunda y renovada de los procesos tempranos del desarrollo como aspectos centrales explicativos de la constitución del psiquismo humano. Con la incorporación de estos nuevos modelos explicativos, obtendremos nuevas lecturas de viejos conceptos fundamentales en el ámbito psicoterapéutico, podremos otorgar el papel que se merece a la experiencia emocional dentro de la psicoterapia y resituaremos el cuerpo como eje articulador de las funciones intelectuales (Fernández Liria y Rodríguez Vega, 2008).

De los estudios de autores como Damasio y LeDoux obtenemos conclusiones que son clave para entender todo lo anteriormente expuesto. Alguna de ellas: el papel básico y central de la emoción en la actividad de organismo (disposición y guía para la acción, centro de la construcción del significado) y el innegable sustrato corporal (en forma de patrones neurales) de esta. Así, «el contenido esencial de los sentimientos es la cartografía de un estado corporal determinado; el sustrato de sentimientos es el conjunto de patrones neurales que cartografían el estado corporal y del que puede surgir una imagen mental del estado del cuerpo». Damasio introduce el término marcador somático (sentimiento corporal especial que conecta una determinada situación con un estado corporal) para explicar por qué la activación de recuerdos alojados en la memoria corporal evoca en nosotros un determinado estado de ánimo. En conclusión: que pensamos con el cuerpo.

Parece que no queda más remedio que proceder a la revisión de algunos conceptos de influencia clave para el buen desarrollo del proceso psicoterapéutico. Veamos algunos de ellos con un poco más de detalle antes de exponer nuestras hipótesis:

- **Memoria**

Una moderna concepción de una ya muy antigua función psicológica como es la memoria nos permitirá sustituir viejas definiciones de esta por las que actualmente están alumbradas por descubrimientos provenientes de las disciplinas ya mencionadas más arriba. Y es que, memorizar no es solamente, o simplemente, la forma en la que almacenamos la información. Es más de lo que podemos recordar conscientemente. Es una cuestión de probabilidades. Es «el modo en que los acontecimientos pasados influyen sobre la función futura» (Siegel, 1999). La memoria es el modo en que la experiencia afecta al cerebro y, a continuación, consiguientemente, altera sus respuestas futuras. Como nos insiste Siegel, no existe un «armario de almacenamiento [sino que] el almacenamiento de la memoria es el cambio en la probabilidad de activar un patrón de red neural particular en el futuro».

El recuerdo es, por tanto, la activación real de ese perfil de red neural potencial que se parece al perfil activado en el pasado. Según el axioma de Hebb: «las neuronas que se excitan conjuntamente en un momento determinado tenderán a excitarse conjuntamente en un futuro». Este principio de vinculación conlleva tanto la asociación anatómica como la temporal e implica que el cerebro se prepara continuamente para el futuro basándose en lo que ocurrió antes (y también que la experiencia moldea nuestro cerebro). Esto quiere decir que nuestro pasado moldea por completo nuestro presente y nuestro futuro. Un par de acontecimientos se han asociado una vez (recibir una gominola tras la clase de guitarra) y la tendencia será la de anticipar que se queden para siempre asociados (tras la siguiente clase de guitarra se esperará nuevamente una gominola). Los desencadenantes pueden ser internos (un pensamiento o un sentimiento) o externos (un acontecimiento externo relacionado con algún aspecto del pasado).

En definitiva, el ser humano necesita construir esquemas, modelos de explicación y de respuesta que le permitan convertir el mundo en predecible. En la construcción de estos modelos mentales juega un papel fundamental lo que llamamos memoria implícita. «La investigación ha demostrado que los bebés son capaces de demostrar el recuerdo de experiencias en forma de aprendizaje conductual, perceptual y emocional» (Siegel, 1999). La memoria implícita implica partes del cerebro que no requieren el procesamiento consciente durante la codificación y la recuperación. Codificamos la memoria implícita a lo largo de toda nuestra vida pero en los primeros dieciocho meses solo codificamos de esta manera. Es la que hace que recordemos con todo el cuerpo. Porque la memoria implícita crea algo llamado **imprimación**, que, en definitiva, no es más que la forma (como decíamos) en que el cerebro se prepara para responder de una manera determinada. Eso explica que en el **trastorno de estrés postraumático** (TEPT) el recuerdo implícito de una experiencia perturbadora se codifica en el cerebro de la persona que lo sufre y un sonido o una imagen desencadenan el recuerdo sin que la persona se esté dando cuenta siquiera de que está recordando.

La memoria implícita es, básicamente, un proceso evolutivo que nos mantiene a salvo y fuera de peligro, pues nos permite reaccionar rápidamente, automáticamente incluso en momentos catalogados de peligrosos sin necesidad de recordar de forma consciente e intencionada experiencias similares previas.

Pero los recuerdos implícitos suponen una moneda con dos caras, pues, el sufrir una experiencia dolorosa puede convertirse en un campo minado que puede limitarnos, condicionarnos, de manera muy significativa. Los recuerdos implícitos de experiencias dolorosas (no digamos traumáticas) pueden crear miedo, evitación, tristeza y otras emociones y sensaciones corporales muy dolorosas. Ya hemos visto que, si un niño no es capaz de dar sentido a sus recuerdos dolorosos, puede presentar alteraciones a muy distintos niveles (somático, psicológico y cognitivo).

Aquí entra en juego la **memoria explícita**. Esta es la que surge entre el segundo y el tercer año de vida cuando el niño ha ido desarrollando nuevas capacidades para hablar sobre los acontecimientos que se suceden en su día a día, e incluso para recordar experiencias un poquito más lejanas en el pasado. Esta es la memoria a la que se refiere la mayoría de la gente al hablar de esta función psicológica. Aquí sí hay sensación de estar recordando.

La memoria explícita se construye sobre la base de la memoria implícita y se divide, a su vez, en dos tipos, semántica o factual y episódica o autobiográfica: recuerdo los hechos ocurridos y soy capaz de situarme a mí mismo dentro de esa secuencia de acontecimientos.

Lo más importante de todo esto es que la riqueza del auto-conocimiento y de las narraciones autobiográficas parece estar mediada por los diálogos interpersonales que se establecen entre los niños y sus figuras vinculares de referencia. De este modo, podemos decir (con muy poco temor a equivocarnos) que las experiencias de apego pueden fomentar directamente la capacidad del niño para narrarse. **«La comunicación compartida sobre los acontecimientos recordados fortalece la memoria»** (Siegel, 1999). Y tener consciencia de lo ocurrido favorece la integración y la reducción del impacto doloroso de las experiencias perturbadoras.

Consciencia para la integración. Integración para ser conscientes. Imprescindible reunir las piezas implícitas para montar el rompecabezas a través de una narración que nos permita reflexionar y que pueda otorgar el necesario sentido a la experiencia ocurrida.

◆ Terapia narrativa

Solo un pequeño resumen, pues todo el capítulo anterior está dedicado a este tema.

El concepto de terapia narrativa suele estar relacionado con un modelo terapéutico concreto que desarrollaron White y Epston en Australia y Nueva Zelanda desde la psicoterapia de familia. La emergencia, por tanto, de un enfoque terapéutico estructurado de base narrativo no se dio hasta la década de 1980.

Pero aquí hablaremos más de terapia de orientación narrativa o de la óptica de las narrativas como un modo de entender la práctica psicoterapéutica en general, pues sabemos que el ser humano alcanza a dar sentido a su experiencia narrándose y renarrándose una y otra vez. Esta visión se encuadra dentro del marco conceptual del constructivismo. Este tiene su origen en la filosofía: Kant afirma que nuestra mente construye el conocimiento a partir de los datos de la experiencia. La mente ordena estos datos mediante esquemas o reglas universales que le pertenecen a ella y no al mundo o a la realidad en sí misma. Es decir, el cómo se conoce determina lo que se conoce.

Según esta teoría, la realidad no se nos revela directamente, sino que la vamos construyendo y, por tanto, no habrá realidades esenciales, sino que se van construyendo socialmente. Por supuesto, se construyen a través del lenguaje y se organizan y mantienen a través de las historia que nos contamos. Porque, para entender nuestras vidas y expresarnos a nosotros mismos, la experiencia debe relatarse. Es precisamente el hecho de relatar lo que determina el significado que se atribuirá a la experiencia.

Así mismo, podemos decir que la actividad psicoterapéutica es una actividad narrativa desde el momento en que el cambio (que se presupone que ocurrirá) supondrá una manera diferente de contarse (un nuevo *quién soy* y *qué me pasó*) para el paciente una vez terminado el proceso. Así que el concepto psicoterapia narrativa resultaría casi redundante.

A comienzos de la década de 1970, Jerome Bruner advirtió y probó que los niños son capaces de organizar su mundo y comunicarse mediante historias sencillas. Primero están las que él llamó historias de finalización: el bebé, mediante gestos, dice se acabó cuando el biberón se vacía. El niño dice «¡Uh!» cuando cree haber cometido un error y «¡Oh!» cuando está sorprendido o contento. Bruner afirmó que los niños desarrollan los significados mediante la narración y que la necesidad de crear historias precede al lenguaje. Sugiere incluso que los bebés están motivados a aprender a hablar precisamente porque ya tienen historias dentro de sí mismos que quieren (y necesitan) compartir con los demás.

Parece, efectivamente, que contar historias es algo innato en la psique humana. Es algo que todos sabemos cómo hacer. De hecho, está tan integrado en nosotros que tiene su propio lugar en nuestro genoma: un gen llamado FOXP2. Descubierto en 2001 por el profesor Anthony Monaco y su equipo de investigación de la Universidad de Oxford, ahora se piensa que el FOXP2 es solo el primero de lo que los científicos consideran una constelación entera de genes que hacen posible el lenguaje y la narración. Esto implica que la narrativa que desarrollamos cada uno de nosotros para explicarnos posee un sustrato biológico que no puede eludirse. Las peculiaridades biológicas de cada uno de nosotros van a influir necesariamente en la forma de procesar la información. A su vez, la información se transmite a través de la relación con los otros y, así mismo, la cultura genera nuevas narrativas y nuevas historias y reprime algunas otras. Como dice Fernández Liria, «la narrativa es la resultante del crisol de experiencias sociales y biológicas. Por eso hablamos de narrativa neurobiológicamente informada».

Así pues, el sí mismo va siendo construido en forma de narración y a través de ella. Nuestro sentido de un yo coherente dependerá de las historias que nos contemos sobre nosotros mismos y de la posibilidad de que estas puedan sostener nuestra identidad o conflictuarla.

Así, la experiencia traumática puede contribuir a construir un yo vulnerable e indefenso y las historias vitales estarán cargadas de amenazas y peligros. Además, la organización de la experiencia implica simultáneamente (y como ya hemos referido) vivenciar lo que ocurre simultáneamente a distintos niveles: un nivel emocional con su sustrato corporal (que suele ser más o menos inconsciente), y un nivel más explícito o cognitivo que constituirá la narrativa que se contará en forma declarativa. Ambos niveles deben integrarse en una narrativa autobiográfica coherente, cohesionada y adaptativa.

◆ Neurociencias, apego y experiencia

La investigación relacionada con los hemisferios cerebrales explica el por qué de la conciencia de nuestras diferentes formas de conocimiento sobre el mundo a partir de cada uno de ellos. La teoría de la mente o la capacidad para ver la mente y para representar los estados mentales de los demás y de uno mismo parece ser la materia de las representaciones del hemisferio derecho. Michael Gazzaniga y sus colaboradores sugieren que el hemisferio izquierdo, sin embargo, es fundamentalmente responsable del razonamiento silogístico, mediante el cual, la mente busca explicaciones causales sobre los acontecimientos y alcanza conclusiones basadas en información limitada. El hemisferio derecho carece de tal impulso a explicar, en su lugar, ve las cosas tal y como son. Gazzaniga emplea el término el intérprete para describir el intento del hemisferio izquierdo por recurrir a la razón para explicar las relaciones causa-efecto en las limitadas piezas de información de las que está provisto. Y es que parece que dicho hemisferio es bastante inepto para leer las claves sociales y emocionales no verbales de los demás.

Esta distinción de funciones tiene su origen en la infancia: el hemisferio derecho es dominante en su actividad y desarrollo los tres primeros años de vida. Schore (2002) constata inequívocamente que el desarrollo neuronal y psicológico sano en la primera infancia depende de la **receptividad sintónica** de las figuras de apego. Desde un punto de vista neurobiológico y psicológico, la experiencia más crucial e influyente es la que ocurre en el contexto de los vínculos de apego (para bien o para mal). Necesitamos al otro para construirnos. Y el modelo de apego del progenitor puede influir directamente en la sintonización emocional con el niño. Los hallazgos de Fonagy y sus colaboradores inciden también en que ciertas díadas de apego no favorecen el desarrollo de elementos del módulo de la teoría de la mente. La mirada mutua entre la madre y el niño es un factor esencial para que este pueda desarrollar un mundo interno donde la relación íntima con el otro es posible (Stern, 1985). Un apego seguro proporciona al niño la confianza básica necesaria para establecer relaciones y manejar situaciones difíciles en la vida. «Para hacer que crezca la mente del niño, alimenta el corazón del bebé» dice uno de los lemas de la Organización Cero a Tres (Zero to Three, ONG destinada a informar, educar, y apoyar a los adultos involucrados en la educación de niños en el tramo de 0 a 3 años). La **función reflexiva** mediante la cual la mente de una persona es capaz de mentalizar o crear la mente de otra, es probablemente dependiente de procesos mediados a través del hemisferio derecho. Y, por lo general, cuanto más podamos movilizar la función reflexiva, más resilientes seremos. Los niños que experimentan una grave deprivación emocional durante este período pueden presentar mayores riesgos de tener pérdidas en los componentes estructurales de sus hemisferios derechos, especialmente en la región del córtex órbitofrontal. El bloqueo de los procesos del hemisferio derecho de la conciencia y de la vinculación en interacciones con otros puede ser una defensa adaptativa frente al sentimiento de ansiedad y la falta de control (tendencia a minimizar o negar el impacto) Las historias evolutivas y experienciales que nos han conducido a una falta de integración del funcionamiento de los dos hemisferios pueden convertirnos en vulnerables hacia los problemas emocionales y sociales. «Los traumas no resueltos, las historias de abandono emocional y las adaptaciones restrictivas pueden constituir una forma de constricción en el flujo de procesamiento de información entre los hemisferios. Esta propuesta del rol central del procesamiento hemisférico di-sociado en los trastornos emocionales se ve confirmada por el hallazgo según el cual los vínculos de apego inseguros, durante la infancia, pueden generar gran vulnerabilidad a la disfunción psicológica» (Siegel, 1999).

Cuando somos capaces de mentalizar el cuerpo (Damasio, 1994), tenemos acceso a una profunda autoconsciencia y una consciencia de los demás que, de otro modo, resulta inalcanzable. Schore (2002) constata inequívocamente que «el desarrollo neuronal y psicológico sanos en la primera infancia depende de la receptividad sintónica de las figuras de apego».

Existen hallazgos neurocientíficos que muestran que la mentalización activa no solo el córtex prefrontal, sino la amígdala (Allen y Fonagy, 2002; Lieberman en prensa). Una postura de mentalización crea el potencial de flexibilidad afectiva, cognitiva y conductual apropiado, en parte porque permite crear distintas perspectivas sobre cualquier experiencia potenciando la probabilidad de que se actualicen los modelos preexistentes y de que se desautomaticen los esquemas habituales. Esta apertura, junto con el carácter cuestionador de la postura mentalizadora, es decisiva para la generación de relatos coherentes. La mentalización posibilita tanto el esfuerzo consciente de conferir sentido a nuestra experiencia como la receptividad no consciente ante la experiencia sobre la base de los sentimientos, deseos y creencias que la sustentan. De este modo, **«la postura mentalizadora** potencia nuestra capacidad de identificar y modular los afectos y que así puedan servir para su función primaria de ayudarnos a evaluar la experiencia del mundo, y, sobre la base de dicha evaluación, guiar nuestras acciones de forma adaptativa» (Wallin, 2007).

Así, con el fin de ejercer verdaderamente la capacidad de mentalización en la psicoterapia, nuestros pacientes deben abordar sus sentimientos inquietantes mientras los sienten, de otro modo sería una pseudomentalización. En este sentido parecen concluyentes las investigaciones que demuestran que si se consigue que el lenguaje influya en la experiencia angustiosa (rasgo esencial de la mentalización explícita), se puede reducir su impacto neuronal. Los sujetos a los que se mostraron imágenes inquietantes y se les pidió que las describieran tenían mucha menor activación en la amígdala que aquellos expuestos a las imágenes sin la instrucción de verbalizarlas (Hariri, Bookheimer y Mazziotta, 2000). De igual manera, existen indicios de que la reevaluación o reformulación de la experiencia emocional difícil puede modular la reactividad de la amígdala (Ochsner y Gross, 2005).

Este tipo de estudios aboga por un enfoque integrado (descendente-ascendente) para el tratamiento psicoterapéutico.

Como ya decíamos más arriba y citando a Frieda Fromm-Reichmann, «el paciente necesita una experiencia, no una explicación».

Y en esta línea es en la que hemos desarrollado nuestro protocolo de intervención, complementando el trabajo de arriba-abajo que supone la óptica de las narrativas con el de abajo-arriba que propicia el uso de EMDR.

- **EMDR (Eye Movement Desensitization and Reprocessing)**

La desensibilización y el reprocesamiento por el movimiento ocular constituye una poderosa herramienta para el procesamiento de los recuerdos traumáticos. Fue creada por Francine Shapiro en 1987 y propone la estimulación bilateral (que se consigue procurando el movimiento sacádico de los ojos que imitaría al que se produce en sueño REM) como la base para conseguir dicho procesamiento. Basado en la existencia de un sistema de procesamiento innato de la información en todo ser humano destinado a la sanación, sería el bloqueo producido a este nivel el responsable de la patología.

Pero dejemos que sea la propia Francine Shapiro quien nos lo explique:

> «EMDR fue introducido en 1989 con la publicación de un estudio aleatorizado controlado (Shapiro, 1989) donde se evaluaban los efectos de una sesión de tratamiento con individuos traumatizados. Por aquel entonces, se llamaba desensibilización por movimientos oculares (EMD), porque se basaba en una orientación conductista y se pensaba que los movimientos oculares causaban una desensibilización particularmente

efectiva. Desde este punto de vista, los efectos del tratamiento se entendieron principalmente como una reducción del miedo y la ansiedad consecuencias de la traumatización. En los años siguientes, se descubrió que otras formas de estimulación bilateral (por ejemplo, toques, tonos) también eran efectivas (Shapiro, 1991 b, 1994a). Además, se vio que los cambios en la ansiedad y el miedo, y de hecho todo el proceso de desensibilización, no eran únicamente subproductos de un amplio reprocesamiento de la experiencia. Durante el tratamiento, las emociones negativas eran reemplazadas por otras positivas, surgían nuevos insight, cambiaban las sensaciones corporales y aparecían espontáneamente nuevos comportamientos junto a un nuevo sentido del self. En resumen, los traumas se transformaban en experiencias de aprendizaje que rápidamente cambiaban y hacían más fuerte a la víctima, convirtiéndola en una superviviente y posteriormente la impulsaban a evolucionar. El EMD se transforma en EMDR al añadírsele la palabra "reprocesamiento" (Shapiro, 1991a, 1994b) para mostrar dichos cambios. Este concepto de la experiencia almacenada que se transforma a través de un proceso rápido de aprendizaje es la clave para comprender la base y la aplicación de EMDR y el modelo de procesamiento adaptativo de información (PAI) que lo guía.

Además de la reducción en la perturbación emocional y los síntomas evidentes, los pacientes de EMDR experimentan una variedad de respuestas que reflejan la emergencia de una reorganización global que puede reflejarse en cambios en la regulación emocional y las características de personalidad (Brown y Shapiro, 2006; Korn y Leeds, 2002; Zabukovec, Lazrove y Shapiro, 2000), en el cese del dolor crónico y otras reacciones somáticas disfuncionales (Grant y Threlfo, 2002; Gupta y Gupta, 2002; Ray y Zbik» 2001; Schneider, Hofmann, Rost y Shapiro, 2006) y en cambios en la organización cognitiva que se evidencian en la cantidad de recuerdos positivos que se pueden rememorar después del tratamiento (Sprang, 2001)».

El **procesamiento de abajo-arriba** representa una forma particular de procesar la información. Se trata de focalizar sobre sensaciones y emociones. En comparación con la evitación, la toma de conciencia de los estados internos (sensaciones y emociones) permite utilizar estas últimas como guías para la acción.

La eficacia de EMDR en el tratamiento del trauma ha sido demostrada en diferentes estudios controlados en los cuales se comparaba con tratamientos farmacológicos y diversos métodos de psicoterapia. Avales obtenidos hasta el día de hoy:

-La Sociedad Internacional de Estudios de Estrés Traumático (ISTSS): en 2003, valoró EMDR como método de categoría A/B. En la revisión de 2009: categoría A.

- A.P.A. (EE. UU.) (2004): «EMDR parece ser efectivo en la mejora de los síntomas del TEPT agudo y crónico». Lo situa en la categoría de más alta eficacia y aval empírico.

-Departamento de asuntos de veteranos y de defensa (EE. UU.) (2004): la misma calificación.

-Centro australiano de salud mental postraumática (2007): las mismas conclusiones.

-Comité directivo holandés para salud mental (2007): las mismas conclusiones.

-Instituto nacional de excelencia clínica (U.K.) (2005): las mismas conclusiones.

Así mismo, en 2010 fue reconocido como una *psicoterapia basada en la evidencia* por el National Registry of Evidence-based Programs and Practices (NREPP), integrado en el U. S. Department of Health and Human Services (EE. UU.). Y en 2012, el Comité Revisor de los Protocolos de la Organización Mundial de la Salud (OMS) aprobó formalmente la recomendación para emplear el protocolo EMDR en adultos y niños con trastorno por estrés postraumático (TEPT).

3. NUESTRO CASO: MANUEL

- **Breve descripción del caso**:

Como ya he comentado, el caso que voy a exponer es el de Manuel, un niño de 10 años. Quien lo trae es su mamá y será ella sola quien participe en el tratamiento puesto que quedó viuda con anterioridad a la adopción de Manuel.

De la entrevista con mamá:

El motivo de consulta que trae a la mamá de Manuel a verme es doble y podríamos resumirlo así: por un lado, refiere que el niño miente y esconde cosas y, por otro, dice estar preocupada porque siente a Manuel afectivamente muy lejano. «Sé que es un niño muy sensible pero no puedo llegar a él. No muestra sus afectos» dice su madre. Su recuerdo acerca de uno de los primeros abrazos a Manuel es este: «lo recuerdo frío como si me asomara a un pozo muy oscuro, negro. Me dejó helada. Me asusté. Pensé que era un niño que había recibido poco afecto».

Para salvaguardar la identidad del niño, haré un resumen muy conciso de la historia de Manuel en el que aparecerán los datos imprescindibles:

-Nace en Colombia en julio de 2001.

-Es entregado por su madre biológica a una institución a los 3 años. La madre reconoce no quererlo y someterlo a malos tratos.

-Vive en una residencia con otros niños en circunstancias similares los siguientes casi cuatro años hasta que es adoptado en junio de 2008 cuando está a punto de cumplir los 7 años.

- Mamá describe a Manuel cuando lo recoge en Colombia: era un niño bueno, que se hacía querer. Hizo una regresión y perdió el control nocturno de los esfínteres (enuresis secundaria) durante un año y medio, a partir de la segunda noche que pasó con ella. Enseguida empezó a mentir y a esconder cosas. Se escondía en el armario. Presentaba cierto retraso físico (sobre todo respecto a la talla en relación con la media de niños de su edad) y cognitivo (no sabía leer ni escribir bien) aunque, en este sentido, enseguida se puso a la altura de los demás niños y no ha perdido ningún curso.

- En el momento de la evaluación, Manuel es descrito así: como un niño muy sensible aunque no muestre sus afectos. Orgulloso, rígido y cabezota. Metódico, disciplinado y controlador. Inteligente y muy creativo, «es un musicazo». Posee una gran imaginación con la que inventa muchas historias. Es un niño que cae bien, presumido. «Y con un ritmo muy suyo; yo digo que parece que es de Canarias, porque todo le llega una hora más tarde».

De las entrevistas de evaluación mantenidas con Manuel lo más importante es que cuando le pregunto por qué cree que ha venido a verme, me dice: «creo que es por lo de mis enfados». Le pido que me hable sobre ello y me hace un dibujo muy representativo donde ejemplifica diversos episodios relativamente recientes en los que ha explotado con uno de sus enfados que, claramente, parecen la expresión de una emoción, la ira, disociada. No siempre es plenamente consciente de lo que ha ocurrido, no es capaz de controlarla y surge así, como una explosión, como si algo encendiese un interruptor de puesta en marcha. Cuando se calma (para lo que suele necesitar la soledad y el alejamiento), es capaz de pedir perdón y se arrepiente de lo que ha hecho.

En resumen, la evaluación nos hace pensar que el trauma relacional temprano y la experiencia de abandono ha dejado huella en Manuel a muy diversos niveles: alexitimia, frialdad afectiva, emociones disociadas que se descargan de forma automática ante determinados disparadores del presente, necesidad de un control exhaustivo y exagerado de determinadas situaciones cotidianas e inseguridad (se manifiesta, por ejemplo, con sus mentiras y su conducta de esconder objetos y comida) principalmente.

- **Protocolo de intervención con terapia narrativa y EMDR**

En primer lugar, pedimos a la madre (en este caso es solo la madre porque es viuda y ha adoptado ella sola; en otros casos son ambos progenitores los que deberán participar en la redacción) que redacte la historia de su hijo.

El objetivo es obtener un relato exhaustivo de la experiencia vital completa del niño que, de una parte conocemos y, de otra, imaginamos. Así, es necesario que cuente con los elementos oportunos en relación con sensaciones y emociones que damos por sentado que ha experimentado aunque no haya constancia o recuerdo explícito de ello.

Comenzamos desde el principio... Esto puede parecer una obviedad, pero no lo es tanto... Ese principio no siempre se ha manejado convenientemente con estos niños que, a pesar de conocer su historia, quizá no han tenido la oportunidad de hablar suficientemente de ella (y no solo suficiente, sino adecuadamente, o sea, en los términos necesarios para obtener una narrativa integradora), ya sea por sus miedos o por los de sus padres adoptivos o, seguramente, por ambos. Así que, muy probablemente será la primera vez que escuchen de la manera en que lo van a hacer y lo que van a escuchar. Aunque, como decíamos, no será nada nuevo, ya saben, «lo sabido impensado» y, con toda probabilidad, nunca narrado.

Decíamos, pues, que comenzamos desde el principio, que queremos los primeros momentos de la vida del niño con sus padres biológicos y los queremos cargados de emoción, de sensaciones, de sentimientos, de emotividad. En fin, nada que, seguramente, no ocurriese.

Mamá y papá lo escriben y después, juntos, lo rehacemos para asegurarnos de que efectivamente cumple los requisitos necesarios.

El texto lo dividimos en párrafos cortos para ir haciendo paradas que permitan al niño darnos *feedback* de lo que está sintiendo, recordando, recuperando... Una vez que el texto está preparado, programamos las sesiones en las que será narrado. Solemos programar dos o tres sesiones: la primera parte del relato llega hasta que se produce el encuentro con los padres adoptivos; la segunda, la llegada a España y la incorporación a la familia. Después, programaremos las sesiones necesarias en función del motivo de consulta y la sintomatología. Podemos avanzar hasta momentos relativamente recientes si lo consideramos necesario.

Todos los datos que tengamos de la partida de nacimiento, de la vida del niño en la institución donde estuviera, de nombres de cuidadores, amigos, todo lo que sepamos (y también lo que intuyamos) debemos incorporarlo al relato.

Una vez todo preparado, citamos a los tres. Solemos sentar al niño entre los papás y pedimos que uno de ellos sea quien lea el relato mientras el otro abraza (y sostiene) al niño. Nosotros, frente al niño, procedemos con la estimulación bilateral mientras él escucha. Previamente le hemos explicado que vamos a contarle una historia que hemos preparado con mucho cariño para él. En las sesiones individuales mantenidas con anterioridad con el niño debemos haber trabajado el vínculo y, según la edad, le habremos explicado lo más sencillamente posible, lo que es EMDR.

El relato debería comenzar con algo parecido a lo siguiente:

«Esta es la historia de Juanito, un niño que nació en Urugay una calurosa mañana del mes de julio del 2003. Juanito era un niño de grandes ojos negros, pelo moreno y lindos mofletes.

PARADA

El pueblito donde nació se llamaba Así y está situado en una zona muy bella, con grandes bosques y hermosas playas... Sus mamá se llamaba De tal manera y su papá De tal otra.

PARADA

Ambos querían a Juanito y se sentían muy contentos de tener a su hijito, pero eran muy pobres y no podían cuidarlo así que, con todo el dolor de su corazón, tuvieron que entregarlo a una institución para que pudieran encontrarle otros papás que sí pudieran proporcionarle todo lo que él necesitaba y se merecía.

PARADA

Juanito tuvo miedo al separarse de mamá y papá. Mucho miedo. Aunque en donde estaba había cuidadores que lo querían mucho, él echaba mucho de menos a sus papás y se sentía, a veces, muy solito...»

Aprovechamos cada parada para permitir al niño que nos explique cualquier cosa que necesite comentar: qué le parece lo que está escuchando, cómo se siente, dónde experimenta la emoción, si le ha llegado algún recuerdo nuevo... Obviamente, la primera parte del relato es la que más les impacta y ahí es conveniente estar atentos a su lenguaje corporal, pues este será el mejor indicador del grado de reexperimentación de la experiencia. Los comentarios de los niños en este punto pueden ser muy variados: sorpresa, incredulidad y confusión en un principio; susto, congoja y miedo después; y mientras vamos llegando al punto en que termina el período de amnesia infantil (alrededor de los tres años) lo más frecuente es que su expresión facial y corporal vaya cambiando, el cuerpo se relaje, vayan desapareciendo el susto y la tensión, y entre en juego la recuperación de recuerdos.

La primera sesión termina, como decíamos, en el momento de la historia en que se produce el encuentro con los papás adoptivos. Cuando hemos terminado lo programado, le explicamos al niño que vamos a volver a leerlo pero, esta vez, sin paradas. Entonces papá o mamá leen, el niño escucha y el terapeuta continúa con la estimulación bilateral (preferiblemente con *tapping)*. En el caso de Manuel, al hacerle esta propuesta comentó: «Quiero leerla yo». Así que, así lo hicimos. Él leyó mientras mamá le abrazaba y yo le hacía *tapping* en sus rodillas. La lectura fue muy productiva y supuso un momento perfecto de trabajo de recuperación y «renarración» de su historia que, sin duda, favoreció la integración, puesto que se produjo en un contexto de seguridad, en los brazos de su principal figura de apego, mamá, quien mantuvo una actitud sostenedora, conectada, sintonizando con sus emociones y ayudándole a regularlas, devolviéndole una mirada incondicional, escuchando activamente, ofreciéndole una explicación cuando era precisa...

Judith Herman (1970), ratificando la teoría del maestro Pierre Janet, resume el tratamiento del trauma en los siguientes pasos: estabilización, procesamiento de los recuerdos traumáticos y reconexión o integración. Esta última parte de la sesión con Manuel que hemos descrito corresponde, nos parece, a esa tercera fase que, aunque no termina ahí (las fases se redactan secuencialmente, pero deben ser entendidas más en espiral, pues se vuelve una y otra vez, sobre todo tras el procesamiento de los recuerdos traumáticos, a necesitar integrar y estabilizar) es muy importante que se produzca. Procuramos terminar la sesión con ese tipo de conversación integradora y, además, debemos advertir a los padres de que, aunque la sesión termine, el procesamiento no, puesto que el cerebro del niño va a seguir haciendo su trabajo y puesto que dicha integración no se produce solo en la consulta, sino que seguirá produciéndose a lo largo de los días siguientes, en casa, mientras realiza las tareas cotidianas, mientras habla de ello, piensa en ello o sueña con ello…

Es conveniente intercalar, entre las realizadas con la narrativa de su historia, el número de sesiones con el niño que creamos oportuno para conseguir el objetivo terapéutico marcado previamente. En ellas habremos de continuar con el trabajo señalado más arriba de estabilización y reconexión pertinente. La participación de los padres es siempre oportuna y bien recibida. Puede ser procedente también trabajar, con EMDR (y sus protocolos específicos), otras experiencias perturbadoras como pesadillas (con frecuencia presentes en estos niños) y los disparadores del presente que estén activando la memoria implícita y generando perturbación. También habrá de ser valorada la oportunidad de trabajar con la ansiedad anticipatoria en relación con la posible ejecución exitosa, en un futuro, de diferentes retos relacionados con el motivo de consulta. Estos se podrán manejar igualmente con protocolos específicos de EMDR.

En el caso de Manuel, un número limitado de sesiones (diez concretamente) fue suficiente para alcanzar los objetivos terapéuticos. Nueve meses después (febrero de 2013) y tras una sesión de reevaluación y seguimiento, hemos podido comprobar no solo que los resultados positivos se mantienen, sino que, la evolución es la esperada y deseada (deseada por mamá, esperada dentro del desarrollo evolutivo normal de un niño de su edad) y que dicha evolución continúa poniéndose de manifiesto cada día con cada pequeño detalle de interacción entre Manuel y su mundo.

◆ Esquema del procedimiento

1. Creación de la narrativa:

– Llevada a cabo entre los padres y el terapeuta.

– Debe contener el máximo de información veraz e imaginada acerca de la vida del niño desde su nacimiento, así como de su experiencia emocional.

– Dividida en varias partes o capítulos y estos, a su vez, en pequeños párrafos separados claramente por la palabra PARADA.

2. Lectura de la narrativa:

– Preferiblemente con el niño sentado entre su papá y su mamá.

– Uno de los padres lee mientras el otro abraza al niño.

– Durante la lectura el terapeuta procede a la estimulación bilateral (E.B.)

– En las PARADAS no hay E.B. y se recoge la información que el niño quiera aportar.

3. Una vez terminada la primera lectura del capítulo correspondiente, se vuelve a leer, esta vez sin PARADAS. Durante esta segunda lectura haremos E.B.

4. Fomentamos el diálogo integrador entre los padres y el niño tras esta lectura y antes de dar por terminada la sesión.

5. Explicamos que, aunque la sesión haya terminado, el procesamiento continúa y eso significa que pueden aparecer nuevos recuerdos, emociones o sensaciones. Recomendamos que registren de la manera que consideren más oportuna ese material nuevo que va apareciendo y que, si surge alguna duda o problema, contacten con nosotros (Fase 7 del protocolo estándar de EMDR).

BIBLIOGRAFÍA

Adler-Tapia, R. y Settle, C. (2008) *The art of Psychotherapy with children.* New York: Springer Publishing Company.

Becquer, G.A. (2005) *Rimas y leyendas.* Madrid: Cátedra

Bergman, U. The Neurobiology of EMDR Journal of EMDR Practice and Research.

Bettelheim, B. (1977) *Psicoanálisis de los cuentos de hadas.* Barcelona: Editorial Crítica.

Bollas, C. (1987) *The shadow of the object: psicoanálisis of the unthought known.* New York Columbia University Press.

Bowlby, J. (1972) *El vínculo afectivo.* Buenos Aires: Paidós.

Bowlby, J. (1983) *La pérdida afectiva.* Buenos Aires: Paidós.

Bowlby, J. (1973) *La separación afectiva.* Buenos Aires: Paidós.

Bolwby, J. (1989) *Una base segura.* Barcelona: Paidós.

Bowlby, J. (1979) *Vínculos afectivos: formación, desarrollo y pérdida.* Madrid: Morata.

Bruner, J. (1972) *Hacia una teoría de la Instrucción.* México: Uteha.

Bruner, J. (1984) *Acción pensamiento y lenguaje.* Madrid: Alianza.

Bruner, J. (1986) *El habla del niño.* Barcelona: Paidós.

Burns, G. (2003). *El empleo de metáforas en Psicoterapia. 101 historias curativas.* Masson: Barcelona.

Cashdan, S. (2017) *La bruja debe morir*. Barcelona: Debate.

Cyrulnik, B. (2010) *Los patitos feos. La resiliencia: una infancia infeliz no determina la vida*. Barcelona: Gedisa.

Cyrulnik, B. (2011) *Morirse de vergüenza. El miedo a la mirada del otro.* Barcelona: Debate.

Damasio, A. R. (1996) *El error de Descartes.* Santiago de Chile: Andrés Bello.

Damasio, A.R. (2005) *Buscando a Spinoza.* Barcelona: Crítica.

Doka, K. J. (2002). Disenfranchised grief. Illinois: Research Press.

Eger, E. (2018) *La bailarina de Auschwitz.* Barcelona: Planeta.

Erickson, M.H., Rossi, E.L. & Rossi, S. (1976) *Hypnotic realities.* Nueva York: Irvington.

Erickson, M. H. & Rossi, E.L. (1979) *Hypnotherapy: an exploratory casebook.* Nueva York: Irvington.

Fernández Liria, A. y Rodríguez Vega, B. (2005) *La óptica de las narrativas en psicoterapia.* Rev: Monografías de Psiquiatría (2-8).

Fernández Liria, A. y Rodríguez Vega, B. (2001) *La práctica de la psicoterapia: la construcción de narrativas terapéuticas*. Bilbao: Desclée de Brouwer.

Fernández Liria, A. y Rodríguez Vega, B. *El redescubrimiento del cuerpo en psicoterapia.* Rev: Átopos.

Fonagy, P., Gergely, G & Target, M. (2004) *Affect regulation, mentalization and the development of the self.* Nueva York: Other press.

Fonagy, P., Allen, J.G. y Bateman, A. (2008) *Mentalizing in Clinical Practice* Whasington: American Psychiatric Publishing.

Freud, S. (1948) *Duelo y melancolía.* En S. Freud (Ed.), Obras completas. Madrid: Biblioteca Nueva.

Fromm-Reichmann, F. (1960) *Principles of Intensive Psychotherapy.* Chicago: The University of Chicago Press.

García-Martínez, J. (2012). *Técnicas narrativas en psicoterapia.* Madrid: Síntesis.

Gazzaniga, M.S., Eliassen, J.C., et al. *Collaboration between the hemispheres of a callostomy patient. Emerging right hemisphere speech and the left brain interpreter.* Brain, 119, 1255-1262.

Gonzalez, A. (2012) Áspero mundo. Madrid: Ediciones Vitruvio.

Greenberg, L. & Paivio, S.C. (2000*) Trabajar con las emociones en psicoterapia.* Barcelona: Paidós.

Greenwald, R. (2007) EMDR. *Within a phase model of trauma-informed treatment.* London: Outledge.

Goleman, D. (1996) *Inteligencia emocional.* Barcelona: Kairós.

Hariri, A.R., Bookheimer, S.Y., y Mazziotta, J.C. (2000) *Modulating emotional responses: effects of a neocortical network on the límbic system.* Neuroreport, 11, 43-48.

Herman, J. (2004) *Trauma y recuperación.* Madrid: Espasa Calpe.

Hebb, D.O. (1949) *The organization of behavior: a neuropsychological theory.* Nueva York: Wyley.

Holmes, J. (2011). *Teoría del apego y psicoterapia. En busca de la base segura.* Bilbao: Desclée de Brouwer.

Jung, C. (1970) *Los complejos y el inconsciente.* Madrid: Alianza Editorial.

Jung, C.G. (2009) *Las relaciones entre el yo y el inconsciente.* Barcelona: Paidós.

Kalf, D. (2003) *Sandplay. A psychotherapeutic approach to the psyque.* Cloverdale, California: Temenos press.

Kandel, E. R., Brunelli, M., Byrne, J., & Castellucci, V. (1976). *A common presynaptic locus for the synaptic changes underlying short-term habituation and sensitization of the Gill withdrawal reflex in aplysia.* Biology, 40, 465–582.

Kant, I. (2002) Crítica de la razón pura.

Lanius, R.A., Williamson, P. C., Densmore, M., Boksman, K., Neufeld, R. W., Gati, J. S., & Menon, R. S. (2004). *The nature of traumatic memories: A MRI functional connectivity analysis.* American Journal of Psychiatry, 160.

Lanius, R. A., Williamson, P. C., & Densmore, M. (2001). *Neural correlates of traumatic memories in posttraumatic stress disorder: A functional MRI investigation.* American Journal of Psychiatry, 158, 1920–1922.

LeDoux, J. (1999) *El cerebro emocional.* Barcelona: Ariel-Planeta.

Lowenfeld, M. (1979) *The world tecnique.* Londres. Allen & Unwin.

Marrone, M. (2001) *La teoría del apego. Un enfoque actual.* Madrid: Psimática.

Marrone, M. y Cortina, M. (2017) *Apego y psicoterapia. Un paradigma revolucionario.* Madrid: Psimática.

Maxwell, R., Dickman, R. (2010). *Convencer a la gente contando historias*. Barcelona: Planeta.

Mayer, J.D. & Salovey, P. (1997) *What is emotional intelligence?* Introducción del libro de Salovey, P. & Sluyter, D.J. (eds.), *Emotional development and emotional intelligence: educational implications.* Nueva York: Basic Book.

Mello, A. de (1988) *La oración de la rana*. Bilbao: Grafo.

Monaco, A.P., Newbury, D.F., Bonora E., Lamb, J.A., Fisher, S.E., *et al.* (2002). FOXP2 is not a major susceptibility gene for autism or specific language impairment. *Am I Hum Genet*, 70 (5), pp. 1318-1327.

Nasrudín. (2010) *Cuentos de Nasrudín*. Buenos Aires: Ediciones Obelisco.

Ochner, K.N. y Gross, J.J. (2005). *The cognitive control of emotion.* Trends in Cognitive Science, 9, 242-249.

Ogden, P.; Minton, K. (2009). *El trauma y el cuerpo*. Bilbao: Desclée de Brouwer.

Pattis, E. (2004) *Sandplay Therapy. Treatment of psychopathologies.* Barcelona: Daimon.

Pattis, E. (2018) *Where soul meets matter. Clinical and social applications of Jungian sandplay therapy.* Ashville, Carolina del Norte: Chiron publications.

Payne, M. (2002). *Terapia narrativa*. Barcelona: Paidós.

Platón. (1972) *La república*. Madrid: Espasa Calpe.

Pennebaker, J.W. (1994) *El arte de confiar en los demás*. Madrid: Alianza Editorial.

Pennebaker, J.W. (2004) *Writing to heal. A guided journal for recovering from trauma and emotional upheaval.* Oackland, Ca. New Harbinger Publications.

Rodriguez Vega, B.; Fernández Liria, A. (2012). *Terapia narrativa basada en atención plena para la depresión*. Bilbao: Desclée de Brouwer.

Seligman, M. (2005) *Niños optimistas*. Barcelona: Debolsillo.

Siegel, D.J. y Payne Bryson, T. (2012) *El cerebro del niño.* Barcelona: Alba.

Siegel, D. J. (2007). *La mente en desarrollo*. Bilbao: Desclée de Brouwer.

Schore, A. *Una perspectiva neuropsicoanalítica del cerebro/mente/cuerpo en psicoterapia. Perspectiva neuropsicoanalítica.* (2008) Rev: Subjetividad y Procesos Cognitivos (144-168).

Schore, A. *Affect regulation and disorders of the self.* (2003) Nueva York: Norton.

Schore, A. *El trauma relacional y el cerebro derecho en desarrollo: interfaz entre psicología psicoanalítica del self y neurociencias.* Revista Psiquiatría Universitaria (Rev GPU 2010; 6; 3: 296-308).

Shapiro, F. (2004) *EMDR. Desensibilización y reprocesamiento por medio de movimiento ocular*. México: Pax.

Stern, D. (1997) *La constelación maternal: la psicoterapia de las relaciones entre padres e hijos.* Barcelona: Paidós.

Stern, D. (1985) *El mundo interpersonal del infante: una perspectiva desde el psicoanálisis y la psicología evolutiva*. Buenos Aires: Paidós.

Tournier, M. (1992) *El rey de los Alisos*. Barcelona: Alfaguara.

Van der Hart, O., Nijenhuis, E.R.S., Steele, K. (2009) *El yo atormentado.* Bilbao: Desclée de Brouwer.

Van der Hart, O., Van der Kolk, B.A., Brown, P. (1989) Pierre Janet's Treatment of Post-traumatic Stress. *Journal of Traumatic Stress*, Vol 2,4.

Van der Kolk, B. A. (1994) *The body keeps the score: Memory and the evolving Psychobiology of postraumatic stress.* Harvard review of psychiatry,1 (5), 253-265.

Van der Kolk, B. A. (2015) *El cuerpo lleva la cuenta*. Barcelona: Editorial Eleftheria.

Vigotsky, L. (2010) Pensamiento y lenguaje. Barcelona: Paidós.

Wallin, D. J. (2012). *El apego en psicoterapia.* Bilbao: Desclée de Brouwer.

White, M., Epson, D. (1993) *Medios narrativos para fines terapéuticos.* Barcelona: Paidós.

Winnicot, D.W. (1971) *Realidad y juego*. Barcelona: Gedisa.

Yalom, I. (1980) *Psicoterapia existencial*. Barcelona: Herder.

AGRADECIMIENTOS

Quiero mostrar mi gratitud más profunda a todos mis pacientes, por su confianza y compromiso, por su valor y su entrega a horas de esfuerzo y extrema dificultad. Con ellos he crecido como profesional y he aprendido a ser mejor persona.

A mi familia, a quien debo todo: amor, apoyo incondicional, ejemplo y felicidad.

A Virginia y Cristina, pacientes secretarias y amigas.